变局中商人话语权研究

以上海商业联合会为个案的历史考察

王永进 ◎著

ZHEJIANG UNIVERSITY PRESS
浙江大学出版社
·杭州·

图书在版编目(CIP)数据

变局中商人话语权研究:以上海商业联合会为个案的
历史考察 / 王永进著. 一杭州:浙江大学出版社,
2023.5

ISBN 978-7-308-20421-7

Ⅰ.①变… Ⅱ.①王… Ⅲ.①商业史－上海－近代
Ⅳ.①F729.6

中国版本图书馆 CIP 数据核字(2020)第 143314 号

变局中商人话语权研究:以上海商业联合会为个案的历史考察
BIANJU ZHONG SHANGREN HUAYUQUAN YANJIU:YI SHANGHAI
SHANGYE LIANHEHUI WEI GE'AN DE LISHI KAOCHA

王永进 著

责任编辑	丁沛岚
责任校对	陈 翮
封面设计	春天书装
出版发行	浙江大学出版社
	(杭州市天目山路 148 号 邮政编码 310007)
	(网址:http://www.zjupress.com)
排 版	杭州朝曦图文设计有限公司
印 刷	广东虎彩云印刷有限公司绍兴分公司
开 本	710mm×1000mm 1/16
印 张	15.5
字 数	196 千
版 印 次	2023 年 5 月第 1 版 2023 年 5 月第 1 次印刷
书 号	ISBN 978-7-308-20421-7
定 价	78.00 元

浙江大学出版社市场运营中心联系方式:0571—88925591;http://zjdxcbs.tmall.com

目　录

绪 论

第一节　商人及其社会组织形式

一、商人

随着社会分工的不断复杂化以及生活消费的不断多样化,商品的交换方式也发生了根本的变化,原始的"以物易物"的交换方式,演化为使用货币购买,于是也就奠定了商业贸易的基础,产生了买卖货物并从中取利的人。但是,最早的商业活动都集中在庙宇或广场,一来借以求神拜佛,二来地广人多便于贸易。由于从事这些贩卖活动的人相传是商朝的遗民,后来人们称他们为"商人"。

商人是中国历史上的一个重要阶层,在经济社会中发挥着重要的作用。他们"阜通货贿",是以买卖商品为职业的社会成员。春秋时期以后,商人从"工商食官"的桎梏下解脱出来,成为极为活跃的阶层;秦汉至明清,随着商品交换不断发展,商人通过贱买贵卖积累了大量的财富,从而在一定程度上受到了官府与权贵们的嫉妒。统治者实行重农抑商的政策,对商人进行打击,使商人长期处于经济实力雄厚、社会地位低下的尴尬境地。商人可以分为许多不同的类型,一开始,人们将商人分为行商与坐贾两大类。后来,人们根据资本与经营规模的大小，把商人分为大、中、小商人。如《商人通例》规定，凡资本在 500 元以上且具有一定经营规模的，一律称为商人；资本不足 500 元者称为小商人。若以其与政府的关系为标准，可分为官商与私商。若依据行业的差异，可分为盐商、茶商、米商、木材商、珠宝商等。若根据地域来源，可分为晋商、徽商、蜀商、粤商等。[①]

学者在对商人进行研究时，对商人的定义与其范畴的确定往往随其所处时代的不同而变化。清代以前的商业经营者，学者直接称之为商人，清末民初的则称之为官僚资产阶级、买办资产阶级、民族资产阶级等等。如严中平将自有资本经营贩卖业务、为外国资本家服务的买办、商贩、地主及高利贷者统称为商人。[②] 近些年来，随着商人研究的进一步深入，一些学者开始用有特定含义的概念来替代商人阶层，比较常见的有绅商[③]、早期资产阶级[④]、资本家阶级[⑤]等。本书所指的商人包括各种行业的资本家以及中小工商业者。

二、商人的早期社会组织形式

商人出现以后，随着商品经济的进一步发展和交换的扩大，商人组织得以产生并逐渐完善。早在中国唐代，同一行业的手工业者和

[①] 中华文化通志委员会：《中华文化通志》第 4 典《社会阶层制度志》，上海人民出版社 1998 年版，第 349-351 页。

[②] 严中平：《中国棉纺织史稿》，科学出版社 1963 年版，第 176 页。

[③] 马敏：《官商之间：社会剧变中的近代绅商》，天津人民出版社 1995 年版；徐鼎新、钱小明：《上海总商会史（1902—1929）》，上海社会科学院出版社 1991 年版；朱英：《中国早期资产阶级概论》，河南大学出版社 1992 年版；贺跃夫：《晚清绅商群体的社会构成辨析》，《中山大学学报（社会科学版）》1994 年第 4 期。

[④] 马敏：《过渡形态：中国早期资产阶级构成之谜》，中国社会科学出版社 1994 年版；朱英：《中国早期资产阶级概论》，河南大学出版社 1992 年版。

[⑤] 丁日初：《近代中国的现代化与资本家阶级》，云南人民出版社 1994 年版；马敏：《早期资本家阶级与近代中国社会结构的演化》，《天津社会科学》1999 年第 3 期。

商人就经常聚集在一起,推举行头,应付官府的摊派,处理行业事务,后来逐步形成比较固定的形式,即行会。① 这时,有的商人组织也以"堂""会""宫""庙""殿"等为名。各地工商行会组织也往往需要官府确保其"合法"性,帮助其压制本地同业中其他行会的产生,维护行规的权威性;当面临其他社会恶势力侵扰勒索时,需要官府的庇护以保护行业正当利益。②

　　清前期商人会馆有较快的发展,清后期则是公所兴起。从会馆到公所,反映了清代商人组织的演进。会馆主要是外来商人在某一经商地为联络乡谊、相互支持而设置的商人组织,有较浓厚的地域乡土色彩。但实际上,也具有行业的性质和内涵,是行业性与地域性"二重性"的统一。公所是在经营地不分外来商人、本地商人,共同按行业重新组合的商人及手工业者的组织,突出其行业性,而且是某地某行业的全行业组织。③

　　会馆、公所作为商人组织形式,反映了特定时期商人的集结与活动。随着明清时期商品经济的发展,旅居异地的同乡人为联络乡谊,结成团体,兼营善举,集资兴建"会馆"。商人会馆在各地的兴起,与明清长途贩运业的发展,以及以"地缘"为纽带的社群——商帮的兴起密切相关。在长期发展中,商人会馆以一定的章程和约定俗成的条规约束会众的性质逐渐增强,逐渐成为一种以地缘为纽带的商人自我管理及互助济困的行会组织。④ 至清代,随着商品经济的进一步发展,以"会馆""公所"为名的同业组织也在很多城镇出现,其中,以上海的会馆、公所发展比较快。到民国初年,有名可查的会馆、公所

---

　　① 曲彦斌:《行会史》,上海文艺出版社1999年版,第11页。

　　② 彭南生:《行会制度的近代命运》,人民出版社2003年版,第60—62页。

　　③ 吴慧:《会馆、公所、行会:清代商人组织演变述要》,《中国经济史研究》1999年第3期。

　　④ 彭泽益:《中国工商行会史料集》,中华书局1995年版,第6、9、11—14页。

共有 255 个，"为中国其他城市所不可及"。① 这是由于当时上海的工商业较其他城市发达，客商中来自同一地区的商人集中于某几个行业，或者同一行业中的商人又分别源于若干地域帮口，从而造成同乡、同业组织互相交织的复杂的社会现象。

会馆、公所等行会组织往往受地域、行业等限制，相互之间较少联络，内部运作机制易受旧式行帮陋规影响，难以更好地适应时代需要。但是，会馆、公所等工商行会组织主要以一定的章程和约定俗成的法规约束会众，通过经济上的行业协调职能、扶贫济困的福利功能、祭祖拜神等功能凝聚人心。因此，这些行会组织继续发展，在一定程度上为 20 世纪初商会组织及工商同业公会组织的发展打下了基础。

清朝末年，上海部分行业率先出现了以"公会""商会"等命名的新型工商团体。这些新的工商组织有些是从原来的会馆、公所发展而来的行业组织，如洋商业公会、豆米同业公会、棉业公会等；有些是新产生的以"公会"或"商会"等命名的行业管理型团体，如书业企业联合成立的书业商会、机制面粉工厂联合成立的办麦公会、报业同业联合成立的日报公会、布厂业主联合成立的中华布厂公会，以及保险公会、教育用品公会等。②

三、商人的近现代组织形式

商会，是商品经济的必然产物。一般是指商人依法组建的，以维护会员合法权益、促进工商业繁荣为宗旨的社会团体法人。商会的法律特征是互益性、民间性、自律性、法人性。商会的组建过程是商

① ［日］根岸佶：《上海的行会》，日本评论社 1951 年版，第 6 页；陆兴龙：《近代上海社团组织及其社会功能的变化》，《上海经济研究》2005 年第 1 期。
② 《上海工商社团志》编纂委员会：《上海工商社团志》，上海社会科学院出版社 2001 年版，第 5 页。

人身份确立的过程,也是商人组织有序化的过程。商会是近代社会出现的商人组织,由企业公司、公务人员、自由职业者和热心公益的人自愿组成。

商会主要致力于宣传、促进和发展本地的工商业,一般分为国际商会、全国商会、地区商会等。世界第一个商会是成立于 1599 年的法国马赛商会;中国第一个商会是上海商业会议公所;中国第一个全国性的商会组织是中华商会联合会。①

1902—1903 年,在上海、江苏、湖南、河南、山西、福建等地区先后设立新型组织——商业会议公所。1904 年,清政府设立商部,并颁布《商会简明章程》。上海商业会议公所正式改组为上海商务总会,这是中国第一个正式商会,其势力和影响也为全国商会之最。此后,商会这一新型民间工商团体组织形式依法在各地相继成立,到 1912 年全国各省大小商会总数近 1000 家。同以往的商人组织相比,商会是某一地区各业全体商人的共同组织,它克服了以地区帮派和行业划分界线的狭隘性,其活动以振兴、保护商业为出发点,在管理上也具有一定的现代性。辛亥革命以后,各种社会团体应运而生。据不完全统计,仅民国元年宣告成立的实业团体即达 40 余个,加之其后不久成立者共有 100 多个。其中商业性团体 41 个,约占总数的 39％。就地区构成而言,这些工商团体 70％以上分布在上海、南京、北京和天津。② 这些工商团体的广泛活动,为商会及同业公会等工商社团主体的新发展营造了良好的社会氛围。

1914 年,北洋政府颁布了《商会法》,又于 1915 年 12 月及 1916 年 2 月先后公布了经修正的《商会法》以及《修正商会法施行细则》,完全承认了晚清以来各地商会的合法性。1917 年 4 月,北洋政府公

① 《不列颠百科全书(4)》,中国大百科全书出版社 1999 年版,第 366 页。
② 虞和平:《中国现代化历程》第二卷,江苏人民出版社 2002 年版,第 403-404 页。

布了《工商同业公会规则》，这个规则在当时虽然未能得到实施，却成为规范同业团体的初步框架。北洋政府还于 1918 年 4 月颁布了《工商同业公会规则实施办法》，敕令各地筹建同业公会，明确给予工商同业组织合法地位，并开始对工商同业团体进行制度规范。受其影响，上海的部分工商行业相继改组，或重新建立了一批同业组织，如钱业公会、纸业公会、丝厂协会、卷烟同业公会等，还出现了一些跨地区或跨行业的联合会，如华商纱厂联合会、中国棉业联合会等。20世纪 20 年代，上海这类新型的工商行业管理型团体已经有 60 多个，它们所代表的行业具有较强的经济实力，在社会经济活动中有较大的社会影响。这些新型工商团体的建立也标志着上海的工商团体已经突破带有封建色彩的会馆、公所制度的束缚，进入了近代化行业管理阶段。上海各业同业公会建立后，在积极反映同业会员企业的意愿、维护其正当权益、维系企业与政府之间的联系等方面发挥了重要作用。

1929 年 8 月，国民党政府颁布《商会法》，后又公布了《工商同业公会法》及《工商同业公会法施行细则》，规定"工商同业公会以维持增进同业之公共利益及矫正营业之弊害为宗旨"，要求一地同业行号在 7 家以上时要依法组建同业公会。该法规定原有工商各业团体不论公所、行会、会馆或其他名称，凡其宗旨合于《工商同业公会法》规定者，"均视为依本法而设立之同业公会"，在法律上强调以同业公会作为行业组织的统一名称，明令在一年之内必须完成改组。

上海作为"东南都会"，"以港兴市"，具有良好的发展商业的基础。自近代开埠以来，上海地区的商业资本，经过几十年风风雨雨的曲折发展，到清末民初已经成为该市不可忽视的经济力量。新兴的商人阶层逐步提出政治要求，这些理念与实践相结合，推动了早期的市民自治运动。与此同时，上海商民的组织机构亦随时代的发展而日趋完善，由会馆、公所、商会的会董制，在 20 世纪二三十年代实现了委员会制，逐步实现了旧式工商团体向现代组织的过渡。1927 年成立的上海商业联合会正是在这样特殊的历史条件下产生的一个具有过渡性的工商团体。

　　上海商业联合会是 1927 年上海最重要的商业团体联合组织。1926—1927 年，北伐军节节胜利，势如破竹，迅速击溃了吴佩孚、孙传芳的势力，革命势力由珠江流域扩展到长江流域，北洋军阀的统治摇摇欲坠。北伐时期，两湖地区的工农运动持续发展。在北伐战争取得一定胜利的同时，革命统一战线内部的反革命势力进一步增长，帝国主义国家密切关注中国革命形势的发展。上海商业联合会正是在新的形势下上海商人的分化与重新组合，在它存在的 8 个月的时间里，它曾与国民党政权携手镇压工人运动，但它们又貌合神离，双方均不能满足对方的要求，但却竭力利用对方争取话语权。对工人组织，上海商业联合会一直采取敌视与抵制的态度，急欲除之而后快。虽然蒋介石发动"四一二"反革命政变暂时扑灭了上海地区熊熊燃烧的工人运动的烈火，但上海地区的劳资秩序并未按资本家预想的轨道发展，加上国民党无休止的勒索与摊派，使得上海商界对蒋介石很快由满腔热忱走向失望。往事如烟，上海商业联合会于 1927 年 11 月底在一片消沉与失望中黯然退场。

　　上海商业联合会存在时间并不长，但其活动反映了在国内、国际政局变动的情形下上海商界分化与重新整合的情况，反映了上海商界在北伐军即将到来、上海工人运动持续高涨的形势下做出种种抉择的心理活动，表现了上海商人试图在新的商业组织下与各派政治势力进行周旋，力图维护正常的交换市场与秩序，实现利益最大化，争取话语权的努力。因此，无论是在 1927 年的上海还是在全国范围内，上海商业联合会都可以说是极为重要的商业组织，然而，如此重要的商业组织，无论是商会史还是上海史的研究，都未对其进行全面、具体的研究，本书将对其分而述之。

第二节　商会研究的概况

自从 20 世纪 80 年代以来,商会史作为一个新的研究领域受到海内外学者的高度重视,成为中国近代史研究的热点之一,不仅自身发展迅速,而且带动了经济史、社会史、城市史、现代化史等相关领域的发展。[①]

商会档案具有极高的史料价值,是研究中国近代商会史的第一手原始资料。如天津市社会科学院和天津市档案馆合作,由胡光明、蓝长澐主编的《天津商会档案汇编(1903—1950)》共 5 辑 10 册,共 1000 万字;华中师范大学历史研究所与苏州市档案馆共同整理的《苏州商会档案丛编》,共 600 余万字;厦门总商会、厦门市档案馆联合编辑出版的《厦门商会档案史料选编》;复旦大学历史系与上海市

[①]　中国商会史研究的情况,参见朱英:《清末商会研究述评》,《史学月刊》1984 年第 2 期;徐鼎新:《中国商会研究综述——回应陈三井先生对〈上海总商会史〉的评论》,《历史研究》1986 年 6 期;虞和平:《近八年之商会史研究》,《中国社会经济史研究》1995 年第 4 期;马敏:《近十年来中国的商会史研究及其展望》,见《近代史学刊》第 1 辑,华中师范大学出版社 2001 年版;马敏:《商会史研究与新史学的范式转换》,《华中师范大学学报(人文社会科学版)》2003 年第 5 期;朱英:《中国商会史研究如何取得新突破》,《浙江学刊》2005 年第 6 期;冯筱才:《中国商会史研究之回顾与反思》,《历史研究》2001 年第 5 期;冯筱才:《最近商会史研究之刍见》,《华中师范大学学报(人文社会科学版)》2006 年第 5 期;冯筱才:《名实·政治·人事——关于民初上海商人团体史研究的几点思考》,《近代史研究》2006 年第 4 期;应莉雅:《近十年来国内商会史研究的突破和反思》,《中国社会经济史研究》2004 年第 3 期;张芳霖:《中国近代商人、商会组织研究的问题意识与阶段性特点》,《江西社会科学》2004 年第 7 期;魏文享:《近代工商同业公会研究之现状与展望》,《近代史研究》2003 年第 2 期;刘芳:《近二十年来中国商会研究综述》,《历史教学问题》2006 年第 4 期;王永进:《商会研究范式的回顾与反思》,《兰州学刊》2006 年第 11 期;章开沅:《商会档案的原生态与商会史研究的发展》,《学术月刊》2006 年第 6 期。

工商业联合会、上海市档案馆合作整理的上海总商会档案已陆续出版,目前可见者为《上海总商会组织史资料汇编》(上、下册)、《上海总商会议事录》(共 5 册)。① 此外,大理、绍兴、无锡等地商会档案也先后出版。史料是史学研究的基础,推动商会史研究的发展和深入,寻求新的研究路径和方向,都离不开对新史料的开掘与原有史料的细读、精耕。

在商会史研究成果中,一批颇有分量的专题学术著作先后出版。其中包括:徐鼎新、钱小明的《上海总商会史(1902—1929)》(上海社会科学院出版社 1991 年版),朱英的《辛亥革命时期新式商人社团研究》(中国人民大学出版社 1991 年版),虞和平的《商会与中国早期现代化》(上海人民出版社 1993 年版),马敏、朱英的《传统与近代的二重变奏:晚清苏州商会个案研究》(巴蜀书社 1993 年版),马敏的《官商之间:社会剧变中的近代绅商》(天津人民出版社 1995 年版),朱英的《转型时期的社会与国家——以近代中国商会为主体的历史透视》(华中师范大学出版社 1997 年版),关文斌的《天津盐商:晚清国家治理与市民社会》(夏威夷大学出版社 2001 年版),宋美云的《近代天津商会》(天津社会科学院出版社 2002 年版),应莉雅的《天津商会组织网络研究(1903—1928)》(厦门大学出版社 2006 年版),庞玉洁的《开埠通商与近代天津商人》(天津古籍出版社 2004 年版),张学军等的《直隶商会与直隶社会变迁》(西南交通大学出版社 2002 年版),冯筱才的《北伐前后的商民运动》(台湾商务印书馆 2004 年版),朱英、郑成林的《商会与近代中国》(华中师范大学出版社 2005 年版),徐鼎新的《近代中国商业社会追踪》(香港犬马出版有限公司 2006 年版),李柏槐的《现代性制度外衣下的传统组织——民国时期成都工商同业

①　上海市工商业联合会、复旦大学历史系:《上海总商会组织史资料汇编》,上海古籍出版社 2004 年版;上海市工商业联合会:《上海总商会议事录》,上海古籍出版社 2006 年版。

公会研究》（四川大学出版社 2006 年版）等。这些成果运用现代化理论、社会组织系统论、法学理论和政治学理论，比较系统和深入地探讨了近代中国商会研究领域中的一系列基本问题，如近代中国商会诞生的社会背景、组织结构、社会功能、官商关系、商会与其他社团的关系、商会与近代城市发展、商会与中国早期现代化、商会与中国资本家阶级的成长、中外商会的比较等等，使 20 世纪 90 年代的中国近代史研究呈现出繁荣景象。[①]

一、关于商会产生的历史背景的研究

有的学者认为商会是清政府迫于形势而采取的一种应变手段。日本学者仓桥正直即持此观点，认为商会是清朝为了发展经济、维护统治地位，为挽救濒临崩溃的统治而不得不借助商人力量振兴实业的官方意图的产物。[②] 隗瀛涛、周勇认为商会是在清政府推行所谓"新政"中建立起来的，"新政"试图"赋予中国政治更多的买办性，同时也企图缓和统治者和人民的矛盾，分化民族资产阶级，因而采取了一些客观上有利于民族资本主义发展的措施"，商会的建立"就是这种措施之一"。[③] 王笛亦认为最早的商会并不是商人自发建立的组织机构，而是清政府以行政手段设立的，且为资产阶级组织起来提供了"可乘之机"。[④]

① 中国台湾地区商会史研究成果主要有李达嘉：《商人与政治：以上海为中心的探讨（1895—1914）》，台湾大学博士论文，1994 年；邱澎生：《商人团体与社会变迁：清代苏州的会馆公所与商会》，台湾大学博士论文，1995 年；张桓忠：《上海总商会研究（1902—1929）》，台北知书房出版社 1996 年版；赵祐志：《日据时期台湾商工会的发展（1895—1937）》，台湾师范大学硕士论文，1995 年。
② ［日］仓桥正直：《清末商会和中国资产阶级》，见中国近代经济史丛书编委会：《中国近代经济史研究资料》，上海社会科学院出版社 1984 年版。
③ 隗瀛涛、周勇：《重庆开埠史》，重庆出版社 1983 年版，第 122 页。
④ 王笛：《试论清末商会的设立与官商关系》，《史学月刊》1987 年第 4 期。

　　而另一些学者认为商会的产生与当时严重的民族危机有关,但也包含着商界加强自身力量、协同对外抗争等因素。日本学者根岸佶把清政府设立商会,看作顺应中国商人要求结束分帮对峙局面、协力抵御外来侵略的果断决策,"清末为了使全市工商业者联成一片,设立商会可说是适当的决策"①。日本学者曾田三郎把商会的设立视为中日甲午战争后洋务派官僚主持"新政"的一环,认为这一措施适应了中国商人对外贸易的需要,使依然保持原来历史形态的行会组织处于日益动摇的境地。"为了同对外贸易相适应,摆脱困境……需要建立更大规模的商人团体。"②美国学者爱德华·罗兹(Edward J. M. Rhoads)认为晚清的政治时局促使朝野一部分人关心国家未来的命运和前途,亟谋如何同帝国主义进行经济竞争,如何挽回失去的许多经济权益,也促使人们重新评估商人在社会中的作用。"为了加强中国的工商界力量,在传统、分散的商人中间有了较大的合作,结果是组成了各种较新和复杂的商人团体。"③虞和平亦认为:"尽管中国近代商会是在清政府的劝办下产生的,但是只有当某一地区、某一行业的商人有了这一认同之后,才能去组建商会,才会去申请入会。"④美籍学者陈锦江认为商会"不完全是当局从上面强迫的结果,也不是商人自发活动的结果",而是"几种复杂的社会变化造成的结果"。他认为在 19 世纪中国的商人机构已发生重大的组织上的变化,可是这种变化的趋势却并不一定导致商会的产生。这是因为当时的清政府对商会并不热情。而到了 20 世纪初,清政府的态度变

　　① [日]根岸佶:《上海的行会》,日本评论社 1951 年版,第 349-350 页。
　　② [日]曾田三郎:《商会的设立》,《历史学研究》(日本)第 422 号。
　　③ Rhoads E J M,"Merchant Associations in Canton,1895—1911",in Elvin M, Skinner G W,*The Chinese City Between Two Worlds*,Stanford University Press,P105.
　　④ 虞和平:《商会与中国早期现代化》,上海人民出版社 1993 年版,第 77 页。

了。"中央政府的有力倡导，对于商会的最初建立是决定性的"①。

有些学者认为商会产生于政治形势的动荡变迁、民族资本主义的发展以及阶级力量对比的变化等诸种社会历史条件下。章开沅指出，清末商会的诞生"不是简单地套用西方模式，也不是出于清朝皇帝偶发善心的恩赐，而是资本主义初步发展和资产阶级力量增长的结果，它的出现反映了社会发展的必然趋势"②。一些学者指出，任何阶级只有组织起来才能参与最起码的政治活动，取得自身独立地位的民族资产阶级为了保护本阶级的利益，强烈呼吁成立一个联络工商各行各业的社会团体，商会由是应运而生。③ 徐鼎新认为商会的建立是"民族资本主义经济在当时获得了初步发展，民族资产阶级已经形成并开始成长起来，进而要求固结团体以'扩商权'的社会经济产物"④。朱英、马敏在论著和论文中也认为资产阶级对社会形势的认识和需要被视为商会成立的重要前提。⑤

二、关于商会性质的研究

中国的商会究竟属于何种性质？是官方机构、半官方机构，或是工商业者自己组织的民间团体，还是资产阶级性质的社团？有关商会的社会属性问题主要有四种不同的答案，分别是"官办机构"（仓桥

---

① ［美］陈锦江：《清末现代企业与官商关系》，王笛、张箭译，中国社会科学出版社1997年版，第96页。

② 章开沅：《就辛亥革命性质问题答台北学者》，《近代史研究》1983年第1期。

③ 皮明庥：《武昌首义中的武汉商会和商团》，《历史研究》1982年第1期。章开沅的《辛亥革命与江浙资产阶级》、邱捷的《广东商人与辛亥革命》、丁日初的《辛亥革命前的上海资本家阶级》均见《纪念辛亥革命七十周年学术讨论会论文集（上册）》，中华书局1983年版。

④ 徐鼎新：《旧中国商会溯源》，《中国社会经济史研究》1983年第1期。

⑤ 朱英：《清末商会与抵制美货运动》，《华中师范大学学报（哲社版）》1985年第6期；马敏、朱英：《传统与近代的二重变奏——晚清苏州商会个案研究》，巴蜀书社1993年版。

正直等）、"半官方机构"（邱捷等）、"民间商人社团"（徐鼎新等）、"官
督商办社团"（朱英等）。

仓桥正直认为"商会是官办的组织"。他指出清末商会与官方有
密切关系，得到政府和法律的保护，属于官办机构，并认为商会的官
办性质使它具有能够取代公议会的有利因素。这就是商会"一方面
接受官府领导，另一方面可以合法地对地方官府采取以往所没有过
的强硬态度"①的原因。彭邦富进一步肯定了仓桥正直等关于商会为
"官办机构"的观点，他认为商会是法定的官方团体，官府倡办商会的
根本目的是造就维护自己统治的经济基础和阶级力量。商会除了按
照政府的法律履行自己的职责，还须向工商业者传达政府的有关指
示，替政府推行新税，充当大小军阀筹款的工具。②

法国学者白吉尔亦强调商会的官办性质，在分析辛亥革命前夜
的中国资产阶级动态时，认为中国资产阶级在形成的时候，并不是一
个能与大清帝国相对抗的阶级。他们的一些行业组织，尤其是商会，
"甚至可以看作是帝国政府的下属机构"③。爱德华·罗兹认为，商会
是官府授权商人组成的，它由朝廷谕令成立并授权农工商部管理，其
主要作用之一是代表商人们的官方立场。它居于尚无正式地位的行
会与官府之间，属于半官方性质。④邱捷认为"商会虽也算商人的组
织，但它们一般来说并不能满足资本家参与政治的要求"，"各商会的
总协理及会长均受官府'札委'并'颁给关防'，俨然衙门"，因而商会

---

① ［日］仓桥正直：《清末商会和中国资产阶级》，见中国近代经济史丛书编委会：
《中国近代经济史研究资料》，上海社会科学院出版社 1984 年版。

② 彭邦富：《北洋时期商会历史作用之考察》，《民国档案》1992 年第 4 期。

③ ［法］白吉尔：《辛亥革命前夜的中国资产阶级》，见中国社会科学院近代史研究
所：《国外中国近代史研究》第 4 辑，中国社会科学出版社 1983 年版。

④ Rhoads E J M，"Merchant Associations in Canton，1895—1911"，in Elvin M，
Skinner G W，*The Chinese City Between Two Worlds*，Stanford University Press，p105.

是"半官方机构"。① 马敏亦承认，"就其与官方密切关系和其成员的社会地位而言，商会又多少带有半官方机构的意味，其领导人和部分会员多具有准官僚的社会和法律地位"②。

徐鼎新不同意把商会视为"官办"或"半官方机构"的说法。他认为商会"代表工商界利益，是工商业者自己的团体"。他认为设立商会改变了"局为官设"的局面，明确向工商界宣布商会不是衙署，"无论何商，即可便服惠顾，断无阍人禁阻"，还作出了一系列联合各行各业共同商讨兴利除弊、宜改宜革的规定，这些同官办的商务局是有根本区别的。③ 而有的学者认为清末商会具有"官督商办"的性质特点，或可以作为调和以上观点的见解，认为商会是带有一点"官督"色彩的商办民间社团，其官督色彩主要表现在：它是在官府谕允劝办的形式下得以诞生并获得法律保障地位的，不仅在人事、权限方面不同程度地受到清政府束缚，而且在活动内容和方式上也承受清政府商部的监督和限制，但也不能过分夸大官府对商会的实际控制，商部只是扮演了类似监察机构的角色。④

虞和平从法律的角度考察了商会的社会属性，提出了"法人社团说"："商会依照政府的法定程序经由政府的批准而设立，有自己固定的组织机构和职能部门，有广大的会员，有自己能独立支配的经费和财产，有法定的权利、义务和活动范围，又由自己自愿发起，自定章程，自选领袖，自筹经费。因此，商会基本上是一种商办法人社团。"他认为法人社团特征是商会组织的根本社会属性，并贯穿于商会的目的认同体系、成员资格界定、组织协调系统和社会整合功能之中。他批评"认为商会是官方、半官方机构或认为商会是官督商办社团的

① 邱捷：《辛亥革命时期的粤商自治会》，《近代史研究》1982 年第 3 期。
② 马敏：《试论晚清绅商与商会的关系》，《天津社会科学》1999 年第 5 期。
③ 徐鼎新：《旧中国商会溯源》，《中国社会经济史研究》1983 年第 1 期。
④ 朱英：《清末商会"官督商办"的性质与特点》，《历史研究》1987 年第 6 期。

论者,恰恰是把上述商会的法人特征误看成是官方特征"①。朱英运用国家与社会理论,重新审视了商会的构成和性质。他虽强调商会的诞生与清政府的倡导、鼓励有着非常密切的关系,但同时指出,"商会也是近代中国社会影响最大、市民社会特征也最突出的新型商人组织","新成立的商会经商人不断努力和抗争,基本上保持了民间法人社团的性质,具有较强的独立性和自主性,也表现出明显的自愿和民主原则,突出地体现出以契约性规章维持其内部运作的特征"。②

商会究竟是资产阶级的社会团体,还是扩大化的行会组织?日本学者历来把商会等同于公议会那样的全市性的商业行会。根岸佶认为,"商会融合了欧美的法制和中国的传统而构成","商会的外观同外国商业会议所无异,而其实质,征之于它的内容和进行的活动,显然是行会性的","商会,一言以蔽之,是穿上洋装的公议会"。③曾田三郎认为,"在形态上,商会当然是各业商人的行业性组织的统一体",由"大行"控制多数而组成的商会办事机构,"实际上反映了商会的性质"。④

国内大多数学者基本都认为商会是代表资产阶级利益的社会团体。章开沅认为:"只是在商会成立以后,资产阶级方才有了真正属于自己的社会团体,有了为本阶级利益说话办事的地方,从此不再是以个人或落后的行帮形象,而是以新式社团法人的姿态与官府或其他社会势力相周旋。"⑤丁日初认为,从 1902 年成立上海商业会议公所起,"先前的行会性质的同业公所,开始联合组成为近代统一的资本家团体",这个组织成立后,在有关资本家阶级的切身利益和国家

①　虞和平:《近代商会的法人社团性质》,《历史研究》1990 年第 5 期。
②　朱英:《转型时期的社会与国家——以近代中国商会为主体的历史透视》,华中师范大学出版社 1999 年版,第 64、69 页。
③　[日]根岸佶:《上海的行会》,日本评论社 1951 年版,第 349-350 页。
④　[日]曾田三郎:《商会的设立》,《历史学研究》(日本)第 422 号。
⑤　章开沅:《就辛亥革命性质问题答台北学者》,《近代史研究》1983 年第 1 期。

利益的重大问题上，多次发表意见，主张抵制帝国主义的侵略，赞成立宪，要求保护民族资本主义工商业，说明它是"代表资本家阶级利益的一个重要社会团体"。① 皮明庥认为，武汉民族资产阶级正是出于日益发展的业务需要和适应新的形势发展要求，才"先后建立了自己的组织——商会和商团"。② 马敏、朱英认为"商会是清末资产阶级的重要社会团体"，但是从苏州商会会员的成分看，"和封建势力关系比较密切的商业资产阶级占据显要地位"，这种状况是"中国半殖民地半封建社会中的畸形儿"。③

有的学者认为近代中国商会是带有某些封建色彩的资产阶级社团。章开沅认为，20 世纪初的江浙两省，商业资本仍然支配着产业资本，因此，"具有近代特征的商会，也仍然受封建性的会馆、行帮的制约"。④ 徐鼎新认为早期商会虽明显是资产阶级性质的工商团体，但不可否认它仍然是以行帮组织为基础和支柱的。⑤ 沈祖炜也认为不少商会仍在封建士绅和旧式行帮把持之下，"但是也有不少商会日益成为资产阶级谋求政治经济利益的机构"。⑥

三、商会的基本职能

徐鼎新认为早期商会的职能主要体现在三方面：联络工商，调查商情；兴商学，开商智；接受商事诉讼，保护工商利益。⑦ 美国学者爱

---

① 丁日初：《辛亥革命前上海资本家的政治活动》，《近代史研究》1982 年第 2 期。
② 皮明庥：《武昌首义中的武汉商会和商团》，《历史研究》1982 年第 2 期。
③ 马敏、朱英：《〈苏州商会档案丛编〉第一辑简介》，《近代史研究》1984 年第 4 期。
④ 章开沅：《辛亥革命与江浙资产阶级》，《历史研究》1981 年第 5 期。
⑤ 徐鼎新：《旧中国商会溯源》，《中国社会经济史研究》1983 年第 1 期。
⑥ 沈祖炜：《清末商部、农工商部活动述评》，《中国社会经济史研究》1983 年第 2 期。
⑦ 徐鼎新：《旧中国商会溯源》，《中国社会经济史研究》1983 年第 1 期。

德华·罗兹对清末广州商务总会进行了研究,认为它具有三方面的职能:一是正式代表商人在官府和行会间起调解人作用;二是提供一条正式的、联系行会和商人的渠道;三是加强中国对外"商战"中的竞争地位。①

日本学者对此有不同看法。根岸佶认为商会有两种职能:一是继承了原有的商业行会性质的公议会的职能,包括办理商事公断等"自治职能"和沟通官商、参与市政和社会救济等"公益职能"。另一种是干预国家内政外交的政治职能。② 仓桥正直也认为商会"在很大程度上继承了公议会的传统",同时与政治发生日益深刻的关系,还干预全国性的政治问题,认为商会"发挥了作为资产阶级集结场所的机能"。③

姚会元指出,上海总商会充分发挥其经济职能,减少金融危机造成的损失,维护商品经济的正常运行,显示了商会对于上海社会经济生活来说不可缺少的重要地位。④ 丁长清从国家宏观市场调控体系作用的角度提出"近代商会是中国市场第二调控系统"的观点,强调了商会调节经济的职能。⑤ 宋美云也从市场中介组织的角度考察了1912—1927 年的天津商会,认为天津商会在当时采取的一系列措施,发挥了维护市场公平竞争的职能。⑥

① 徐鼎新:《中国商会研究综述》,《历史研究》1986 年第 6 期。
② 徐鼎新:《中国商会研究综述》,《历史研究》1986 年第 6 期。
③ [日]仓桥正直:《清末商会和中国资产阶级》,见中国近代经济史丛书编委会:《中国近代经济史研究资料》,上海社会科学院出版社 1984 年版。
④ 姚会元:《上海近代商会在稳定金融中的作用》,《史学月刊》2000 年第 5 期。
⑤ 胡光明等:《首届商会与近代中国国际学术讨论会综述》,《历史研究》1998 年第 6 期。
⑥ 宋美云:《中国近代经济社会的中介组织——天津商会(1912—1927)》,《天津社会科学》1999 年第 1 期。

四、商会与资产阶级的成长

　　章开沅认为,1905 年以后资产阶级之所以能在历次反帝爱国运动中显示出越来越大的活动能量,是与他们有商会这个基地分不开的——只有在商会成立以后,资产阶级才有了真正属于自己的社团,有了为阶级利益说话办事的地方,从此不再是以个人或落后的行帮形象,而是以新式社团法人的姿态与官府或其他社会势力相周旋。[①] 徐鼎新也认为商会的产生与发展,为我国新兴的民族资产阶级提供了一个重要的活动场所,同时也意味着民族资产阶级组织程度的提高和力量的增长。[②] 虞和平首先提出商联会的成立标志着中国资产阶级完整形态基本形成的观点,认为商联会不仅有涵盖全国的组织规模,而且领导资产阶级参加了此后所有的重大活动,使资产阶级在经济、政治、组织、思想上趋于成熟,进入有领导、有组织、有纲领的高级阶段。

　　朱英认为 1904 年商会的诞生是资产阶级初步形成的重要标志。这是由于商会的成立改变了过去会馆、公所的分散隔绝状态,开始将各行帮凝聚成为相对统一的整体。各省商会间还密切配合协调活动,使全国商会联成一个整体网络。而且商会具有法人地位,进而能采取种种办法将势力渗透到社会生活领域。因此,商会的成立使资产阶级真正有了为本阶级利益说话、办事的统一机构,以新式社团姿态出现在社会舞台上。[③]

　　虞和平依据马克思主义关于阶级存在的"自在"和"自为"两种形

[①] 章开沅:《就辛亥革命性质问题答台北学者》,《近代史研究》1983 年第 1 期。

[②] 徐鼎新:《增进中国商会史研究的两岸"对话"——回应陈三井先生对〈上海总商会史〉的评论》,《近代史研究》2000 年第 5 期。

[③] 朱英:《从清末商会的诞生看资产阶级的初步形成》,《江汉论坛》1987 年第 8 期。

态的理论,对其上述 1986 年提出的观点作了补充论证,认为清末各地商会的诞生使资产阶级进入从"自在"状态向"自为"状态转化的过渡阶段。民初全国商联会的成立,则使资产阶级进入基本"自为"阶段,亦即完整形成阶段。① 朱英认为 1904 年以后各地商会的建立,"可以作为中国资产阶级初步成为一支独立阶级队伍的重要标志",全国商联会的正式成立,"使中国资产阶级的组织程度发展到一个更高层次,标志着中国资产阶级完整形态的最后形成"。② 马敏则把全国商联会成立以前的中国资产阶级称为中国早期资产阶级,即还未发展成具有独立阶级力量的阶级形态。③

五、商会与政府的关系

早期的研究多从"商会是资产阶级社团"的判断出发,强调它与"封建势力"的冲突,④辛亥革命中一些地方商会的"革命"行动更被认为是重要的例证。但也有学者持反对意见,指出清末商会与政府间的合作与依赖多于对立与斗争,双方在振兴实业的基础上相互依赖和合作。⑤ 1920 年到 1927 年,天津总商会更是"在一些重要问题上,真正成了军阀政权苛敛民财的工具"⑥。

宋美云指出商会作为利益集团的形成和活动,通常离不开政府的支持,国家干预是利益集团活动的前提,而利益集团已成为国家调

① 虞和平:《商会与中国资产阶级的"自为"化问题》,《近代史研究》1991 年第 3 期。
② 朱英:《从清末商会的诞生看资产阶级的初步形成》,《江汉论坛》1987 年第 8 期。
③ 马敏:《过渡形态——中国早期资产阶级构成之谜》,中国社会科学出版社 1994 年版。
④ 朱英:《清末商会与抵制美货运动》,《华中师范大学学报(人文社会科学版)》1985 年第 6 期。
⑤ 王笛:《试论清末商会的设立与官商关系》,《史学月刊》1987 年第 4 期。
⑥ 胡光明:《论北洋时期天津商会的发展与演变》,《近代史研究》1989 年第 5 期。

节经济的重要渠道和控制社会的有效中介，认为政府与商会之间形成一种既合作又矛盾的复杂关系。[1] 虞和平则提出"超法的控制与反控制"的理论框架，认为：由于商会与政府的关系不可能通过有效的法律修订而得到适时的调整，就必然会出现政府超越法律对商会活动进行干预，甚至是控制，商会也势必突破法律规定进行一些"超法"活动。因此，中国近代商会与政府的实际关系，主要是对"超法的控制与反控制"关系。[2] 张东刚则认为商会与政府的关系并非单纯的"超法的控制与反控制"，商会并非处于从属地位，而是一种独立于国家正式权力之外的自发组织。[3] 而张志东注意到商会与政府的合作与冲突的利益基础，提出了"超法的利益合作"以修正虞和平的"超法的控制与反控制"，使不同时期商会与政府关系的不同表现更易理解。在此基础上，张志东还注意到，即使在同一时期，不同地区的商会与政府的关系也有不同表现。以天津和上海为例，与政治中心的地理距离，同商会与政府的关系密切程度有一定关系。据此，他提出了商会与国家统治中枢之间的空间距离和商会自主性及其政治能量的相关程度问题。[4]

一些论者认为中国近代历史上商会的地位、发展与中央政府权力的强弱呈反比。徐鼎新指出，近代上海商会 48 年的历史中，前 28 年兴盛，后 20 年衰落。[5] 这与虞和平在《商会与中国早期现代化》中

---

① 宋美云：《中国近代经济社会的中介组织——天津商会（1912—1927）》，《天津社会科学》1999 年第 1 期。

② 虞和平：《商会与中国早期现代化》，上海人民出版社 1993 年版；虞和平：《近代商会的法人社团性质》，《历史研究》1990 年第 5 期。

③ 张东刚：《商会与近代中国的制度安排与变迁》，《南开经济研究》2000 年第 1 期。

④ 张志东：《近代中国商会与政府关系的研究：角度、模式与问题的再探讨》，《天津社会科学》1998 年第 6 期。

⑤ 徐鼎新：《关于近代上海商会兴衰的几点思考》，《上海社会科学院学术季刊》1999 年第 1 期。

的观点非常接近。① 但胡光明认为,北洋时期天津商会的发展"以民国九年七月直皖战争为断限",前期"蓬勃向上",后期"组织涣散",成了军阀政权的附庸。② 可见,在开始"衰落"的时间上,天津商会与上海商会的情形似大有不同。

张志东针对一些学者认为国民党时期的商会在政府的严厉控制下,原有的地位、作用、影响急剧下降的观点,指出 1928 年以后的国民党政府不可能在短时期内实现对商会的强权控制。③ 胡光明以丰富的档案资料为基础,对沦陷时期的天津及华北商会组织的嬗变和国民党政权覆亡之前的天津商会与工业会做了实证性分析。④ 林纯业研究了沦陷时期(1937—1945 年)的天津商会,指出日本侵略者为了加强对商会组织的直接控制,对天津、青岛等华北重要商埠委派日本顾问官,而天津商会的会长职位及其核心决策层也由卖身投靠日本侵略者的汉奸人物把持,他们抛弃数十年来的立会宗旨,背弃民族立场和商民利益,沦为日本统治华北市场、掠夺中国民族工商业、推进法西斯政令和巩固殖民统治的工具。⑤ 马敏则以市民社会与国家的关系来考察商会与政府的关系,认为中国早期市民社会建成的初衷并不是与专制国家权力相对抗,而是以民治辅助官治,晚清市民社会雏形与封建国家之间形成一种既相互依赖,又相互矛盾、摩擦的复杂关系,其中,依赖的一面占据主导地位。⑥

---

① 虞和平:《商会与中国早期现代化》,上海人民出版社 1993 年版。

② 胡光明:《论北洋时期天津商会的发展与演变》,《近代史研究》1989 年第 5 期。

③ 张志东:《近代中国商会与政府关系的研究:角度、模式与问题的再探讨》,《天津社会科学》1998 年第 6 期。

④ 胡光明:《论国民党政权覆亡前的天津商会与工业会》,《上海经济研究》1999 年第 1 期。

⑤ 胡光明等:《首届商会与近代中国国际学术讨论会综述》,《历史研究》1998 年第 6 期。

⑥ 胡光明等:《首届商会与近代中国国际学术讨论会综述》,《历史研究》1998 年第 6 期。

六、商会的政治参与

一些学者认为商会政治参与呈现"依附—离异—回归"的动态变化特征。[1] 有的学者则认为，商会成立后，资产阶级在其领导下开始"整体"政治参与活动。辛亥革命之际，一些商会依附革命，但到"二次革命"则出现"政治大滑坡"，或政治上的重大失误。[2]

胡光明认为，1920 年后，商会在政治上便日益消沉。[3] 张桓忠虽然承认 20 世纪中期，上海总商会对政治表现出高度的参与意图，但他并不认为商人有政治理想，而是反映出商人面对动荡时局的无奈。[4] 冯筱才进一步提出"近世中国商会的常态与变态"的解释模式，即把维持稳定的商业制度，保护商业经营秩序，充当官商交通的媒介等商会从事的事业，称为"常态"，而将商会短暂的政治参与，为避免战事而发起的和平运动，以及对战争的应付举措等均划入"变态"的范围。变态的行为多由时势所推动，事毕后商会仍回归本位。[5]

邱捷通过对粤省商团的考察，亦认为民初广州商人的思想意识与经济水平均较晚清没有多少变化。故他怀疑"以往我们也许夸大了清末民初广州商人资产阶级化的程度"。[6] 而更多的论者则强调商会政治参与行为背后的经济性及社会性动机。

---

[1] 冯筱才：《中国大陆近代商人之研究》，《中国近代史研究通讯》1998 年第 26 期。

[2] 马敏、朱英：《传统与近代的二重变奏——晚清苏州商会个案研究》，巴蜀书社 1993 年版；徐鼎新、钱小明：《上海总商会史》，上海社会科学院出版社 1991 年版。

[3] 胡光明：《论北洋时期天津商会的发展与演变》，《近代史研究》1989 年第 5 期。

[4] 张桓忠：《上海总商会研究（1902—1929）》，台北知书房出版社 1996 年版。

[5] 冯筱才：《近世中国商会的常态与变态：以 1920 年代的杭州总商会为例》，《浙江社会科学》2003 年第 5 期。

[6] 邱捷：《广州商团与商团事变——从商人团体角度的再探讨》，《历史研究》2002 年第 2 期。

　　朱英考察了五四运动期间上海总商会的"佳电"风波。① 宋美云探讨了天津商会参与抵制美货、日货等各种维护利权的活动。② 彭南生、张生、李达嘉等系统研究了上海马路商界联合会的历史。③ 付海晏探讨了反日运动中无锡商会与国民救国会之间的矛盾冲突。④ 周石峰考察了"九一八"事变和"一·二八"事变后天津商人抵制日货的活动。⑤

　　商民协会是商会与政治关系研究中的热点。朱英指出,加强对商民运动的研究对中国近代史研究的拓展具有积极的作用。⑥ 乔兆红、彭南生等对商民运动曾有较高的评价。⑦ 朱英深入分析了国民党开展商民运动的方略,强调南京国民政府建立后对商会进行整顿改组,并非完全是国民党为实现一党专制而制定的新策略,而是国民党成为执政党之后不断调整商民运动方略,实施由"破坏"转为"建设"这一新政策的结果。⑧

----

　　① 朱英:《重评五四运动期间上海总商会"佳电"风波》,《历史研究》2001年第4期。

　　② 宋美云:《近代天津商会》,天津社会科学院出版社2002年版,第356-358页。

　　③ 彭南生:《五卅运动中的上海马路商界联合会》,《安徽史学》2008年第3期;彭南生:《20世纪20年代的上海南京路商界联合会》,《近代史研究》2009年第3期;张生:《上海南京路商界联合会简论(1919—1949)》,《社会科学》2008年第2期;李达嘉:《商人与政治:以上海为中心的探讨(1895—1914)》,台湾大学博士论文,1994年。

　　④ 付海晏:《无锡商会与1929年国民救国会被捣毁风潮》,《华中师范大学学报(人文社会科学版)》2006年第5期。

　　⑤ 周石峰:《民众民族主义的双重面相与历史难境——以天津商人与抵制日货为例》,《江苏社会科学》2008年第2期。

　　⑥ 朱英:《商民运动与中国近代史研究》,《天津社会科学》2005年第4期。

　　⑦ 乔兆红:《大革命初期的商民协会与商民运动》,《文史哲》2005年第6期;彭南生、李玲丽:《略论大革命时期的湖北商民协会》,《江汉大学学报(人文科学版)》2006年第3期;乔兆红:《中国商民运动的阶段性分析》,《学术研究》2007年第1期。

　　⑧ 朱英:《国民党推行商民运动的方略》,《江汉论坛》2004年第7期;朱英:《国民党与商民运动的兴起》,《华中师范大学学报(人文社会科学版)》2005年第6期;朱英:《再论国民党对商会的整顿改组》,《华中师范大学学报(人文社会科学版)》2003年第5期。

024 | 变局中商人话语权研究:以上海商业联合会为个案的历史考察

商民协会被撤销和商会得以保留,有学者认为是国民党推行党治的失败和政府维护其权力的胜利。[1] 冯筱才指出,商会与商民协会之争,其主要目的是争夺地方资源的控制权,所谓商会存废,未必完全是反映"自治"和"党治"的问题,而更多的是对既有地方权力资源的占有与争夺。[2] 张志东认为,商民协会的撤销意味着国民党放弃了建立真正意义上的国家社团主义社会的努力。[3] 小浜正子认为,包括商人团体重组在内的社团重组,是南京国民政府建立后的重要策略,重组后的商人团体是国民通合的媒介。[4]

七、商会领导权的研究

商会既然是资产阶级的社会团体,控制商会领导权的又是哪种势力?为什么在其内部还存在大小不同的行帮势力,并且有的还控制了商会的领导层?这些也是需要认真研究和探索的重要问题。

关于早期商会的领导权归属,章开沅认为,20世纪初的江浙两省,商业资本仍然支配着产业资本,因此,"具有近代特征的商会,也仍然受封建性的会馆、行帮的制约"[5]。徐鼎新认为,19世纪末20世纪初中国一些大城市原有的行会组织已经发生若干变化。其变化之一,是行帮组织中的一些头面人物,面对外来商务竞争的加剧,对联

---

① 白华山:《工商界·市政府·市党部——上海地方治理中三者关系的综合考察(1927—1937)》,复旦大学博士论文,2003年。
② 冯筱才:《北代前后的商民运动》,见朱英、郑成林:《商会与近代中国》,华中师范大学出版社2005年版。
③ 张志东:《无功能状态的国家社团主义——国民党统治时期中国的商会与政府关系的理论模型》,见朱英、郑成林:《商会与近代中国》,华中师范大学出版社2005年版。
④ [日]小浜正子:《近代上海的公共性与国家》,葛涛译,上海古籍出版社2003年版,第242页。
⑤ 章开沅:《辛亥革命与江浙资产阶级》,《历史研究》1981年第5期。

合各业力量成立商会表示关切;其变化之二,是原有或新建的行帮组合内部"已吸收了一些资产阶级商会的新血液,不少主张和措施,在一定程度上表达了新兴资产阶级的要求"。早期商会虽然明显是资产阶级性质的工商团体,但不可否认它仍然以行帮组织作为基础和支柱,即使像上海这样的大城市也不例外。然而,"随着资本主义经济的发展和资产阶级队伍的扩大,商会内部的行帮势力愈来愈不占主要地位"。① 沈祖炜也认为清末不少商会仍在封建士绅和旧式商帮把持之下,"但是也有不少商会日益成为资产阶级谋求政治经济利益的机构"②。

　　皮明庥分析了第一届至第八届汉口商会总协理和董事的身份,指出"商业、金融资本家在汉口商会中据压倒优势的地位"③。冯崇德、曾凡桂也持相同观点,认为当选为汉口商会总理、协理、议董的大商号和银行的店东、经理或协理,是决定商会动向和政治立场的人物。④ 郭莹、何晓明则注意到武昌、汉口商会中金融资本的实力。⑤ 邱捷认为1904年成立的广州商会被一些守旧的大绅商把持着。⑥ 朱英通过对清末苏州商会的具体考察,得出商会的领导权一般都落到家拥巨资的富商大贾手中,"因此,商会对待某一政治事件的态度,有时并不能完全代表整个资产阶级的要求,更多的则是反映商业资产阶级上层的意愿"⑦。徐鼎新具体剖析了上海、天津、广州、汉口、苏州

---

① 徐鼎新:《旧中国商会溯源》,《中国社会经济史研究》1983年第1期。
② 沈祖炜:《清末商部、农工商部活动述评》,《中国社会经济史研究》1983年第2期。
③ 皮明庥:《武昌首义中的武汉商会和商团》,《历史研究》1982年第1期。
④ 冯崇德、曾凡桂:《辛亥革命时期的汉口商会》,见湖北省历史学会:《辛亥革命论文集》,湖北人民出版社1981年版。
⑤ 郭莹、何晓明:《武汉民族资产阶级与辛亥革命》,《武汉师范学院学报》1981年第3期。
⑥ 邱捷:《辛亥革命时期的粤商自治会》,《近代史研究》1982年第3期。
⑦ 朱英:《清末商会与抵制美货运动》,《华中师范大学学报(人文社会科学版)》1985年第6期。

等地商务总会和分会的组织构成，指出各地商务总会内部，商业资本家在会董、会员中占有绝对的优势；而各地的商务分会，则基本上由商人一统天下。早期商会虽然作出了不少可贵的建树，但"带有明显的社会烙印"，"商会来到世间，不是被封建行帮所控制，便是被一些绅商、买办所掌握。这些商会上层人物，同帝国主义和国内封建势力有着千丝万缕的联系。他们利用职权，左右商会的活动，常常表现出对反动势力的怯懦和对革命浪涛的畏惧，不能充分体现整个民族资产阶级的意志和愿望"。① 屠雪华指出，苏州商会领导成员基本上由典业、钱业、纱缎业、绸缎业四个行业的代表组成，其领导成员中不存在买办势力。② 胡光明的研究显示，在早期的天津商会中，从事盐业、粮业、钱业等旧式商业的商人占主导地位；后来则是洋行买办、洋货商人占据商会的主要部门；进入北洋时期后，商会中盐商的势力重新抬头，新式工商业者的比重也有所增加。③

不少论者对上海商会的权力归属问题做过专门探讨。丁日初认为上海商务总会的负责人都是从事民族工商业的上层资本家，其中也有少数买办，但买办在这个团体的领导机构中不占主要地位。④ 日本学者小岛淑男则认为当时上海商务总会的上层领导成员"多出身于买办、商业高利贷者、官僚，走投资或经营近代企业的道路"，商会领导权实际控制在上海商绅层手中。⑤ 白吉尔认为上海商务总会组织机构的领导成员"都是从各公所、大企业乃至各级官吏中物色来的颇有影响的人物"，"商会的活动首先是保护商人的利益，从而商会也

① 徐鼎新：《旧中国商会溯源》，《中国社会经济史研究》1983 年第 1 期。
② 屠雪华：《略论清末的苏州商务总会》，《近代史研究》1992 年第 4 期。
③ 胡光明：《论北洋时期天津商会的发展与演变》，《近代史研究》1989 年第 5 期。
④ 丁日初：《辛亥革命前上海资本家的政治活动》，《近代史研究》1982 年第 2 期。
⑤ ［日］小岛淑男：《辛亥革命时上海独立和商绅层》，见日本东京教育大学亚细亚史研究会：《中国近代化的社会结构》，第 119 页。

就成了商人利益的代言人"。① 有些论者注意到了宁波帮在上海商会中的实际权力,根岸佶认为"宁波帮是上海商会的创立者,久执商会的牛耳。它并不是依靠传统的惰力,而是依靠具体的实力"②。美国学者苏珊·曼·琼斯分析了从民国肇始到 1928 年国民党政权建立这一历史时期上海总商会的领导权问题。她认为:"在上海总商会内部,银行公会和钱业公会居于关键性的地位。"可是这两个组织的代表只占会员总数的十分之一。"因此他们对总商会的控制并不是通过自己的选票,而是通过他们所控制的宁波帮,因为宁波帮在总商会内的确占了绝对的优势。"③

有的学者认为上海商会内部有买办身份的人物众多,且占据商会的领导地位,因此被看作"买办性"或者"被买办阶级控制的团体"。黄逸峰认为,上海总商会"自成立之日起,即为带有买办性的大资产阶级所控制,成为他们团结和积累力量、参加全国政治斗争的工具"④。徐鼎新专门对上海总商会的组织构成作了具体分析,指出上海总商会的会员、会董中虽有不少人具有买办身份,但绝大多数兼有买办和民族工商业者双重身份,而且不少人在近代工、商、航运、金融等行业有大量投资,还直接参加若干企业的经营管理。其中不少人也已发生潜在的变化。⑤ 上述依然保留买办身份的民族资本家,加上占半数以上没有买办身份的民族资本家,"决定了这届总商会仍然是民族资产阶级的社会团体,仍然主要由民族资产阶级控制它的上层"⑥。

---

① ［法］白吉尔:《辛亥革命前夜的中国资产阶级》,见中国社会科学院近代史研究所:《国外中国近代史研究》第 4 辑,中国社会科学出版社 1983 年版。

② ［日］根岸佶:《上海的行会》,日本评论社 1951 年版,第 354 页。

③ ［美］苏珊·曼·琼斯:《宁波帮和上海的金融势力》,陈曾年、乐嘉书译,《上海经济研究》1983 年第 10 期。

④ 黄逸峰等:《旧中国的买办阶级》,上海人民出版社 1982 年版,第 145 页。

⑤ 徐鼎新:《旧中国商会溯源》,《中国社会经济史研究》1983 年第 1 期。

⑥ 黄逸峰等:《旧中国的买办阶级》,上海人民出版社 1982 年版,第 112 页。

　　李达嘉不认同徐鼎新关于 1920 年上海商会的改组代表着上海绅商领导体制的终结的观点。他认为，1920 年上海商会的改组并非商会领导层新旧权力斗争的结果，而是商会选举制度使然。[①] 朱英认为，从长期变化的趋势来看，商会选举的确一定程度上反映了新旧变化的趋势，商会领导群体身兼各种功名虚衔并非落后保守的表现。[②] 在讨论商会领导层改选时，关于商会选举制度的研究开始引起学界的重视。谢放的《清末民初苏州商会选举制度述略》是国内第一篇专门论述商会选举制度及其发展变化的研究成果。[③] 朱英有关天津商会选举舞弊案的研究，表明天津商会在实际操作过程中受各种因素的影响而不能很好地实施投票选举制度。具有近代特征的选举制度，在近代中国并不是最早出现在政治生活领域，而是率先实行于新式民间工商社团——商会之中。[④]

八、商会在近代中国历史上的地位和作用

　　汤可可、蒋伟新在考察无锡商会的成员构成后，认为无锡商会中工商资本家占了相当大的比重，在商会中居于领导地位，他们通过商会抵制外国经济侵略，维护和争取工商企业的权益，对近代无锡工商业的发展发挥了积极作用。[⑤]

---

　　① 李达嘉：《上海商会领导层改选问题的再思考》，见朱英、郑成林：《商会与近代中国》，华中师范大学出版社 2005 年版，第 179 页。

　　② 朱英：《五四时期无锡商会选举风波》，《江苏社会科学》2007 年第 1 期；朱英：《关于近代中国商会领导群体几个问题的再探讨》，《江汉论坛》2006 第 8 期。

　　③ 谢放：《清末民初苏州商会选举制度述略》，见章开沅、严昌洪：《近代史学刊》第 3 辑，华中师范大学出版社 2006 年版。

　　④ 朱英：《民国时期天津商会选举的两次风波》，《浙江学刊》2007 年第 4 期；朱英：《近代中国商会选举制度之再考察——以清末民初的上海商会为例》，《中国社会科学》2007 年第 1 期。

　　⑤ 汤可可、蒋伟新：《无锡商会与近代工商企业家的成长》，《江淮学刊》1999 年第 2 期。

　　席萍安认为四川商会组织成员以资本主义生产方式,将资金投入新式企业,使得初步发展的四川资本主义成分相对扩大,对近代四川民族工商业的初步发展起到了促进作用。①

　　丁隆昌对武汉商会的研究说明武汉商会在提倡国货运动中具有独到之处,设立了提倡国货的专门机构——国货专门委员会。②

　　顾林认为高阳商会虽然只是一个县级商会,但商会领导和成员致力于发展当地传统纺织业,为高阳土布争取特惠税,而且创立了农村工业模式,在全国范围内的农村工业化和救国活动中占据了中心位置。③ 冯小红认为高阳商会堪称众多县级商会中的佼佼者,它的活动不仅对当地农村的近代化进程起了决定性作用,而且对华北农村经济的发展具有典型的示范意义。④

　　胡光明指出在 20 世纪最初的 20 年间发生的几次金融风潮中,天津商会、同业工会与外国银行团、领事团百般周旋,维护国家主权和商权,发挥了国家政权难以发挥的作用。美国学者史瀚波认为天津商会与临时金融维持会都是以人际信用为基础的组织,而天津金融市场纸币的流通是以非人际信用为基础的,两者的矛盾是导致金融风潮未能如预期地获得平息的根源。美国学者关文斌对 1908 年天津洋货风潮进行了分析,认为这是晚清官民合作的范例,可以借此理解晚清社会与国家的复杂互动关系,以及地区的差异性。⑤

　　章开沅认为,1905 年以后,资产阶级之所以能在历次反帝爱国

---

　　① 席萍安:《清末四川商会与四川民族工商业》,《四川师范大学学报(社会科学版)》1999 年第 1 期。

　　② 丁隆昌:《提倡国货运动的武汉商会》,《武汉文史资料》1999 年第 2 期。

　　③ 胡光明等:《首届商会与近代中国国际学术讨论会综述》,《历史研究》1998 年第 6 期。

　　④ 冯小红:《试论高阳商会与高阳织布业》,《社会科学论坛》2001 年第 6 期。

　　⑤ 胡光明、宋美云、任云兰等:《首届商会与近代中国国际学术讨论会综述》,《历史研究》1998 年第 6 期。

运动中显示出越来越大的活动能量，是与他们有了商会这个纽带和基地分不开的。他强调，辛亥革命前全国各地 600 多所商会形成了一个很大的网络，商会之下又设有商学会、商学公会、商学研究会、商业学校、商业研究所，还出版了商业杂志，资产阶级正是通过这些团体和机构互相联结起来的，并且以商会为据点把势力伸进地方自治机构，如市政工程局、自治公所、市政所、市民公社等，这是资产阶级在清末地方自治运动中取得的重大成就。① 丁日初对上海商务总会成立以后领导资本家阶级进行的几场反帝斗争给予了充分的肯定。他认为，上海商务总会在成立后的第二年，"就成了不仅领导上海而且领导全国的工商界进行反美爱国运动的中心"。上海商务总会统辖下的上海商团是被"上层资本家控制的武装力量"。在革命形势还未酝酿成熟的时候，它是清政府维持地方治安的一种补充力量；当革命形势向前发展的时候，商团主要领导人先后倾向革命。他们所领导的上海商团参与上海起义，"成了名副其实的革命军队"。② 沈渭滨、杨立强专门对辛亥革命时期的上海商团进行了考察，认为上海商团是中国资产阶级组织的以上海商业资产阶级为主体的一个较早的政治性武装团体。在辛亥革命准备时期，商团及其主要领导人既积极地参与立宪活动，又热衷于清政府的地方自治；在辛亥革命爆发阶段，上海商团不仅参与了上海的起义，而且选派一批人员支援江苏地区的革命战争，成为全国各地仅有的几个参加革命阵营的商团之一。③ 皮明庥着重分析了武汉商会、商团在武昌起义后迅速转向支持革命的政治态度。他认为这种态度"表现出相当炽烈的政治积极性，这正是中国资产阶级在旧民主主义革命中革命性的集中体现"④。徐

① 章开沅：《就辛亥革命性质问题答台北学者》，《近代史研究》1983 年第 1 期。
② 丁日初：《辛亥革命前上海资本家的政治活动》，《近代史研究》1982 年第 2 期。
③ 沈渭滨、杨立强：《上海商团与辛亥革命》，《历史研究》1980 年第 3 期。
④ 皮明庥：《武昌首义中的武汉商会和商团》，《历史研究》1982 年第 1 期。

鼎新认为,在 20 世纪初风云激荡的年代里,民族资产阶级凭借商会,为争取本阶级应得的政治地位和经济利益,同帝国主义和国内封建势力进行了一次次激烈的抗争,有过一些彪炳史册的业绩。①

一些学者对商会在"二次革命"中的作用进行了分析。丁日初指出,在武装讨袁的"二次革命"期间,各地商会纷纷离开自己政治上的领导者,采取反对或中立的态度。"他们的行动客观上有利于封建专制势力的卷土重来,也就贻误了资本家阶级的民主革命事业,这是一个值得重视的历史教训。"他具体分析了商会态度转变的原因,认为当时控制商会的上层资本家在民国建立以后,受到原立宪派的影响,以为革命已经成功,没有需要打倒的对象了。他们把袁世凯看作"民主共和政体的代表人物",视武装讨袁为反对民国政府的"乱党"行为。他们不愿意稍有安定的环境再次受到破坏,所以选择不支持"二次革命"。② 白吉尔也不讳言资产阶级对"二次革命"所持的"极为敌视的态度"。资产阶级之所以在当时几乎是上下一致地反对"二次革命",是因为内地资产阶级与士绅联系密切,其利益与地主利益相一致,倾向于拥护袁世凯的保守政策;而最先进的那一部分资产阶级,即上海资产阶级,因为最重视全国市场,当他们感到"二次革命"威胁到这个市场的时候,便加以抵制了。尽管这样,资产阶级在当时也不过扮演一个"配角","不可能产生什么决定性的作用"。③

仓桥正直高度评价了清末商会在政治上的"光辉活动"。他指出,当时许多建立起商会的地方,小至市政,大至内政外交,都掌握在商会手里,连政府意见也动辄受商会的影响。他甚至认为当时政府不少权力,已经由商会代行了。而组织商团,则进一步发展到作为政

① 徐鼎新:《旧中国商会溯源》,《中国社会经济史研究》1983 年第 1 期。
② 丁日初:《二次革命中的上海资本家阶级》,《近代史研究》1985 年第 6 期。
③ [法]白吉尔:《辛亥革命时期的中国资产阶级》,见中国社会科学院近代史研究所:《国外中国近代史研究》第 2 辑,中国社会科学出版社 1981 年版,第 211-220 页。

府权力核心的武装部分也到了非由商会代替政府掌握不可的地步。因此，"人们从商会的向背能够预测某一政治问题的发展趋势"。就谋求资产阶级本身的阶级利益而言，他认为在当时还没有组成资产阶级政党的情况下，"商会代为完成了应由政党完成的任务"。[①]

陈锦江认为商会反映了创立者的目标和抱负。商会对近代改革所承担的义务，从市政设施到组织商团，突出地体现出他们"不仅作为企业家，而且作为市民和爱国者的作用"。他认为"到1912年，商会完全以自己的风格和方式行事了。商会采用了许多进步的思想和计划"，许多商会领袖"以自己的金钱和人力支持1911年的革命力量"。他进一步指出，商会力量的增强，对促使北洋军阀政府的崩溃也起了作用。因为通过并颁布《商会法》，国家增强了商人的独立力量，商会使得省和地方官员更加不受当时北洋军阀统治的中央政府的支配。商会促使北洋军阀政府垮台所起的作用，超过了辛亥革命时期商会对革命力量的短期支持。[②]

此外，虞和平研究了商会参与清末民初经济法规制定、改善资本主义经济秩序、促进资本主义经济发展的作用。[③] 赵洪宝认为商会是政府制定工商政策的积极推动者和具体执行者，也是政府实施工商政策的直接监督者，在推动中国早期经济立法现代化方面起了重大的促进作用。[④] 张东刚的研究认为商会中的近代工商实业家是制度创新的最初需求主体，同时在创建新制度上又是供给的主体，指出商会作为经济制度需求和供给的主体，参与了经济立法，既推动了中国经济法

① ［日］仓桥正直：《清末商会和中国资产阶级》，见中国近代经济史丛书编委会：《中国近代经济史研究资料》，上海社会科学院出版社1984年版。

② 陈锦江：《清末现代企业与官商关系》，中国社会科学出版社2010年版，第213-214、234页。

③ 虞和平：《商会与中国早期现代化》，上海人民出版社1993年版。

④ 赵洪宝：《清末民初商会对政府制订工商政策的影响》，《学术界》1994年第2期。

规的早期现代化,又有利于中国近代资本主义经济的发展。① 史建云阐述了商会对农村经济的积极作用。② 郑成林考察了商会积极投身于缉私运动的努力。③ 孙炳芳、张学军注意到直隶商会在推动近代棉业改良与发展中所起的作用。④ 侯宣杰论述了清末天津商会配合官方监督管理粮食行业、保证京津地区粮食供应安全的概况。⑤ 关于商会的社会功能,不少学者注意到了天津、济南、上海等地商会的慈善活动。⑥ 也有学者考述了商会在近代伦理道德以及近代文化发展中的作用。⑦ 一些学者研究了商会推动法制建设的作用。朱英、马敏、曾小萍、邱澎生等较早注意到晚清商会在商事调解中的重要作用。⑧ 21 世纪以来,付海晏、陶水木等研究了近代商会在商事公断中的功能。⑨ 虞

　　① 张东刚:《商会与近代中国的制度安排与变迁》,《南开经济研究》2000 年第1 期。

　　② 史建云:《简述商会与农村经济之关系——读〈天津商会档案汇编〉札记》,《中国经济史研究》2001 年第 4 期。

　　③ 郑成林:《抗战前商会对日本在华北走私的反应与对策》,《华中师范大学学报(人文社会科学版)》2005 年第 5 期。

　　④ 孙炳芳、张学军:《直隶商会与近代棉业的发展(1903—1937)》,《河北学刊》2008 年第 4 期。

　　⑤ 侯宣杰:《清末商会与城市粮食管理——以天津商会为个案研究》,《华南农业大学学报(社会科学)》2006 年第 1 期。

　　⑥ 任云兰:《论华北灾荒期间天津商会的赈济活动(1903~1936)——兼论近代慈善救济事业中国家与社会的关系》,《史学月刊》2006 年第 4 期;许冠亭:《20 世纪 30 年代上海市商会的慈善救济活动》,《苏州大学学报(哲学社会科学版)》2008 年第 4 期。

　　⑦ 赵炎才:《中国近代商会伦理道德思想管窥:以天津商会和苏州商会为中心》,《江汉大学学报(人文科学版)》2004 年第 2 期;朱兰兰:《商会档案文献视域中的中国近代商会文化研究》,《档案学通讯》2008 年第 3 期。

　　⑧ 朱英:《清末苏州商会调解商事纠纷述论》,《华中师范大学学报(哲社版)》1993 年第 1 期;马敏:《商事裁判与商会——论晚清苏州商事纠纷的调处》,《历史研究》1996 年第 1 期;邱澎生:《禁止把持与保护专利:试析清末商事立法中的苏州金箔业讼案》,《中外法学》2000 年第 3 期。

　　⑨ 付海晏:《民初苏州商事公断处研究》,见《近代史学刊》第 1 辑,华中师范大学出版社 2001 年版;付海晏:《民初商会舆论的表达与实践:立足于商事裁判权的历史研究》,《开放时代》2002 年第 5 期;陶水木、郎丽华:《略论民国后期杭州商会的商事公断》,《商业经济与管理》2003 年第 11 期。

和平、郑成林等在多篇论文中对清末民初的商事仲裁作了详细梳理。[①] 范金民等考察了商事裁判权、商人法律意识、社会舆论的影响和国家有关商法的立法等晚清商事诉讼的法律问题。[②] 近年来,商会裁判受到学界的普遍重视,研究成果越来越多。[③] 在华洋商事纠纷的研究中,有学者注意到了商会的重要作用,它们以或直接出面处理华洋商事纠纷,或通过在官府的要求下参加调解、为华洋商事诉讼案件的判决提供意见、代替商人申诉等途径,与官方系统形成有益的互动。[④]

九、有关商会与传统行会组织的关系问题

马敏、朱英通过对苏州商务总会的分析,认为近代商会的根本宗旨、基本职能、组织结构和总体特征等都与行会截然不同,但商会又保留着一些落后的残余,与会馆、公所存在着密切的联系和相互的依赖。同时认为新兴的商会属于开放性、发展性的工商组织,而以会馆、公所为主的"行会"则属于封闭性、停滞性的社会组织,对经济发展有阻碍。[⑤]

徐鼎新分析了商会容纳行会的原因,认为这不能仅仅归因于商

① 虞和平:《清末民初商会的商事仲裁制度建设》,《学术月刊》2004 年第 4 期;郑成林:《近代中国商事仲裁制度演变的历史轨迹》,《中州学刊》2002 年第 6 期;郑成林:《清末民初商事仲裁制度的演进及其社会功能》,《天津社会科学》2003 年第 2 期。

② 范金民等:《明清商事纠纷与商业诉讼》,南京大学出版社 2007 年版,第 193-288 页。

③ 王兰:《中国传统商会纠纷解决机制之功能分析——以调解为视角》,《仲裁研究》2007 年第 2 期;常健:《清末民初商会裁判制度:法律形成与特点解析》,《华东政法大学学报》2008 年第 5 期。

④ 蔡晓荣:《晚清华洋商事纠纷之研究》,苏州大学博士论文,2005 年;蔡晓荣:《论清末商会对华洋商事纠纷的司法参预》,《学术探索》2006 年第 1 期。

⑤ 马敏、朱英:《浅谈晚清苏州商会与行会的区别及其联系》,《中国经济史研究》1988 年第 3 期。

会的封建性、行会性，也不能把商会说成是各业商人行会组织的统一体，而是 20 世纪初中国社会经济关系变化的结果。商会与行会的结合点是发展资本主义经济的共同要求；所遵循的不是行会的传统原则，而是由商会确定的资本主义的法律准则和行业规范。[①]

虞和平指出，鸦片战争后，通商口岸的传统行会走上了近代化的历程，并在辛亥革命之前普遍成为商会的基层组织。行会加入商会后，虽然仍作为一种特定的专业经济社会组织独立存在，也保持着特有的组织形态和功能，但已被纳入商会的组织体系和活动范围，其自身性质开始发生变化。讨论商会与行会的关系，必须注意到二者相互依赖的特性。虞和平认为，公所等行会组织具有与商会相类似的协调、管理、社会、商事仲裁等功能，它们之间有着被包含与包含、互相依赖的联系。[②] 也有学者注意到，公所、会馆"不仅未见衰落，反而成为支持商会的重要团体会员"，更"未被商会消融"。[③] 王日根强调会馆与商会有许多共同的追求，会馆在某些地方某些时候发挥着较商会更实际的作用。[④] 王翔有关苏州云锦公所的研究表明，在商会的影响下，公所会馆在选举、日常管理等方面的民主特色有所增强，组织结构也开始发生变化。[⑤] 付海晏等从苏州商事公断处理案概况出发，认为民初商会、公所、会馆等商人团体组织之间的关系并非原来推想的那样简单，它们之间的团体认同要远胜于所谓的新旧对立。[⑥]

---

① 徐鼎新：《清末上海若干行会的演变和商会的早期形态》，见中国近代经济史丛书编委会：《中国近代经济史研究资料》第 9 辑，上海社会科学院出版社 1989 年版。

② 虞和平：《商会与中国早期现代化》，上海人民出版社 1993 年版，第 160-162 页。

③ 邱澎生：《商人团体与社会变迁：清代苏州的会馆公所与商会》，台湾大学博士论文，1995 年，第 240 页。

④ 王日根：《近代工商性会馆的作用及其与商会的关系》，《厦门大学学报（哲社科）》1997 年第 4 期。

⑤ 王翔：《从云锦公所到铁机公会——近代苏州丝织业同业组织的嬗变》，《近代史研究》2001 年第 3 期。

⑥ 付海晏、李国涛：《团体认同——民初商人组织与纠纷的解决》，见《城市史研究》第 22 辑，天津社会科学院出版社 2004 年版，第 244 页。

十、研究地域的扩展与研究时段的延长

20 世纪 80 年代，国内商会研究已形成了上海、武汉、天津、北京四个研究中心，分别以上海商会、苏州商会、天津商会和中华全国商会联合会为研究对象（见前文所引论文、专著）。90 年代中期以后，其他省市的商会也逐渐成为考察对象，如四川商会、北京商会、杭州商会、贵阳商会、无锡商会，一些县级小城镇商会的研究也开始出现，如顾林研究了高阳商会，其他的研究还涉及吴城商会、汕头商会等。其间，海外华商商会也进入研究者的视野，袁丁研究了泰国华商商会，刘宏研究了新加坡中华总商会，陈来幸研究了日本阪神华商商会。①

日本学者上田贵子研究了民国初期奉天总商会的会员构成，傅丽波较系统地研究了"九一八"事变前奉天商会的历史。② 顾琳研究了直隶高阳商会，认为它创造了高阳"农村工业模式"。③ 行龙研究了

---

① 席萍安：《清末四川商会与四川民族工商业》，《四川师范大学学报（社会科学版）》1999 年第 1 期；刘娟：《近代北京的商会》，《北京社会科学》1997 年第 3 期；王丫勺：《民国贵阳商会沿革与同业公会之组织》，《贵州文史丛刊》1998 年第 1 期；汤可可、蒋伟新：《无锡商会与近代工商企业家的成长》，《江淮学刊》1999 年第 2 期；蒋伟新：《推挽结构：近代地方商会与政府的关系——以无锡为例》，《近代史学刊》2001 年第 1 期；胡光明、宋美云、任云兰：《首届商会与近代中国国际学术讨论会综述》，《历史研究》1998 年第 6 期；梁洪生：《吴城商镇及其早期商会》，《中国经济史研究》1995 年第 1 期；袁丁：《清政府与泰国中华总商会》，《东南亚》2000 年第 2 期；刘宏：《新加坡中华总商会与亚洲华商网络的制度化》，《历史研究》2000 年第 1 期；陈来幸：《通过中华总商会网络论日本大正时期的阪神华侨与中日关系》，《华侨华人历史研究》2000 年第 4 期。
② 焦润明等：《近代东北社会诸问题研究》，中国社会科学出版社 2004 年版，第 65-104 页。
③ ［日］顾琳：《中国的经济革命：二十世纪的乡村工业》，王玉茹、张玮、李进霞译，江苏人民出版社 2009 年版。

山西商会与地方社会的关系。① 韩晓莉等亦撰文研究了山西商会与行会之间的关系。② 张静研究了 1937 年卢沟桥事变后北平商会的社会角色以及商人的价值取向。③ 徐凯希研究了沙市商会，指出它在社会经济生活领域、市民文化生活等方面都是重要的社会力量。④ 杨宁分析了 20 世纪 30 年代汉口商会的特点。⑤ 张芳霖系统考察了江西商务总会、南昌商社。⑥ 汤可可、蒋伟新等对无锡商会的概况、无锡商团及其部分职能做了初步研究。⑦ 冯筱才对 20 世纪 20 年代的杭州总商会做了深入的考察，提出要从常态与变态的角度去考察商会的不同行为。⑧ 叶汉明研究了山东潍县商会，认为"可隐约见到清末民初地方领袖从士绅到绅商、从绅商到商人的转型，也可推断出地方城市中'公共领域'的出现及其发展局限"⑨。王音、崔恒展、党明德分别研

① 行龙：《山西商会与地方社会》，《华中师范大学学报（人文社会科学版）》2005 年第 5 期。

② 韩晓莉：《新旧之间：近代山西的商会与行会》，《山西大学学报》2005 年第 1 期；张正明：《晋商会馆、公所与近代山西商会》，《晋阳学刊》2005 年第 3 期。

③ 张静：《卢沟桥事变后北平市商会的社会活动》，《抗日战争研究》2009 年第 2 期。

④ 徐凯希：《略论近代荆沙商人团体的发展和演变》，《长江大学学报（社会科学版）》2003 年第 4 期。

⑤ 杨宁：《20 世纪 30 年代汉口商会特点论析》，《华中科技大学学报（社会科学版）》2004 年第 1 期。

⑥ 张芳霖：《清末江西创办商务总会考述》，《江西社会科学》2005 年第 3 期；张芳霖：《民国时期南昌商会组织的分化与重组——南昌商社档案研究》，《历史档案》2004 年第 4 期。

⑦ 汤可可、蒋伟新：《推挽结构：近代地方商会与政府的关系——以无锡为例》，《近代史学刊》2001 年第 1 期；汤可可、蒋伟新：《近代无锡商团的性质及社会功能》，《江南大学学报》2005 年第 3 期。

⑧ 冯筱才：《近世中国商会的常态与变态：以 1920 年代的杭州总商会为例》，《浙江社会科学》2003 年第 5 期。

⑨ 叶汉明：《商会与民国时期的地方领袖：山东潍县的例子》，"第三届中国商业史国际研讨会"论文，2000 年。

究了近代济南、青岛商会的历史。[①] 周子峰系统研究了 1937 年以前厦门商会的发展概况。[②] 李柏槐运用成都市档案馆所藏民国时期成都商会和同业公会的原始档案，探讨了民国时期成都同业公会与商会的关系。[③] 蒋霞、刘菊香对近代广西商会史做了初步的研究。[④] 廖建夏研究了梧州商会以及新桂系与广西商会的关系。[⑤] 陈景熙研究了汕头商会在 1925 年"废两改元"事件中扮演的角色。[⑥] 黄挺考察了汕头市商会在 1933—1934 年金融危机中的表现。[⑦]

除加强对各地方商会的研究外，近年来对海外华商会的研究也取得了相当多的成果。刘宏、袁丁、蔡少卿分别研究了新加坡中华总商会、泰国中华总商会、澳大利亚新南威尔士悉尼中华商会的概况。[⑧] 朱东芹研究了菲律宾菲华商联总会。[⑨]

关于在华洋商会，陈忠平在研究晚清长三角地区商会的兴起时，重点论述了上海洋商会（Shanghai Western General Chamber of

---

① 王音：《近代济南商会初探：1902—1927》，山东大学硕士学位论文，2002 年；崔恒展、党明德：《济南商会的历史演进及其启示》，《济南大学学报》2005 年第 6 期。

② 周子峰：《近代厦门城市发展史研究》，厦门大学出版社 2005 年版，第 174-242 页。

③ 李柏槐：《民国时期成都工商同业公会研究》，四川大学博士论文，2005 年，第 264 页。

④ 蒋霞：《近代广西商会述论》，广西师范大学硕士学位论文，2000 年；刘菊香：《广西商会在抗日战争中的作用》，《广西社会科学》2003 年第 2 期。

⑤ 廖建夏：《商会与近代梧州的市场发育》，《经济与社会发展》2004 年第 11 期；廖建夏：《新桂系与广西商会关系述论》，《经济与社会发展》2006 第 6 期。

⑥ 陈景熙：《官方、商会、金融行会与地方货币控制权——以 1925 年"废两改元"前后的汕头为例》，汕头大学硕士学位论文，2002 年。

⑦ 黄挺：《1933—1934 年金融危机中的汕头市商会》，《汕头大学学报（人文社会科学版）》2002 年第 3 期。

⑧ 刘宏：《新加坡中华总商会与亚洲华商网络的制度化》，《历史研究》2000 年第 1 期；袁丁：《清政府与泰国中华总商会》，《东南亚》2000 年第 2 期；蔡少卿：《澳洲鸟修威雪梨中华商会研究（1902—1943）》，《江苏社会科学》2005 年第 4 期。

⑨ 朱东芹：《冲突与融合：菲华商联总会与战后菲华社会的发展》，厦门大学出版社 2005 年版。

Commerce），指出作为一个以在华洋商为主要会员的商会，它不仅发挥了经济作用，还在政治方面发挥了重要作用，并成为中国商会创立时的借鉴对象。① 吴义雄系统研究了广州外侨总商会，认为该商会在其存在的两年多时间内，起到了维护交易秩序、制定并实施交易规则、协调各方关系、维护外商利益的作用。它作为广州外商群体的代表，也卷入了中英交涉与冲突之中，其各种活动对中西关系的演变产生了一定的影响。② 此外，宋美云、蔡晓荣、饭岛涉的研究对外国在天津的商会也有所涉及。③

　　商会的研究不仅在地域上不断延伸，在商会对象的研究时间上也不断延长。宋美云初步探讨了沦陷时期日本对天津商会的控制、整顿，以及天津商会组织和行为的嬗变与结局等问题。④ 任云兰研究了 1945—1949 年天津工商界的概况。⑤ 对于苏州商会在南京国民政府初期（1927—1937 年）的表现，王仲认为商会在组织和观念两个方面加速了现代化的进程。⑥ 郑成林研究了抗战胜利后成立的中华民国商会联合会。⑦ 魏文享探讨了商人团体等民间性组织在抗战时期

① Chen Z，"The Origins of Chinese Chambers of Commerce in the Lower Yangzi Region"，*Modern China*，2001(2)，pp. 155-201.

② 吴义雄：《广州外侨总商会与鸦片战争前夕的中英关系》，《近代史研究》2004 年第 2 期。

③ 宋美云：《近代天津商会》，天津社会科学院出版社 2002 年版，第 60-61 页；蔡晓荣：《论清末商会对华洋商事纠纷的司法参预》，《学术探索》2006 年第 1 期，第 108 页；饭岛涉：《日本商会与中国》，"商会与近现代中国"国际学术研讨会论文，2004 年。

④ 宋美云：《沦陷时期的天津商会》，《历史档案》2001 年第 3 期。

⑤ 任云兰：《新旧交替时期(1945—1949 年)的天津工商界述论》，《历史档案》2004 年第 3 期。

⑥ 王仲：《民国时期商会自身的现代化(1927—1937)——以苏州商会为例》，《苏州大学学报》2006 第 1 期。

⑦ 郑成林：《抗战后中华民国商会联合会简论》，《华中师范大学学报(人文社会科学版)》2006 年第 5 期。

经济统制体制中扮演的角色。①

当代商会的演变与发展问题也开始受到学者们的重视。在具体研究成果方面，马敏首次比较系统地研究了 20 世纪 50 年代以来中国商会的历史性转变，并且对工商联向民间商会转变提出了系统的建议。② 朱英等对近代商会、同业公会向工商联、当代商会、行业协会发展的历程进行了详细分析。③ 魏文享、杨天树和李文奎分别研究了新中国成立初期工商联的社会主义改造问题。④

十一、商会与同业公会的研究

21 世纪以来，近代同业公会的研究逐渐引起学者们的注意，王翔《从云锦公所到铁机公会——近代苏州丝织业同业组织的嬗变》、魏文享《试论民国时期苏州丝绸同业工会》、李德英《同业公会与城市政府关系初探——以民国时期成都为例》是较早的专题论文。⑤ 此后，华中师范大学中国近代史研究所、复旦大学历史系等单位的一批中青年学者，在商会研究的基础上进一步拓宽视野，围绕同业公会史发表了一系列重要研究成果。如彭南生的《行会制度的近代命运》

---

① 魏文享：《商人团体与抗战时期国统区的经济统制》，《中国经济史研究》2006年第 1 期。

② 马敏：《商会史研究与新史学的范式转换》，《华中师范大学学报（人文社会科学版）》2003 年第 5 期。

③ 朱英：《中国近代同业公会与当代行业协会》，中国人民大学出版社 2004 年版。

④ 魏文享、杨天树：《国家介入与商会的"社会主义改造"——以武汉市工商联为例(1949—1956)》，《华中师范大学学报（人文社会科学版）》2005 年第 5 期；李文奎：《中国共产党对工商联政策的回顾与思考》，华中师范大学硕士学位论文，2002 年。

⑤ 王翔：《从云锦公所到铁机公会——近代苏州丝织业同业组织的嬗变》，《近代史研究》2001 年第 3 期；魏文享：《试论民国时期苏州丝绸业同业公会》，《华中师范大学学报（人文社会科学版）》2000 年第 5 期；李德英：《同业公会与城市政府关系初探——以民国时期成都为例》，见天津社会科学院历史研究所：《城市史研究》第 22 辑，天津社会科学院出版社 2004 年版。

（人民出版社 2003 年版）讨论了近代工商同业组织的形成及其在近代市场经济中的作用，探讨了过去甚少研究的近代手工业学徒制度问题。郑成林的《从双向桥梁到多边网络——上海银行公会与银行业(1918—1936)》（华中师范大学出版社 2007 年版），依据社会网络理论，利用上海档案馆所藏的上海银行公会档案，对上海银行公会与银行业做了个案研究，对深入认识同业公会的组织结构、制度创新及其经济社会作用，不无借鉴意义。魏文享的《中间组织——近代工商同业公会研究(1918—1949)》（华中师范大学出版社 2007 年版），以"中间组织"的理论架构对民国时期工商同业公会制度及其权力来源、经济作用、政治参与、社会角色等问题进行了较为系统的分析。吴景平指导学生完成了多篇研究同业公会的博士论文，其中王晶、张天政对上海银行公会进行了研究，对同业公会史的研究起到一定的推动作用。[①]

第三节　上海商业联合会研究的学术回顾

虽然近年来对商会及商人的研究出现了诸多的成果，但是，从上述成果来看，对上海商业联合会的关注较少，成为商会研究的盲点，也没有一个合适的理论对上海商业联合会做出相应的解释。

一、上海商业联合会研究概况

上海商业联合会研究的缺憾不仅体现在商人研究、商会研究中，也体现在上海史研究中，均未对其予以足够的重视。20 世纪 90 年代

---

① 王晶：《上海银行公会研究(1927—1937)》，上海人民出版社 2009 年版；张天政：《上海银行公会研究(1937—1945)》，上海人民出版社 2009 年版。

以来,上海史研究逐渐成为史学研究的重镇,成果丰富。1927 年至 2003 年,至少有 138 篇关于上海史研究方面的博士论文。[①] 但是,在这些研究中,有关上海商人的研究尤其是上海商业联合会的研究,却明显不足。《上海近代史》《上海通史》《上海一百年》等著作对上海商业联合会也鲜有涉及。在上海史研究中,涉及上海商业联合会的研究,其主要成果集中在徐鼎新等的《上海总商会史(1902—1929)》[②]、黄逸峰等的《旧中国的买办阶级》[③]、虞和平的《商会史话》[④]等著作,以及谟研的《"四·一二"反革命叛变与资产阶级》[⑤]、金子肇的《上海资产阶级与上海商业联合会:围绕"四一二"反革命政变》[⑥]、穆烜的《"四·一二"前后的上海商业联合会——中国资产阶级的一页史料》[⑦]、徐尚炯的《虞洽卿与 1927 年上海商业联合会:试论"四一二"政变前后的虞洽卿》、[⑧]郭太风的《虞洽卿与上海商会变异(1924—1930)》[⑨]等论文中。具体来说,这些研究主要集中于上海商业联合会成立的历史条件、动机及政治活动等方面,下面对各研究做一分析。

---

① 朱惠政:《海外博士论文中的上海研究:纪念上海开埠 160 周年的回顾与思考》,未刊稿,见《"上海开埠 160 周年"国际学术讨论会会议论文集》,2003 年,第 594 页。

② 徐鼎新、钱小明:《上海总商会史(1902—1929)》,上海社会科学院出版社 1991 年版。

③ 黄逸峰等:《旧中国的买办阶级》,上海人民出版社 1982 年版。

④ 虞和平:《商会史话》,社会科学文献出版社 2000 年版。

⑤ 谟研:《"四·一二"反革命叛变与资产阶级》,《历史研究》1977 年第 2 期。

⑥ 金子肇:《上海资产阶级与上海商业联合会:围绕"四一二"反革命政变》,《史学研究》1986 年第 168 号。此文承蒙日本留学生安野智子从日本复印资料并邮寄回国,并由上海市档案馆曹霖华老师翻译为中文,在此一并致谢。

⑦ 穆烜:《"四·一二"前后的上海商业联合会——中国资产阶级的一页史料》,《学术月刊》1964 年第 4 期。

⑧ 徐尚炯:《虞洽卿与 1927 年上海商业联合会:试论"四一二"政变前后的虞洽卿》,见金普森:《虞洽卿研究》,宁波出版社 1997 年版。

⑨ 郭太风:《虞洽卿与上海商会变异(1924—1930)》,《档案与史学》1996 年第 5 期。

1.上海商业联合会成立前的政治形势

上海商业联合会的成立是国内政治形势与上海商界分裂等因素综合作用的结果,这在一些研究中已有所阐明。一些学者注意到,北伐战争前后资产阶级与南方革命政权及蒋介石集团往来密切。他们认为,北伐战争以来,这些金融显贵四处活动,进行联合自卫行动,他们的联合自卫行动不过是掩饰与北洋军阀的关系,以达到紧紧与蒋介石挂钩的目的。在北洋军阀面临崩溃之际,"北方资产阶级要为自己和企业的前途找出路,都把如何谋求'南北合流'、投靠蒋介石视为当务之急",而吴蕴斋任银行公会会长是出于"北四行"资本家联合自卫行动的需要,也是南北合流的重要渠道。① 也有学者注意到了北伐战争后上海总商会的内部矛盾,这种矛盾主要包括宁波帮的内部矛盾和宁波帮与广东帮的矛盾。金子肇认为,1926 年 6 月,投靠孙传芳的以傅筱庵为首的"主流派"和反对孙传芳的以虞洽卿为首的"反主流派",就上海总商会第六期会董改选展开了主导权的争夺大战,从而造成了上海总商会的分裂。而在争夺大战中失败的"反主流派",形成了支持蒋介石的上海资产阶级的核心。金子肇同时还指出,对总商会内部分裂的研究,不能如当时陈独秀评价的那样,简单地认为"主流派"持有纯粹的买办资产阶级的特性,而"反主流派"带有民族资产阶级色彩。"主流派"与"反主流派"的对立,不在于买办资产阶级、民族资产阶级之分,在要求与保障资本主义发展诸方面,他们的立场基本是一致的,其对立主要在于是依附蒋介石还是投靠孙传芳。② 虞和平则将上海商界的变化同政局的变动联系起来。他指出,随着北伐军迫近上海,面临政权格局大变

---

① 谟研:《"四·一二"反革命叛变与资产阶级》,《历史研究》1977 年第 2 期。

② 金子肇:《上海资产阶级与上海商业联合会:围绕"四一二"政变》,《史学研究》1986 年第 168 号。

动,上海总商会内部各派系争夺领导权的斗争活跃起来。采用不正当手段于1926年7月当选为会长的傅筱庵及其周围的少数会员,仍站在孙传芳一边;以冯少山为首的广东帮会员退出总商会,另组"沪商正谊社",与总商会对抗;以宁波帮首领虞洽卿为首的大部分会员,亦以傅筱庵为不齿,并另立山头,成立上海商业联合会,取代了"上海总商会在上海工商界的领导地位,并成为上海工商界与蒋介石合作的领头羊"①。

2.上海商业联合会成立目的

穆烜等因该会成立公告中开宗明义地提出"外应时势之需要,内谋自身之保障",认为该会成立是"为维护各业安全起见"。② 而且,徐尚炯认为有些著作说虞洽卿发起联合组织是为了"另立山头""对抗工运",显然是主观臆测,不确切的。③ 谟研等都认为上海商业联合会的成立主要是出于上海资产阶级与蒋介石打交道的需要,上海商业联合会是虞洽卿和蒋介石手中的工具。④ 穆烜认为上海商业联合会是一个应变的组织,具有维持会的性质。⑤ 黄逸峰也持类似的观点,他指出,经济实力雄厚的江浙资产阶级代表人物匆忙筹建上海商业联合会,显然,他们一面对上海市民代表会议和上海市临时政府表示冷淡,一面却热情地迎接蒋介石的到来,为支持蒋介石建立反共政权做了精心的内外安排。⑥ 金子肇指出,成立上海商业联合会的主要因为是"上海商界对第三次暴动以及对共产党及总工会

① 虞和平:《商会史话》,社会科学文献出版社2000年版,第184页。

② 穆烜:《"四·一二"前后的上海商业联合会》,《学术月刊》1964年第4期。

③ 徐尚炯:《虞洽卿与1927年上海商业联合会:试论"四一二"政变前后的虞洽卿》,见金普森:《虞洽卿研究》,宁波出版社1997年版。

④ 谟研:《"四·一二"反革命叛变与资产阶级》,《历史研究》1977年第2期;徐鼎新、钱小明:《上海总商会史1902—1929》,上海社会科学院出版社1991年版,第365页。

⑤ 穆烜:《"四·一二"前后的上海商业联合会》,《学术月刊》1964年第4期。

⑥ 黄逸峰等:《旧中国民族资产阶级》,江苏古籍出版社1990年版,第322页。

指示方向抱有不安"。① 因此它"对蒋介石的财政支持,是基于政治目的有计划的行动"。② 郭太风认为上海商业联合会建立以后,始终将总商会排除在外,含有取而代之成为商界领袖团体的意图。③

3. 关于上海商业联合会性质

在对上海商业联合会进行分析的时候,学者一般从联合会的领导层构成来分析其性质、控制权归属。一般认为,上海商业联合会中真正有话语权的是常务委员,由于他们基本上都是金融买办资本家,尤其是上海商业联合会主席由上海银行公会会长吴蕴斋出任,是资本家出于"联合自卫行动"的需要,也表明上海商业联合会大权掌握在买办、金融资产阶级手里。④ 穆烜和金子肇也持同样观点,穆烜认为,从上海商业联合会的名单来看,它包括了上海资产阶级的绝大部分,而其大权则控制在买办金融资产阶级手中。⑤ 金子肇指出,在上海商业联合会中占主导地位的,不言而喻是"贷与蒋介石资金的银行资本家",同时,他还指出,"大量的工业资本家参加上海商业联合会,说明上海商业联合会亦处于代表工业资本利益的立场,由此等事实可以窥得,商业联合会中工业资本家的地位绝非低下"。由于虞洽卿与蒋介石之间关系密切,所以虞洽卿在上海商业联合会内部的领导能力与地位颇为突出,在其领导下,上海商业联合会才会成为反主流派参与的代表各资本家利益与要求,"并陆续与蒋介石沟通的组织"。⑥

---

① 金子肇:《上海资产阶级与上海商业联合会:围绕"四一二"政变》,《史学研究》1986 年第 168 号。
② 金子肇:《上海资产阶级与上海商业联合会:围绕四"一二"政变》,《史学研究》1986 年第 168 号。
③ 郭太风:《虞洽卿与上海商会变异(1924—1930)》,《档案与史学》1996 年第 5 期。
④ 谟研:《"四·一二"反革命叛变与资产阶级》,《历史研究》1977 年第 2 期。
⑤ 穆烜:《"四·一二"前后的上海商业联合会》,《学术月刊》1964 年第 4 期。
⑥ 金子肇:《上海资产阶级与上海商业联合会:围绕"四一二"政变》,《史学研究》1986 年第 168 号。

4. 关于上海商业联合会与国民党政权关系的研究

在北伐军迫近上海、工人运动热情高涨之际，资本家们惶惶不可终日，唯恐损及自己的经济利益。对此，资本家与国民党政权达成协议：由上海商业联合会出面为蒋介石筹集军费，蒋介石则为工商界平息工潮。[①] 上海商业联合会等商界组织向国民党政府提出的要求除了抵制、镇压工人运动，谋求劳资协调的合法化外，还包括：镇压共产党、安定社会秩序、废除不平等条约、恢复关税自主权、废除苛捐杂税等。[②] 徐鼎新等认为，上海商业联合会在经济上、政治上支持国民党政权，希望以此换取"消弭工潮与关税自主"两大目标。[③] 达成交易是件容易的事情，但是，实现交易并没有那么简单。垫款、捐款、认购库券是资产阶级完成交易的重要途径，也由此引发了上海资产阶级与蒋介石间的诸多矛盾。1927 年 4 月 1 日，上海银钱业为蒋垫付 300 万元，其中银行公会出 200 万元，钱业公会出 100 万元；4 月 25 日，第二次为其垫付 300 万元。[④] 捐款是研究蒋介石与上海资产阶级关系的重要途径，谟研和黄逸峰都提到，在认购二五库券以前，上海资本家就已向蒋介石政权认捐 500 万元。[⑤]

1927 年 5 月 1 日，蒋介石政权由江苏省兼上海市财政委员会出面，发行了"江海关二五附税库券"，这次库券认购的分配情况也是学

① 黄逸峰等：《旧中国民族资产阶级》，江苏古籍出版社 1990 年版，第 322 页。

② 金子肇：《上海资产阶级与上海商业联合会：围绕"四一二"政变》，《史学研究》1986 年第 168 号。

③ 徐鼎新、钱小明：《上海总商会史 1902—1929》，上海社会科学院出版社 1991 年版，第 379 页。

④ 黄逸峰等：《旧中国民族资产阶级》，江苏古籍出版社 1990 年版，第 322、325 页；虞和平：《商会史话》，社会科学文献出版社 2000 年版，第 186 页；谟研：《"四·一二"反革命叛变与资产阶级》，《历史研究》1977 年第 2 期；穆烜：《"四·一二"前后的上海商业联合会》，《学术月刊》1964 年第 4 期。

⑤ 谟研：《"四·一二"反革命叛变与资产阶级》，《历史研究》1977 年第 2 期；黄逸峰等：《旧中国民族资产阶级》，江苏古籍出版社 1990 年版，第 316 页。

者研究蒋介石与上海资产阶级关系的重要组成部分。在库券认购的金额上，学者存在不同看法。绝大多数学者都认为，在3000万元库券中，上海钱庄及银行业认购500万元，上海商业联合会认购300万元，江浙两省认购1200万元，绅富认购700万元，两淮盐商认购300万元。[①] 徐鼎新、钱小明、虞和平等认为商业联合会答应为蒋介石募集军购900万元。[②] 但他们都认为，到5月14日止，上海商业联合会实际募集到的款项约为202万元。[③]

二五库券的发行与认购，既解决了蒋介石的军费问题，也拉拢了买办金融阶级，可是中小资产阶级却叫苦连天，民族工商业陷入濒临破产的境遇。[④] 不断的需索和硬性摊派，也引起了大资本家的不满，他们认为虞洽卿所经营的航运业没有认摊巨额款项，埋怨他"只会慷他人之慨"。[⑤] 资产阶级忍痛捐输，原指望蒋介石政权完成"统一大业"，带来发展民族工商业的黄金时代，然而盼来的是"更为严重的内忧外患，民族工商业普遍不景气"。通过上海商业联合会结束宣言，虞洽卿"第一次率领上海商界，愤怒谴责国民党政府压榨商民的政策"。[⑥]

5. 关于上海商业联合会与工人运动关系的研究

关于上海资产阶级与上海工人运动的关系，徐尚炯指出，以虞洽卿为代表的资产阶级的政治态度在"四一二"反革命政变前后区别很

① 谟研：《"四·一二"反革命叛变与资产阶级》，《历史研究》1977年第2期；黄逸峰等：《旧中国民族资产阶级》，江苏古籍出版社1990年版，第325页。

② 虞和平：《商会史话》，社会科学文献出版社2000年版，第186页；徐鼎新、钱小明：《上海总商会史（1902—1929）》，上海社会科学院出版社1991年版，第375页。

③ 谟研：《"四·一二"反革命叛变与资产阶级》，《历史研究》1977年第2期；虞和平：《商会史话》，社会科学文献出版社2000年版，第186页；穆烜：《"四·一二"前后的上海商业联合会》，《学术月刊》1964年第4期。

④ 穆烜：《"四·一二"前后的上海商业联合会》，《学术月刊》1964年第4期。

⑤ 黄逸峰等：《旧中国民族资产阶级》，江苏古籍出版社1990年版，第325页。

⑥ 郭太风：《虞洽卿与上海商会变异（1924—1930）》，《档案与史学》1996年第5期。

大。上海商业联合会刚成立时,对工人运动主张劳资合作,发生工潮时与工会领导人进行过调停;还邀请总工会领导到会做有关讲话。①其他学者也注意到了资本家与工人运动由妥协到对抗的发展过程。第三次武装起义后,上海资产阶级对蓬勃发展的工人运动感到非常害怕,资产阶级不得不"向工人妥协"。"四一二"反革命政变以后,资产阶级对工人运动也采取了进攻的态度。他们开始组织商民协会与商团。②"对职工进行残酷的迫害和镇压","逼迫工人就范"。③金子肇比较详细地阐述了上海商业联合会会员在加入上海商业联合会后与工人运动之间的关系,金认为上海手工业者和店员的"组织化"促使了中小工商业者的"左"倾化,从而招致了上海阶级势力的致命转换。

商民协会是上海商业联合会对抗工人运动的重要组织。1927年4月13日,上海商业联合会召开会议讨论组织商民协会。但是,在组建商民协会的过程中,上海商业联合会与国民党政权的矛盾也不断显露,上海商业联合会建立商民协会的目的是抵制工会势力④,而国民党成立商民协会的目的是"控制和垄断这一组织"⑤。郭太风认为,商民协会是一批商界国民党人以商总联会为基础而建立的,它"在国民党南京政府打击旧商会、商人运动的活动中充当了急先锋"⑥。

---

① 徐尚炯:《虞洽卿与1927年上海商业联合会:试论"四一二"政变前后的虞洽卿》,见金普森:《虞洽卿研究》,宁波出版社1997年版。
② 穆烜:《"四·一二"前后的上海商业联合会》,《学术月刊》1964年第4期。
③ 谟研:《"四·一二"反革命叛变与资产阶级》,《历史研究》1977年第2期。
④ 虞和平:《商会史话》,社会科学文献出版社2000年版。
⑤ 徐尚炯:《虞洽卿与1927年上海商业联合会:试论"四一二"政变前后的虞洽卿》,见金普森:《虞洽卿研究》,宁波出版社1997年版。
⑥ 郭太风:《虞洽卿与上海商会变异(1924—1930)》,《档案与史学》1996年第5期。

6.关于上海商业联合会历史影响的研究

针对上海商业联合会的影响力,学者们主要围绕该组织对上海资产阶级与蒋介石政权相互关系的影响展开讨论。一些学者比较强调双方的合作与互利,他们认为,通过上海商业联合会这一组织,江浙资产阶级与华北资产阶级成为蒋介石叛变前的经济支柱,没有他们的支持,蒋介石在当时很难"站住脚跟,也不能进一步抢夺地盘,扩大反革命事业"①。通过上海商业联合会这一组织对蒋介石的资助,买办资产阶级与民族资产阶级依附了四大家族,进入官僚资产阶级的队伍,在国民党政权中占据了大大小小的位置,成为大地主大资产阶级的政治代表。② 小浜正子指出,在风云变幻的年代,上海资产阶级重新集结在上海商业联合会这一新的商业团体之下,这一团体在筹措资金的过程中不断构建上海资产阶级与蒋介石政权之间新的关系。③ 而另外一些学者则比较侧重双方的矛盾与冲突。小科布尔认为国民党在上海的统治对于上海资本家来说"几乎是一场灾难"④。费正清从历史沿革下国家权威与地方势力之间的消长关系来透视上海商业联合会与蒋介石政权的关系。他指出,自国民党成功地制服上海资本家以后,上海资产阶级"逐渐失去了反抗能力","被吸附到国家政权中,随波逐流"。⑤ 白吉尔认为,通过上海商业联合会,蒋介石与上海资产阶级的关系逐渐"由合作关系变为从属与利用关系"⑥。

---

① 谟研:《"四·一二"反革命叛变与资产阶级》,《历史研究》1977 年第 2 期。

② 谟研:《"四·一二"反革命叛变与资产阶级》,《历史研究》1977 年第 2 期。

③ [日]小浜正子:《近代上海的公共性与国家》,葛涛译,上海古籍出版社 2003 年版,第 221 页。

④ [美]小科布尔:《上海资本家与国民政府:1927—1937》,杨希孟等译,中国社会科学出版社 1988 年版,第 53 页。

⑤ [美]费正清:《剑桥中华民国史》(一),章建刚等译,上海人民出版社 1991 年版,第 863 页。

⑥ [法]白吉尔:《中国资产阶级的黄金时代》,张富强、许世芬译,上海人民出版社 1994 年版,第 260 页。

与上述研究不同的是，郭太风从商会的发展与变异来考察上海商业联合会。他认为，上海商业联合会的建立，首开商界"迎合国内政局剧变需要而结成组织之先例"，在上海商会变异过程中已经完成了抗衡上海总商会的"过渡"作用。这完全违背了商会团体"在商言商"的一贯主张，使上海众多商会团体争权夺利，打起混仗。①

二、本书的创新点

综观以上有关上海商业联合会的研究，可以发现国内的研究大多注重国民党政权与联合会的关系，以及国民党政权与上海商界之间关系所经历的由亲密到逐渐疏远的过程。国外的研究则主要从权威政治的重建、社会精英与下层民众对公共空间的控制权的争夺等方面展开探讨。然而，这些研究对联合会建立与存在的历史条件、联合会的运行机制、联合会与上海总商会的关系、联合会对蒋介石政权的影响、联合会对上海资产阶级 20 世纪二三十年代自治运动和 20 世纪二三十年代上海地区经济的影响都未进行系统的研究。

1. 上海商业联合会的建立反映了变局下商人集结争取话语权的迫切

虽然一些研究注意到国内政治形势的变化与上海商界的联系，但是诸研究主要停留于上海商人与蒋介石的联系上，对于上海商业联合会建立的大背景缺乏完整的勾勒与描述。上海商业联合会的成立及其运行是国内外形势与上海商界交互作用的结果。1926 年开始的北伐战争引起了国内政局的变化，国内政局的变化又引起了帝国主义列强对华政策的调整，在国内外环境都发生改变的情况下，上海商人为了维护自身利益，不得不对形势与政局的变化做出新的应

① 郭太风：《虞洽卿与上海商会变异（1924—1930）》，《档案与史学》1996 年第 5 期。

对,上海商业联合会的成立可以说是上海商人这种应对措施的集中体现,它反映了在新的形势下商人在争取话语权方面做出的努力。

有些研究对上海商业联合会成立的目的做了分析,主要观点不外乎与国民党政权打交道、对抗中国共产党领导的工人运动、取代上海总商会、维护各业安全等。其实,上海商业联合会成立的主要目的是在变局下争取本阶级的话语权,维护上海商人的利益。因为与国民党政权进行交易也好,抵制与反对工人运动也好,取代上海总商会也好,这些都是上海商人维护自身利益、争取话语权的手段与途径,而并非其根本目的。在上海总商会基本瘫痪的情况下,上海商人认为只有重新组织上海商业联合会这样的新团体,才能有效掌握话语权,从而维护上海商人的核心利益。

一些学者分析认为,买办、金融资产阶级在上海商业联合会的领导层占据优势,因此上海商业联合会的领导权为买办、金融资产阶级所控制。事实上,虽然金融业在上海商业联合会的领导层占据优势,但这也是经济实力为后盾之故,其他的团体,如上海县商会、闸北商会、交易所联合会等也与银行公会拥有同样的地位,但这些团体的领导人在上海商业联合会内并未获得相似的决断权和发言权。从实际操作来看,上海商业联合会主要由虞洽卿发起成立,在运作过程中又不遗余力,在某些问题上拥有一定的话语权。

2.深度挖掘上海资本家对国民党政权的资金支持

有些研究者往往通过国民党政权与上海商业联合会的交易来分析上海商人与国民党政权的合作与矛盾,基本都是将焦点置于二五库券认购这一事件上。国民党政权与上海商业联合会之间的交易主要通过垫款、捐款、认购库券来实现,以往研究对此都有不同程度的涉及,但在一些重要问题上却都缺乏深入、细致的研究。大多数研究都会提及上海金融界先后为国民党政权垫款 600 万元,但却未考虑金融界一些单位如中国银行等单独为国民党政权垫款的情况。至于上海商界为国民党政权捐款 500 万元，也有个别研究涉及其事，但是，捐款的结果如何却未能说明。实际上，上海商界为国民党政权承诺捐款 500 万元一事，尽管国民党方面多次催促、威胁，上海商人仍是一毛不拔，最后不了了之。在认购库券方面，诸研究在这方面关注较多，其研究一般都认为上海商业联合会认购库券的总数是 400 万元，最后认购 202.7 万元。但事实上，上海商业联合会认购库券的总额是有变化的，先是 400 万元，后来有所减少，但是具体减少了多少，囿于资料缺乏难以确定。虽然诸研究都通过认购库券来说明国民党政权与上海商人的关系，但是对上海商业联合会认购库券的过程却少有描述，如果我们将上海商业联合会派认给各会员的金额，以及 1927 年 5 月 2 日、5 月 9 日、5 月 14 日各会员认购情况作全面的整理，应能更好地证明上海商界与国民党政权的关系。尤其是，诸研究多是说明 5 月 14 日认购库券的总额是 202.7 万，但是关于非常实质性的问题即缴款情况却均无涉及，有些研究更是将 202.7 万元说成是上海商业联合会的缴款，全然不顾认购和认购以后的缴款是两回事。事实表明，上海商业联合会的许多会员认而不缴，或者象征性地缴纳一点加以搪塞。

3. 动态分析资本家对劳资纠纷的话语权

在研究上海商业联合会与工人运动的关系时，一些学者虽然指出上海商业联合会对工人运动的态度在"四一二"反革命政变前后有所不同，但是对其原因却未做出分析。"四一二"反革命政变以前，上海商业联合会对工人运动的态度是忍耐，暂时丧失对工人的话语权，主要是因为这一阶段工人运动正处于高涨时期，其后，工人运动遭到镇压，资本家重获对工人阶级的话语权，这是必然的事情。但在国民党政权力图巩固自身统治基础、宣扬劳资合作的环境下，资本家的企图只是一厢情愿的白日梦。

通过上海商业联合会这一新的商业团体，上海商人在一定程度上构筑了与国民党政权的关系，但同时上海商人也受到一定程度的打击。上海商人在政治变局面前是否放弃了在商言商的传统观念，是自觉地加入国家官僚机构还是被动地、身不由己地卷入其中？在此过程中，这些都是令人深思的问题。

商会作为一种社会组织，是商人的团体。商人的特殊身份及其职业性质决定其与其他社会团体有着不同的特性，也有着截然不同的终极目标。因此，从微观经济学的角度以动态的眼光去考察，即从商人本身的心理、商人的最终目的去分析商人在历史上的种种活动，也许对解释商会的活动更有帮助。因为，尽管中国的近代社会不断发生变迁，尽管中国商人存在时空的差异，但是，商人所从事的活动尤其是追求利润的终极目标却不会因时空变化而发生改变。任何大的社会变革或转型都是财产变动与转移的过程。也就是说，在社会变迁的形势下，商人不仅要保护自己的财产，更重要的是商人会在新的社会形势下，将自己的财产（商品）同社会进行交易，从而实现利润的最大化，以达到资本增值的目的，并力图将经济话语权转化为政治话语权。

本书主要的目的和任务是进一步进行资料的整理与爬梳，在挖掘上海商业联合会档案，加深对档案资料的理解与运用的同时，利用报刊资料，在基本熟悉档案资料的过程中，结合前人有关上海商业联合会及商会的研究成果，对上海商业联合会的主要活动做出诠释，解读商人及商业的特性。本书试图将对商团的研究视野放到商业和商人本身上，在吸收商会研究的学术成果的基础上，对上海商业联合会建立的历史条件、运行机制、主要活动及其影响，以及其与国民党政权、工人运动、帝国主义列强的关系进行分析与研究，勾画上海商界争取与谋求政治经济话语权的时代图景。

第一章
话语权及商人组织理论

第一节　话语及话语权

一、什么是话语

　　话语是人类社会重要的沟通中介,人们通过话语信息的发出、传递、理解和回应,实现相互间的交流和交往。从语源上来看,"话语"一词最初多使用在语言学研究和新闻传播领域。随着现代传播技术的发展,多媒体电子媒介对人们社会生活的影响日益超越传统平面媒介,话语概念也在 20 世纪逐渐从语言学领域扩展到哲学、历史学、政治学、人类学、文化学等领域,成为指称和表达具有特定价值和实践功能的思想客体,如哲学话语、历史话语、政治话语、文化话语等等。这些领域中的话语概念往往借用语言学中话语是"语言的运用"的含义,但又突破语言学的界限,多了一层社会、历史、政治、文化等维度上的意义。如今,"话语"不仅成为被众多学科和思想流派使用的热门术语,而且进入并影响了当代社会公众生活的各个方面。有学者指出:"这个曾经令人望而生畏、敬而远之的艰涩词语如今俨然成为一个流行语,频频为人们挂在口边、见诸报端。"①

关于话语的概念,正如有的学者指出的那样:"要给'话语'这个词下一个简明扼要的定义是很困难的,因为诸如'话语到底是什么'这样的问题,在后结构主义批评家眼中属于'本质正义'的问题,是应该去避免、去抵制的,而'话语'恰好正是后结构主义的一个中心词,因此,试图去解释清楚话语的含义,在学理逻辑上将出现矛盾。"②尽管如此,话语作为一个广泛运用于各个学科的术语,本身的内涵也在不断丰富和变化,更值得人们去研究和界定。

在我国,学者对话语有不同的理解。复旦大学教授范晓认为,"话语是由两个相互依存的部分组成的,一部分是话语内容,也就是言语表达的思想内容;另一部分是话语形式,也就是言语者借以表达思想的形式,这种形式就是语言,这是一种现实的、具体的语言,是族语的个别形态,是族语的存在形式",是"语言和思想的结合体"。③ 语言学家沈开木先生认为,话语是在交际的决策和框架基础上经过编码而产生的言语成品。④ 在这种言语成品里,各种语义信息、非语义信息交织形成一个网络。任何言语成品都跟别的事物一样,有一定的表现形式。这种表现形式,从受话人有没有转换成发话人的角度看,有独白和对话;从用不用文字再编码的角度看,有口头形式和书面形式。

上述对话语的定义和分析是从语言学的角度展开的,都是将话语视为言语交际的单位。有的学者认为话语不是纯粹意义上的语言学用语,也不是简单的哲学或政治学用语,而是包含三层意思:"一是指说的话,即言语活动,如公共讨论、演讲、言谈、辩论、批评等;二是

---

① 胡春阳:《话语分析:传播研究的新路径》,上海人民出版社 2007 年版,第 27 页。
② 张宽:《话语》,《读书》1995 年第 4 期,第 132 页。
③ 范晓:《语言、言语和话语》,《汉语学习》1994 年第 4 期,第 2-6 页。
④ 沈开木:《现代汉语话语语言学》,商务印书馆 1996 年版,第 1 页。

指一种表达利益、意见、建议与需求的行为,如投票、选举、游行、示威、参与、诉讼等;三是表示一种相互关系或一系列互动过程。"①

在国外,学者对话语也有不同的解读。从某种意义上来讲,话语就是借助语言、含义、符号等形式在言说者和受话人之间进行意义交流。美国著名语言学家罗宾·洛克夫告诉我们:"语言不仅有着为我们的社会分配政治权力的力量,而且还是我们认识自我、完善自我的方式和中介。通过它,我们认识到任何个人都是一个有理性的生物、一种文化的成员和一个有凝聚力的因子。"②

在西方,话语还在不断演化和派生中形成了自己的概念理论体系,其中以福柯(Foucault)的话语理论最为著名。福柯认为,话语是陈述的整体,并将话语界定为一种"实践—符号"概念,话语即权力。福柯认为,"话语"既不是简单的、个别的字词的结合,也不是被限定在规则中的意义。他强调:"话语是由符号构成的,但是,话语所做的,不只是使用这些符号以确指事物。"③福柯指出,人类社会的历史与文化是由各种各样的"话语"所构成的。"话语"意味着一个社会团体依据某些成规将其意义传播于社会之中,以此确立其社会地位,并为其他团体所认知的过程。哈贝马斯(Habermas)从理想交往行为理论的角度,提出了普遍语用学,自此话语超越了语言学的界限,被运用于哲学和政治学。在他看来,"话语的目的是达成一致,更准确地说,是达成共识"④。费尔克拉夫(Fairclough)也认为,话语不仅反映和描述社会实体与社会关系,还建造或"构成"社会实体与社会关系;不同的话语以不同的方式建构各种至关重要的实体,

---

① 李水金:《中国公民话语权研究》,吉林人民出版社 2009 年版,第 29 页。

② [美]罗宾·洛克夫:《语言的战争》,刘丰海等译,新华出版社 2001 年版,第6 页。

③ [法]米歇尔·福柯:《知识考古学》,谢强等译,生活·读书·新知三联书店 1998 年版,第 62 页。

④ [美]莱斯利·A.豪:《哈贝马斯》,陈志刚译,中华书局 2002 年版,第 55 页。

并以不同的方式将人们置于社会主体的地位。① 可以看出,福柯、哈贝马斯和费尔克拉夫研究中的话语超越了纯粹的语言学意义,他们将话语理论与社会理论有机地结合起来,并强调话语在社会建构中的能动作用,这为话语理论的研究与应用打开了一片广阔的天地。与此同时,美国学者福克斯(Fox)、米勒(Miller)在进行公共行政学研究的过程中也引入了话语理论,用话语理论来分析后现代公共行政,进而提出了著名的"公共能量场"概念。在公共行政学中,公共能量场是一个表达、交流和传递社会话语与公共政策的场所。在福克斯看来,所谓"话语"即是一种言谈、辩论、交流、对话、说服等言语表达活动。也就是说,在政治学或行政学中,话语在很大程度上成为表达权利和意愿的一种方式和工具。

实际上,话语是经历了较长时间的历史积淀而形成的社会文化语码,是人们在社会生产实践过程中为了表达思想和传递信息而产生的,并随着人类社会生产实践的发展而不断丰富和发展。在早期人类进化的历史进程中,随着声带的不断进化,人类开始发出声音,并逐渐在社会交往中形成语言。当然,最初的语言多是由肢体运动或极其简单的声音和词语所构成的。随着生产力的发展,人类在生产实践过程中逐渐将一些固定的、通用的动作、声音或词语用一定形式的符号记录下来,而这些符号就逐渐形成了文字。正是语言和文字的形成,大大拓展了人类社会沟通和交往的范围与领域,人们借助这些在生产实践中形成的符号、词语来传达信息、交流思想。在信息传递和交流的过程中,一方面,主体总是要根据实际的语境选择乃至创造特定的概念、词语来表达;另一方面,主体在传播信息和交流思想的过程中,必然会将自身的价值判断融入其中。这样,在特定概

---

① ［英］诺曼·费尔克拉夫:《话语与社会变迁》,殷晓蓉译,华夏出版社 2003 年版,第 59 页。

念、词语以及声调等多重元素的排列组合下,形成了表达特定意思的话语。"话语一旦形成,便拥有了自己的意义世界,形成了自己的特定规则,构建了自己的知识型式和话语系统。"①因此,从这个意义上来看,话语是一个集语言符号系统和价值观念系统于一身的统一体,它既包含一定的符号、概念、声调、语法等客观因素,又承载特定主体的认知、情感和意志等主观因素。

二、什么是话语权

从字的内涵与属性来分析,"权"字可解析出"权利"(right)和"权力"(power)两个基础语义。根据《布莱克维尔政治学百科全书》的解释,权利是"描述一种制度安排,其中利益得到法律的保护,选择受到法律效力的保障,商品和机遇在有保障的基础上提供给个人;表达一种正当合理的要求,即上述制度安排应该建立并得到维护和尊重;表现这个要求的一种特定的正当理由,即一种基本的道德原则,该原则赋予平等、自由或道德的力量等某些基本的个人价值以重要意义"②。权利可以理解为一种资格、利益或好处。话语权利的表达和运用就是对话语运用的资格和好处;话语权力意指对话语的支配能力和程度。相比较话语权利,话语权力在话语权中的地位和意义更为重要。相应地,"话语权"就可以理解为作为权利的话语权(discourse right)和作为权力的话语权(discourse power)。

首先,话语权是一种重要的权利。说话、言论是人类的一种本能,是人类区别于动物的一个重要标志和特征。人类社会离不开话

---

① 金万德、黄南珊:《西方当代"话语"原论》,《西北师范大学学报(社会科学版)》2006 年第 5 期,第 53-57 页。

② [美]戴维·米勒、韦农·波格丹诺:《布莱克维尔政治学百科全书》,邓正来主编,中国政法大学出版社 1992 年版,第 661 页。

语,正如福柯所认为的,人类的一切知识都是通过"话语"而获得的,任何脱离"话语"的东西都是不存在的,我们与世界的关系就是一种"话语"关系。然而,话语并不只是人类的一种本能,在现代社会,它日益成为一种重要的政治权利。法国社会学家皮埃尔·布尔迪厄指出,话语"并非单纯的'能说',更意味着有权利说,即有权利通过语言来运用自己的权力"①。有学者指出,话语权即"每个人都拥有说话的权利"②。有学者从两个维度来理解话语权:"一是指'言说、交流、辩论'等语言上的权利,即'言语权利',二是指一种表达公民利益、思想与需求的'行为权利',如投票、选举、参与等都是一种话语权。"③哈贝马斯从理想交往行为理论角度,提出了交往资质或能力和理想的交往情境是理想的交往行为必须遵守的条件和规则,为公民话语的有效表达提供了语言上的规范性,对公民话语权的实现具有启示意义。美国著名学者登哈特(Denhardt)在提出新公共服务理论时指出,新公共服务将公民视为有资格和权利表达自身话语的主体,公民会积极参与政府治理,而政策制定者也应积极尊重、引导和保障公民在政府治理中的这种话语权。④ 福克斯和米勒从公共能量场角度研究了话语权,他们认为在公共能量场中,话语的进入是面向所有人免费开放的,一旦向外关闭,就成了权势者之间争权夺利的场所。

其次,话语权是一项重要的权力。从话语中发现权力,或将话语当作权力来理解,无疑以福柯的"话语即权力"这一命题的影响最为深刻。他最早提出"话语权"的概念,阐述了话语与权力的密切关系,

---

① 杨善华:《当代西方社会学理论》,北京大学出版社 1999 年版,第 76 页。

② 周春霞:《论农村弱势群体的媒介话语权》,《安徽大学学报(哲学社会科学版)》2005 年第 3 期,第 150-153 页。

③ 李水金:《中国公民话语权研究》,吉林人民出版社 2009 年版,第 29 页。

④ [美]珍妮特·V.登哈特、罗伯特·B.登哈特:《新公共服务:服务,而不是掌舵》,丁煌,译.中国人民大学出版社 2004 年版。

从而赋予话语以政治学的含义。认为话语即权力，人通过话语赋予自己以权力。话语既是解释和理解世界的一种手段和方法，又是掌握和控制世界的一种工具和武器。"不同话语之间存在着斗争，话语体现着权力关系，权力调控着话语音量。话语权力不仅是一种现实力量，而且是一种社会现实的创造力量。"①

还有些学者认为话语权就是一种表达话语的"权力"，认为"在话语理论中，话语权被用来指称言说者的权力，话语权的获得与失去，直接关系到言说是否可以继续，所说是否为真，交往的对象是否处在平等的地位上"②。

很显然，不论是将话语权单纯理解为话语表达权利，还是话语表达权力，都是失之偏颇的。社会是一个资源角逐的竞技场，话语资源亦不例外，结合"权"的内涵来看，话语权本质上是一个话语资源如何被享有和被分配的问题。从应然意义上讲，社会中的每个人都是平等的，因此享有平等的话语权利，但从实然关系来看，因阶级的存在，不公正现象就堂而皇之地进入了话语分配领域，形成了话语资源享有和分配不均衡的局面。英国安东尼·吉登斯从民主政治的角度出发，认为话语权实质是公民表达自己真实意愿的一种权利和权力。他指出："在现代国家的场景中，至关重要的是，不同群体以话语方式形成表达其利益的政策或方案的能力，并在公共领域中开辟出宣扬这些政策或方案的空间。"③

因此，话语权不仅是话语主体所表达和运用话语或说话的机会、资格和权利，也是运用话语表达自己的意见，尤其是在与己有

---

① 李兰芬：《我国道德话语权的现状及其对策建议》，《哲学动态》2008 年第 9 期，第 87-91 页。

② 杨俊蕾：《文化全球化中的民族话语权》，《天津社会科学》2002 年第 3 期，第 102-107 页。

③ ［英］安东尼·吉登斯：《民族—国家与暴力》，胡宗泽等译，生活·读书·新知三联书店出版社 1998 年版，第 225 页。

关的事务上影响相关决策，维护自身权益的能力。话语权由话语权利和话语权力构成，话语权利是拥有和运用话语权的基础，而话语权力则是话语权行使和运用的保障。同时，我们也应看到，话语权通过话语或语言表达的方式实现，它不仅仅是一国语言在国内外的普及和推广，更为重要的是要看到话语或语言背后所彰显的观念、价值观、政治制度和意识形态等因素所产生的影响力和渗透力。

具体来说，话语权就是一种掌握、控制、支配和阐释"话语"的权利与权力，是对话语背后的是非判断、价值取向和意识形态进行引导和塑造的一种资格、能力、身份与地位。它一般不采用强制命令的方式，而是通过议题设置、叙述策略等多种手段，运用暗示、诱导、感染、说服等方式，通过支配和掌握舆论导向，使人们自愿地按照某种既定的方式去思想和行动。

由上述定义可以看出，话语权具有以下几个特点：第一，从静态层面上看，话语权首先是一种权利，而且是一种表达观点、陈述意见的权利；第二，从动态层面上看，话语权体现了话语者对政治、经济、文化和意识形态掌控权的追求过程；第三，从过程与结果看，话语权的取得和维系，不取决于话语层面，因为话语是现实的反映，折射的是经济、政治与社会现实。话语权的获取或丧失，取决于人心向背，而人心之向背，则取决于各种现实因素的综合，取决于现实的利益格局和力量格局。话语权的强弱大小，不仅跟话语者本身的政治经济地位密切相关，而且跟话语体系本身的现实解释力与理论影响力密切相关。

第二节　国内商会研究的理论

在国内,商会研究的理论主要包括现代化理论、市民社会理论和产权与秩序理论,尤其中国现代化研究及其理论方法在国内兴起,对新时期商会史研究的突破产生了重要影响。[①]

一、现代化理论

现代化理论是现代化研究成果的集成。现代化研究历时 50 余年,形成了庞大的现代化理论体系,总体来说,包括经典现代化理论、后现代化理论和第二次现代化理论等三大体系。现代化涉及人类生活的各个方面,包括政治现代化、经济现代化、社会现代化、文化现代化、人的现代化和比较现代化等各个分支。

20 世纪 80 年代后期,现代化理论在国内史学界逐渐受到重视。中国早期现代化研究的开拓与兴起,主要得益于罗荣渠和章开沅的大力倡导与身体力行的开创性研究。罗荣渠运用马克思主义现代化理论,论证了马克思的历史发展观是多线的而不是单线的,进而提出

---

① 关于近代商会史研究的理论,可见:冯筱才:《中国商会史研究之回顾与反思》,《历史研究》2001 年第 5 期;马敏:《商会史研究与新史学的范式转换》,《华中师范大学学报(人文社会科学版)》2003 年第 5 期;冯筱才:《最近商会史研究之刍见》,《华中师范大学学报(人文社会科学版)》2006 年第 5 期;马敏、付海晏:《近 20 年来的中国商会史研究(1990—2009)》,《近代史研究》2010 年第 2 期;张志东:《中国学者关于近代中国市民社会问题的研究:现状与思考》,《近代史研究》1998 年第 2 期;闵杰:《近代中国市民社会研究 10 年回顾》,《史林》2005 年第 1 期;朱英:《近代中国的"社会与国家":研究回顾与思考》,《江苏社会科学》2006 年第 4 期。

了具有重要启迪意义的"一元多线历史发展观"。"人们通常都以为现代化是由西方资产阶级提出的理论,其实,早在一百多年以前,马克思在《资本论》第一卷第一版序言中就表述了这一思想。"并且西方学者也"承认他们关于工业革命和现代化的概念中的一些基本思想借自马克思的思想"。① 罗荣渠进一步指出,"中国社会科学界有必要在发展中的历史唯物主义的客观指导下,归纳和总结马克思逝世一个世纪以来的丰富历史经验,建立起自己的一套研究现代发展问题的综合理论架构",亦即"建立现代化研究的中国学派"。② 章开沅的《比较中的审视:中国早期现代化研究》《离异与回归:传统文化与近代化关系试析》对中国早期现代化研究也提出了一系列独到见解。③ 虞和平认为商会同样也具有一切社会团体所具备的社会整合功能。商会在早期现代化过程中所发挥的功能作用主要有两个方面,"一是促进资产阶级本身的现代化——从分化到整合;二是促进经济与政治的现代化——资本主义工业化和民主化"。④

利用现代化理论进行商会史研究,使商会史开始逐渐摆脱依附辛亥革命史研究体系的从属地位,发展成为中国近代史研究中一个相对独立的重要研究领域,从而使商会史研究得到拓展和深化。现代化理论丰富了我们对中国历史发展规律与特点的认识。现代化理论强调社会各系统之间的互相联系、连贯的整体性与发展的协调性,对新商会史研究具有很大的启示与帮助。"它促使我们以系统、整体和发展的观点去看待商会组织,而不是孤立、割裂地看待它们。同过去单纯就商会谈商会不同,新的研究往往从商会的组织系统、商会与

---

① 罗荣渠:《现代化理论与历史研究》,《历史研究》1986 年第 3 期。
② 罗荣渠:《建立马克思主义的现代化理论的初步探索》,《中国社会科学》1988 年第 1 期。
③ 章开沅、罗福惠:《比较中的审视:中国早期现代化研究》,浙江人民出版社 1993 年版;章开沅:《利益与回归:传统文化与近代化关系试析》,湖南人民出版社 1988 年版。
④ 虞和平:《商会与中国早期现代化》,上海人民出版社 1993 年版,"前言"第 2 页。

社会的关系中去把握商会的性质与功能，除研究总会、分会和分所组成的商会本体组织系统外，也研究商会与商团、商学会、教育会、救火会、市民公社、农会等新式社团组织的相互关系，极大地拓宽了研究视野，丰富了研究的内容。"①《传统与近代的二重变奏——晚清苏州商会个案研究》一书用很大的篇幅较全面地论述了广义范畴的苏州商会组织系统，包括其本体系统——商务总会、商务分会、商务分所；从属系统——苏商体育会、市民公社；协作系统——商会与教育会、农会等其他新式社团。②《商会与中国早期现代化》一书的论述更为全面，章开沅认为："本书堪称通论性的商会研究专著，因为它不仅探讨了商会发展的全部历史过程，探讨了商会的内部关系，而且也探讨了商会的外部关系，探讨了商会的功能与作用。特别可贵的是，它不仅从社会结构与社会生活的各个层面来考察、剖析商会，而且把中国商会放在更为广阔的世界范围中来加以观照。"③这种新的研究视野，显然使商会史的研究内容更为丰富，也更为全面。

现代化理论加强了对商会与社会各方面关系的深入考察，包括民族化与现代化、传统与现代、东方与西方、政治与经济、商会与近代社会变迁等。《商会与中国早期现代化》主要探讨商会的产生、发展、组织结构，以及资产阶级从行业性整合到区域性整合再到全国性整合并走向世界的重要影响及其整个发展历程，论述商会与资本主义经济的发展、商会与资产阶级的政治参与、商会与资产阶级独立民族运动等相关内容。不难发现，在现代化分析框架之下的商会史研究，涉及东方与西方的复杂关系；类似近代中国这样的半殖民地半封建

① 马敏：《商会史研究与新史学的范式转换》，《华中师范大学学报》2003年第5期。

② 马敏、朱英：《传统与近代的二重变奏——晚清苏州商会个案研究》，巴蜀书社1993年版。

③ 章开沅：《序》，见虞和平：《商会与中国早期现代化》，上海人民出版社1993年版，第2页。

国家的早期现代化，又涉及新式商会与原有行会之间的关系，即传统与现代的关系，使我们对中国早期现代化进程中传统与现代既二元对立又融合互补的关系获得了新的认识。

但是，现代化理论的分析框架无法穷尽整个商会史研究的方方面面，而且这一分析框架自身也存在某些局限。例如在论证商会的现代性时，常常会不自觉地以西方的商会作为某种"理想型"模式，忽略了诞生于中国本土情境下的中国商会的某些特点，正如马敏所指出的，"现代化范式实际是一把双刃剑，它既带给我们锐利的理论分析的锋芒，但同时又带来若干理想化、简约化或结论先行的偏见，关键在于如何去运用这种利弊皆明的理论模式"①。在此情况下，商会史研究要想在原有基础上进一步拓展与深化，除了更为全面准确地运用现代化理论与方法，避免出现偏差，还需要在视野、理论和方法上做出新的探索。

二、市民社会理论

市民社会，在古代西方是指市民的共同体——国家，是指政治社会。中国古代和欧洲中世纪，不存在建立在商品经济基础上的市民社会。欧洲中世纪末期，出现了从事商品经济的市民阶层，即第三等级。从 19 世纪开始，"市民社会"被用来专指从欧洲中世纪封建社会的种种政治性支配下获得解放的近代市民阶层之间的关系，被认为是一个"脱国家脱政治的领域"，市民是平等自由的、具有独立人格的财产所有者。黑格尔将市民社会看作私人利益的体系，认为个人是市民活动的基础，他十分重视在生产和交往中发展起来的社会组织

---

① 马敏：《商会史研究与新史学的范式转换》，《华中师范大学学报》2003 年第 5 期。

的作用,认为市民社会依附于国家。马克思批判地继承了黑格尔的思想,把市民社会看作市场经济中人与人的物质交往关系和由这种交往关系所构成的社会生活领域。马克思和恩格斯不仅阐明了市民社会的发展规律,揭示了市民社会与政治国家的关系,而且通过研究市民社会与政治社会(政治国家)的相互关系,建立了历史唯物主义的理论体系,对后来的哈贝马斯等西方左翼思想家的市民社会理论产生了一定影响。[①]

市民社会理论认为商会和协会作为社会领域重要构成部分之一的经济领域中的社团组织,其会员自愿入退会原则与行业自律功能,是社会民主自由的体现。商会和协会是在社会一定范围、一定程度内进行自治的组织,是国家由传统集权型社会向市民社会转型的一大进步。20世纪90年代,公共领域和市民社会成为国内学术界的热门话题。市民社会的理论与方法源于西方,德国学者哈贝马斯将其运用于分析欧洲近代社会的转型与变迁而引起关注,随后不断发展成为一种有影响的理论分析框架。

运用市民社会理论研究近代商会与中国市民社会,是商会研究的一大突破。马敏认为,清末商会组织已经把自己的影响力渗透到城市社会生活的各个领域,其具体方式是以商会为核心,众多民间社会组织纵横交错,形成一个官府以外的在野城市权力网络,控制了相当一部分市政建设权、司法审理权、公益事业管理权、社会治安权以及工商、文教、卫生等多方面的管理权,在很大程度上左右着城市经济和社会生活。马敏认为:"20世纪初晚清城市公共领域在很大程度上已不同于先前传统的公共领域,其间已隐含着某种体制意义的变化,在许多方面它是可以和哈伯玛斯所揭示的欧洲资产阶级初现

[①] 俞可平:《马克思的市民社会理论及其历史地位》,《中国社会科学》1993年第4期。

时期的'公共领域'相提并论的。"①

朱英的《转型时期的社会与国家——以近代中国商会为主体的历史透视》,也是运用市民社会理论与方法探讨近代中国商会的一部学术著作,主要阐明在清末民初,近代中国的"社会"与"国家"均出现了前所未有的发展变化,而且相互之间一度建立了某种新型互动关系,对近代中国从传统社会向近代社会的演变产生了不容忽视的深刻影响。朱英认为,商会的诞生和发展证实了清末民初的中国不仅出现了市民社会的雏形,商会不仅在组织结构等体制性方面完全不同于传统的公共领域,而且从商会活动方面看,它作为商办民间社团,在中国从传统走向近代的转型时期发挥了国家不可替代的作用。② 接着朱英考察了民初商会抗争《商会法》的历史过程,认为商会作为市民社会的雏形在民国初年获得了明显的拓展。全国商联会得以在民国初年成立,且出现了为数众多的民间实业团体,使市民社会的雏形在民国初年获得了进一步发展。③

王笛运用公共领域的概念对商会及其他公共组织进行了考察,认为 20 世纪初,成都公共领域的扩张与国家同地方士绅的合作紧密联系在一起。④ 马敏认为,晚清时期悄然形成了一种潜在的地方性"自治政府",它不仅填补了封建官府所留下的权力空间,并且还在不懈地开拓更大的空间。而这正是晚清民间社会自组织运动的根本趋势和实质,新兴资产阶级绅商阶层占据了社会经济和政治中心地位,成为市民社会的直接缔造者和操纵者。因此,早期的中国式"市民社

① 马敏:《官商之间:社会剧变中的近代绅商》,天津人民出版社 1995 年版。
② 朱英:《转型时期的社会与国家——以近代中国商会为主体的历史透视》,华中师范大学出版社 1997 年版。
③ 朱英:《张謇与民初的〈商会法〉之争》,《近代史研究》1998 年第 1 期。
④ 王笛:《晚清长江上游地区公共领域的发展》,《历史研究》1996 年第 1 期。

会"实质上是一个"绅商社会"。①

张志东的研究则提出了一个反证。他通过对天津商民协会个案的研究，认为天津商民协会在国家与社会、政府与民间之间发挥了更好的桥梁作用。他指出，商民协会是具有工商业社团和国民党外围党务助理机构双重性质的组织，集中反映了国民党欲在训政时期建立高度组织化、理想化的国家社团主义社会，从事民族国家建设的追求。改组后的商会无法替代商民协会的作用，城市居民失去了有效的利益表达和政治参与的渠道，因而限制了国民党政权的社会基础。②

但是，将市民社会理论与方法运用于商会史研究同样也存在某些缺陷。市民社会理论来源于西方，而且迄至当代西方的市民社会理论本身已极为庞杂，这种用来研究西方社会的复杂理论体系是否适用于分析近代中国，这一尝试是否存在比较明显的功利性与目的论，学者对此也有截然不同的看法。尽管我们非常谨慎地避免简单地套用市民社会理论，力图防止削足适履的弊端，一再阐明以清末民初中国商会与其他商办社会团体为代表而产生的市民社会雏形具有自身突出的特点，但即使如此，也仍然很难完全令人信服地阐述清楚市民社会理论的适用限度问题。关于公共领域和市民社会这两个概念，在我们的研究中也没有对其差异及其联系进行准确细致的阐述，容易混为一谈。

有学者指出："运用公共领域和市民社会的理论框架刘中国近代史作实证研究和探讨，主要在商会史研究的丰富史料和大量成果的基础上，以本身在这方面的深厚功底论证具有中国历史特色的近代

---

① 马敏：《过渡形态——中国早期资产阶级构成之谜》，中国社会科学出版社1994年版。

② 唐力行等：《国家、地方、民众的互动与社会变迁国际学术研讨会综述》，《历史研究》2003年第1期。

中国'公共领域'或'市民社会',循此途径从事研究的学者可称之为'商会派'或'实证派',以马敏、朱英等人为代表。"①还有学者说明运用市民社会理论使商会和近代中国市民社会两个重要问题都取得了重要成果,"朱英、马敏在上述著作及相关论文中,通过对商会的具体考察,论证了中国近代市民社会的存在及其特点。他们的研究,超越了考察商会的性质和作用的一般套路,使人们从这个熟悉了多年的社会团体中,发现其内蕴着多种与欧洲资本主义曙光初现时相仿佛的社会因素。他们的研究得到学术界的认同,不仅是历史学界,一些当代中国社会学的学者,当他们从历史上寻找曾经存在的市民社会时,多举近代商会为例"②。

市民社会理论与方法为商会史研究提供了一个新的研究视角,形成了新的问题意识,从而推动商会史研究朝着更深更广的方向拓展深化。将市民社会理论与方法运用于商会史研究,也是为了通过对商会进行新的实证考察与分析,来回应西方学者关于中国近代市民社会研究提出的问题与争议,同时也以此将商会史研究的学术价值及其意义在原有基础上再提升一个层次。"中国学者可以凭直觉认识到,市民社会是近代社会的产物,主要应该体现在近代社团中;以明清时期行会组织和慈善机构一类公共团体的扩张,来论证存在一个蕴含近代变革意义的市民社会是不能令人信服的,但他们一时拿不出确凿的论据。朱英、马敏的商会研究做到了这一点。"③

另外,仅以商会或是与商会关系密切的商人社团组织作为研究对象,考察近代中国是否存在市民社会的问题,显然也是远远不够

---

① 张志东:《中国学者关于近代中国市民社会问题的研究:现状与思考》,《近代史研究》1998年第2期。

② 闵杰:《近代中国市民社会研究10年回顾》,《史林》2005年第1期。

③ 闵杰:《近代中国市民社会研究10年回顾》,《史林》2005年第1期。

的。闵杰提出对近代中国市民社会"这个历史实体的研究,至少应该包括三方面的内容:社会阶层、社会团体、社会运动。三者是一个紧密联系的整体"①。但实际情况却只是对以商会为代表的商人社会团体的研究比较充分,对其他众多社会团体则研究较少;对社会阶层的探讨也局限于绅商,对其他阶层缺乏研究;从社会运动角度则更少有考察分析,这显然很不全面。还有学者指出,近代中国的商会虽然是最具代表性的市民社会组织,"商会派"学者"在研究中首先抓住这个最佳的切入点,提出了一些富有创意的新见解,其贡献是不容抹杀的。但近代中国市民社会毕竟是一个庞大而复杂的社会体系,商会只是其中的一环,如果过分耽溺于商会与市民社会的学术课题,便很容易导致片面的学术成果,甚至给人以'商会就是市民社会'的错觉,把近代中国的商会等同于、混同于市民社会。因此,不能因为对商会的研究而忽视对市民社会其他环节的研究,要避免近代中国市民社会研究中可能出现的'商会中心主义'倾向"②。

三、产权与秩序理论

产权理论是新制度经济学的一个分支,主要致力于产权、激励与经济行为关系的研究,探讨不同的产权结构对报酬制度及资源配置的影响,强调产权在经济交易中的作用。产权或财产权是一个历史的概念。早期的产权概念着重于它的哲学和伦理学方面的含义,如休谟和穆勒从功利主义出发提出产权存在的理由,康德和黑格尔则把产权当作人类自由的表现形式。马克思把财产所有权看作人类受控于物和产生"异化"的原因。现代产权分析者着重于产权经济学方

---

① 闵杰:《近代中国市民社会研究 10 年回顾》,《史林》2005 年第 1 期。
② 张志东:《中国学者关于近代中国市民社会问题的研究:现状与思考》,《近代史研究》1998 年第 2 期。

面的含义,即把产权看作一切有助于确定每个人占有、使用、收益和转让财产的权利的法律、规章、惯例和条例。

冯筱才认为,商业的发达有赖于政治的稳定与私有财产制度的完善。贸易则意味着法定或既定的度量衡及价值标准的运用。商业的发展无疑需要一个稳定的秩序及保障私有财产权的政经制度环境,这正是决定商人政治取向的根本。对此,冯筱才提出了一个"产权与秩序"的解释框架,用来讨论近世中国的商人与政治关系。① 他认为,在一个社会中,私有产权愈不能得到保障,则社会稳定性愈差。就民国初年中国历史的实际来看,影响社会稳定性即产权变动的政治因素主要有:革命、战争与民族主义运动等。每当这些事件发生时,社会便可能出现动荡,产生秩序危机,商人感受到私有财产受到威胁。为应对变局,他们会设法挽救,因此,私有产权出现危机之际,往往就是商人"政治参与"较热烈之时。在市场经济的运作与社会系统的维持中,"自生自发秩序"的作用尤其重大。

以前的学者在研究商人与政治时,较少触及"政治"对一般商人生活、事业的冲击及他们的反应,而是从一定的"政治意识形态"出发去假设他们应该如何行动,并根据这种假设来判断商人行为的对错。中国近世社会变迁实际上是由政治变迁与技术变迁、文化变迁等引发的。政治秩序的崩溃,使传统无所依附。而观念与技术的引进则增加了商业社会秩序的不稳定。传统的商业伦理与规则似乎已不能完全奏效。一方面,政治失调引起混乱,革命者与一些知识精英给商人带来了许多的危机,"泛政治化"或者"政治道德化"使商人已很难理直气壮地把"赚钱谋利"作为公开宣示的目标,而须借助所谓"商战"或者其他口号。另一方面,新派人物在"现代化"的旗帜下,不断

---

① 冯筱才:《在商言商:政治变局中的江浙商人》,上海社会科学院出版社 2004年版。

攻击保守的商人。战争的来临迫使商人不得不做出应急反应。交易成本因为革命者的政治运动增加了不少，商人却没有办法阻止。财产权利受侵害事件一再发生，商人为了保护自己的财产不得不做出种种选择。

冯筱才提出的"产权与秩序"的解释框架，实际上与新经济史学的理论模式有耦合之处。新经济史学提倡从制度入手，关注产权在经济增长中的重要性。可以发现，从制度上来看，民国初年的私有财产制度在社会的上层与下层基本上被承认，商业经营秩序基本上能保持稳定。投资虽然有风险，但是利润亦甚可观。这种制度的维系和产权的保障与民国初年经济增长的关系相当密切。但是在民国16—17年间，私有财产也遭受到各种政治力前所未有的冲击。这些冲击虽然在当时未能根本摧毁既有的社会秩序与产权制度，但对商人的行为与心理影响至深，亦为此后的巨大社会变革作了充分的预演。

商人与政治间关系的演变是近世中国政治演化的一个重要侧面。正如托马斯·G.威廉姆斯（Thomas G. Williams）所称："商业史不是历史长河中一个独立存在的方面，它与社会政治的发展紧密相关，并为其作注解。"在商人眼里，革命、战争与民族主义运动最重要的一面可能便是对他们私有财产的冲击。他们为应对这种"产权危机"，便会做出种种努力。商人的行动自然以"私利"为根本，但是他们的挽救行动也可能会促使一种"责任群体"的实现。商人的应变行动可能会表现出一种"政治参与"的假象，但实际上近世中国商人仍然没有多少政治意识，他们对政治的关心是建立在产权是否受到波动的基础上。一旦有低成本的维持秩序或者保护产权的途径，他们便会放弃自己的"政治参与"。对政府而言，能否给予商人私有财产权的承认与保护，是决定其与商人关系的关键。商人追求利润的行为没有一个稳定的"合理性"理由，只能依附于"保护民族经济"的口号之下。商人的财产权问题不但没有得到解决,而且经常受到各种政治力的冲击。于是财产权利的动摇与维护构成了近世中国商人与政治关系的核心。[①]

此外,宋美云利用"交易成本"理论,阐释了天津商会在近代中国市场经济中的"中介"组织职能和作用,同时还探讨了商会作为民间经济组织在市场经济中不可替代的作用。[②] 应莉雅运用新制度经济学的交易成本方法对天津商会加以研究后指出,天津商会在其发展过程中构筑了一个复杂的内部和外部组织网络,形成有效的运行机制,这一网络化组织具有降低区域市场交易成本的经济功能。[③]

第三节　西方商会研究的理论

一、交易成本理论

亚里士多德在其《政治学》中最早使用了"交易"这一概念。在亚里士多德论述的基础上,康芒斯(Commons)进一步拓展了"交易"这一概念,并对此进行了更为明确的分类和界定。康芒斯把"交易"作为制度经济学的最小分析单位,并将其与生产区分开来,界定为人与人之间权利的交换关系。[④] 科斯(Coase)在"交易"的基础上,创立了

---

① 冯筱才:《1911～1927 年的中国商人与政治:文献批评与理论构建》,《浙江社会科学》2001 年第 6 期。

② 宋美云:《近代天津商会》,天津社会科学院出版社 2002 年版。

③ 应莉雅:《天津商会组织网络研究(1903—1928)》,厦门大学出版社 2006 年版。

④ [美]康芒斯:《制度经济学》(上册),于树生译,商务印书馆 1998 年版,第 1 页。

"交易成本"这一概念并进行了较为详尽的分析,从而确立了交易成本理论的完整理论体系。他于 1937 年在《经济学》杂志上发表了《企业的性质》一文,标志着"交易成本"概念的创立和交易成本理论的初步形成。科斯认为,市场交易成本以及市场交易权利的界定对经济运行的效率有着非常重要的影响,并对市场交易成本的内容做了进一步的界定和细化。[1]

商会制度产生与演进的根本原因在于,商会制度的存在能够降低厂商由有限理性和不确定性带来的额外的交易成本。因此,从交易成本理论的视角,对商会制度的产生与演进进行理论研究是十分必要的。

国外学者认为不同市场治理机制通过约束交易者行为,使之进行诚实交易便可以实现交易中的合作均衡。根据治理机制约束交易者行为的具体方式可分为交易者自我治理、交易双方的治理以及第三方介入的治理三种形式。在交易范围不断扩展的过程中,个人信任、道德准则、社会规范、惠顾关系、俱乐部规范等交易者自我治理机制和交易双方的治理机制在不同的交易范围内是有效的。但随着交易范围的进一步扩展,而潜在的交易者又无法事先识别潜在的交易伙伴时,具有非人格化交易特征的第三方治理机制的出现就成为一种必然。无疑,商会就是一种典型的第三方治理机制。作为第三方治理机制,商会可以有效地监督潜在交易者的不诚实行为,并记录和传递交易者不诚实的信息,从而使类似的交易走出"囚徒困境"而实现合作均衡;同时,商会的出现也可以解决交易者之间的争端,尽管商会的裁决在很多情况下并不具有强制执行力。

奥尔森(Olson)认为商会作为一种分利集团会阻碍经济的增长。作为一种商业利益组织,商会一般不需要任何外援就能自动组织起

---

① [美]罗纳德·科斯:《企业的性质》,见盛洪:《现代制度经济学》(上卷),北京大学出版社 2003 年版,第 104 页。

来并采取强化其共同利益的行动。他指出,尽管行业协会具有发布行业统计数字、提供客户信用资料、帮助讨债、提供技术研究和技术咨询服务等功能,但这些职能只是用来激励会员的。更多情况下,这些分利集团会利用各种手段进行游说以获得更多的收益。这些活动无疑降低了生产经营活动的报酬,提高了利用法律、政治与官僚主义进行讨价还价活动的报酬,提高了社会交易成本,降低了社会经济效益。①

　　一些学者从治理交易的角度对商会的生成机理进行了分析。格雷夫(Greif)、米尔格拉姆(Milgrom)、韦恩加斯特(Weingast)通过对11世纪地中海区域远程贸易中商人与交易中心统治者之间的博弈分析,解释了中世纪的马格里布商人联盟是一种解决交易中心长官违约问题和促进海外商业扩张的制度。追求自身利益最大化的交易中心可能会做出违约或损害商人利益的行为,商会出于维护自身利益的考虑而成立商人联盟,商人联盟成为商人集体行动的组织者,大大增强了商人与交易中心的谈判能力。商会因其具有信息搜集、传递的功能和在成员间协调和组织集体行动的能力,而成为中世纪晚期促使贸易达到更高效率水平的重要因素之一。② 中世纪地中海地区商人联盟的情况表明,行会组织是随着交易的扩展,商人治理交易而生成的,目的是维护商人自身的利益。青木昌彦(Aoki Masahiko)也指出,如果同一产品市场上的企业单独行事,那么它们和其他利益集团的谈判能力将非常弱小,它们倾向于组织并依赖一个产业协会代表本产业的公共利益。③

---

① 王玉珍:《商会的生成机制及有效性理论综述》,《南开经济研究》2005 年第 5 期。

② Greif A,"Contract Enforceability and Economic Institutions in Early Trade: The Maghribi Traders' Coalition",*The American Economic Review*,1993,3,pp. 525-548;Greif A,Milgrom P,Weingast B R,"Coordination,Commitment,and Enforcement: The Case of the Merchant Guild",*Journal of Political Economy*,1994,102,pp. 745-765.

③ [日]青木昌彦:《比较制度分析》,周黎安译,上海远东出版社 2001 年版,第112 页。

另一些学者从节约交易费用的角度对商会的生成机理进行了分析。交易费用经济学强调制度设置对减少交易费用的作用,认为采取不同的治理机制,主要都是为了节约交易费用。因此,交易参与人利用商会对交易进行治理的主要目的在于节约交易费用,换言之,商会是企业节约交易费用的有利可图的选择。[1] 麦克米伦(McMillan)和伍德拉夫(Woodruff)指出,为了节约各种因违约而产生的交易费用,往往需要借助于一种正式的第三方组织,而由市场交易人自愿组成的商会正是这种具有独立的第三方特征的正式组织。显然,具有提供信息和协调功能的商会的产生源自降低违约所带来交易费用的需求。[2] 雷卡纳蒂尼(Recanatini)和路特曼(Ryterman)也认为商会的产生是为了节约交易成本。在转型期,企业搜寻潜在交易者、交易谈判和监督合约实施所构成的交易费用会大幅上升,而加入具有信息交换比较优势的商会成为降低交易费用的重要途径,节约交易费用的需求,成为企业组建商会的内在动力。[3]

一些学者也从治理的角度对商会进行了分析,认为商会是一种市场治理机制。威廉姆森认为,为了保护交易参与人免遭各种交易风险的侵害,即使是最简单的交易活动都会有对应的交易治理机制存在并发挥作用。他进一步指出,简单的治理结构用来调整简单的交易,而复杂的治理结构用来对付复杂的交易,用复杂的结构治理简单的交易会导致不必要的成本,用简单的结构治理复杂的交易则会难堪重负。[4]

---

① Charny D,"Nonlegal Sanctions in Commercial Relationships", *Harvard Law Review*,1990,104,pp. 373-467.

② McMillan J,Woodruff C,"Private Order Under Dysfunctional Public Order", Stanford Law School,Working Paper No. 189,2000.

③ Recanatini F, Ryterman R,"Disorganization or Self-Organization",2000,http://papers. ssrn. com/so13/papers. cfm? Abstract-id=219268.

④ Williamson O,"Transaction Cost Economics: The Governance of Contractual Relations", *Journal of Law and Economics*,1979,22,pp. 233-261.

青木昌彦运用"比较制度"分析方法,以域为分析的基本单位,具体讨论了交易的治理问题。他指出,商会是一种典型的俱乐部规范,因而可以把商会视为一种重要的市场治理机制。给定在某一域中众多可能有效的治理机制,某些特定的治理机制会脱颖而出,占据主导地位而成为核心治理机制,当交易范围扩展到一定程度的时候,俱乐部规范比商人信誉和社会规范等更有效,此时商会所代表的俱乐部规范将成为核心的交易治理机制。在保证交易中合作均衡实现的市场治理机制中,商会并不是一种必然选择;它与其他市场治理机制之间只是一种互补关系,只是在一定交易域内占据了主导地位。[①]

二、非营利社团理论

非营利社团理论把商会视为非营利性的社团组织,认为商会的存在在于政府提供的公共产品太少,大多数公共产品,如教育卫生、慈善救济、市场管理服务,往往需要社区或者民间团体自己来生产、提供,西方商会在管理服务市场方面发挥着独特作用。商会的非营利社团理论从信息经济学的角度提供了商会作为市场治理机制的一种解释。一些学者将行业协会的性质界定为与各种环保组织、慈善组织等类似的非营利组织。

首先,商会具有经济治理的功能。工商协会在经济治理活动中发挥着建立一种让行为人达成协议和制定交易条款的程序、建立市场行为规范、监督和实施规则、减少冲突、提高成员的选择能力、配置功能、协助政府管制经济和实施援助计划等多方面的重要治理功能。[②]

---

① [日]青木昌彦:《比较制度分析》,周黎安译,上海远东出版社2001年版,第87-89页。

② Schneiberg M,Hollings J R,"Can Transaction Cost Economics Explain Trade Associations?",in Aoki M,Gustafsson B,Williamson O,*The Firm as a Nexus of Treaties*,London:Sage Publications,1990,pp.320-346.

福斯特（Foster）通过研究烟台行业协会，认为中国行业协会不能简单视为政府—社会的对话参与者，而是政府行政管理体系中的新要素，是经济治理主体的一部分。① 纳尔逊（Nelson）从不同角度分析了行业协会对日本经济的影响，指出在 20 世纪 80、90 年代日本管制放松、经济衰退和官僚机构权威丧失的环境下，行业协会对交易规则的执行和对市场控制所进行的自我管制和自我治理是许多行业得以正常发展的关键。当然，商会对经济的治理也可能会产生负面的影响。② 奥尔森明确指出，商会、行会等这样一些利益集团的分利活动必定会限制竞争、阻碍技术进步、扩大社会分歧、提高社会交易成本、损害社会效率、减缓经济增长。③

其次，商会是应对市场失灵和政府失灵的一种制度安排。面对市场失灵，在科斯的基础上，威廉姆森虽然提出了介于市场和企业之间的混合组织这类治理机制，但并没有就属于混合组织的商会展开研究。④ 布坎南（Buchanan）的研究更明确一些，他从不完善的市场结构出发，认为需要建立俱乐部组织来连接市场、企业和政府，以综合解决市场失灵和政府失灵问题。而商会正是这里所说的俱乐部组织的重要类型。⑤ 韦斯布罗德（Weisbrod）则直接指出商会因其非营利性可部分克服市场失灵和政府失灵。施奈贝格（Schneiberg）以美国火灾保险行业协会为例，认为行业协会是市场失灵时行业的自发

---

① Foster K W,"Embedded within State Agencies:Business Associations in Yantai",*The China Journal*,2002,47,pp.41-65.

② Schaede U,*Cooperative Capitalism:Self Regulation,Trade Associations and the Anti-Monopoly Law in Japan*,Oxford University Press,2000；Nelson P A,"The Effect of Innovation and Technological Change on Information Flows,Authority and Industry Associations in Japan",Working Paper,2004.

③ ［美］奥尔森：《国家兴衰探源——经济增长、滞胀与社会僵化》，吕应中等译，商务印书馆 1999 年版，第 89 页。

④ Williamson O,*The Mechanisms of Governance*,Oxford University Press,Inc.,1996.

⑤ Buchanan J M,"An Economic Theory of Clubs ",*Economica*,1965,32:1-14.

选择。多纳(Doner)和施奈德(Schneider)从促进资本主义经济创建和巩固的角度,将行业协会弥补政府失灵的职能称为市场支持性活动,将行业协会弥补市场失灵的职能称为市场补充性活动。协会的存在实际上反映了在"市场失灵"和"政府失灵"双重失效下,企业为寻求降低交易费用而形成的一种制度安排。有学者强调正式组织发挥了克服"搭便车"问题、促进合作、形成集体行动从而提供公共物品的作用,因而,像商会这样的非政府组织在形成集体行动、提供公共物品方面有重要作用。[①]

再次,商会对于产业集群的发展具有重要的影响。一些学者在对产业集群进行研究时,往往同时对其中的行业协会扮演的角色或作用进行探讨,有把企业聚集到一起的天然功能,也能提供服务,促进网络的形成或促进已有的网络发展。昂格尔(Unger)认为,行业协会一类的组织是法团主义制度安排,即在一个区域内,政府只承认一个组织为某行业利益的代表,辖区政府与该行业的沟通是通过该组织而非其他组织进行的。[②]

商会能否有效运行,取决于它所具备的制度能力,包括诱导会员提供资源,以及令会员遵守商会旨在实现集体目标而制定的规则和决策的能力。行业协会扮演的学习中心角色为吸引会员从而有效运转提供了基础。但也有研究表明,那些真正有效率的商会在财务上并不过分依赖会员的会费。[③] 青木昌彦指出,随着交易范围的进一步

---

① Doher R F,Schneider B R. "Business Association and Economic Development: Why Some Assoication Contribute more that others", *Business and Politice*, 2000a, 2, pp. 261-288.

② Unger J,"'Bridges':Private Business,the Chinese Government and the Rise of New Association", *The China Quarterly*,1996,147,pp. 795-819.

③ Bennett R J,"Business Associations and Their Potential to Contribute to Economic Development:Re-exploring an Interface Between the State and Market",*Environment and Planning*,1998,30,pp. 1367-1387.

扩展，在潜在的交易者无法事先识别潜在的交易伙伴时，就需要具有非人格化交易特征的第三方的治理机制来保证交易中"合作均衡"的实现。麦克米伦、伍德拉夫认为商会的功能主要有二：提供信息和协调行动。前者主要包括为会员提供潜在交易者相关信息的信息库功能、信誉评价中介功能和投诉甄别中介功能三个方面；后者主要包括对外进行协调、对内进行惩罚两个方面。只要商会能发挥这两种功能，就是有效的。但即使这两种功能的作用发挥不明显，商会仍有可能有效运转。[①] 莫伊（Moe）对美国明尼苏达州五个行业协会进行了研究，发现虽然很多企业是为了得到会员服务才加入行业协会的，但仍有一半左右的会员表示，只要仍然进行院外活动，即使中断会员服务它们也将继续保持会员资格。这表明会员仍将提供资源支持商会的运转。

商会的有效性还受会员退出成本的影响。如果存在许多相互竞争的商会，若违约企业被开除会籍后能很容易地加入另一家同类型的商会，而且其以前的违约记录不被察觉或者不被计较，那么，商会对企业的约束力就会降低，从而失去有效运转的基础。但是，这种现象出现的可能性因企业违约行为较易被发现而较低。由此而言，商会会员违约后想加入另一商会以分享类似的服务或产品是不容易的，即其退出成本是较高的。麦克劳德（MacLeod）指出了退出成本对于合作组织的重要性，证明了当会员退出合作组织的成本较高时，一个合作组织的效率可以通过会员之间的相互威胁策略来实现。因此，高退出成本是同属合作组织的商会有效运转的条件之一。[②]

① McMillan J，Woodruff C，"Private Order Under Dysfunctional Public Order"，Stanford Law School，Working Paper No. 189，2000.

② MacLeod W，"The Role of Exit Costs in the Theory of Cooperative Teams：A Theoretical Perspective"，*Journal of Comparative Economics*，1993，17，pp. 521-529.

三、制度变迁理论

制度变迁理论是新制度经济学的重要内容,其代表人物是诺斯(North),他强调,技术的革新固然为经济增长注入了活力,但人们如果没有制度创新和制度变迁的动力,并通过一系列制度(包括产权制度、法律制度等)构建把技术创新的成果巩固下来,那么人类社会长期经济增长和社会发展是不可想象的。

制度变迁是制度的替代、转换与交易过程。新制度经济学是在"需求—供给"框架下,对制度变迁进行研究的学科。从制度变迁的需求来说,在现有制度框架下,当由外部性、规模经济、风险和交易成本所引起的收入增长不能实现时,一种新制度可能应运而生,从而实现收入增长,也就是只要制度变迁的预期收入超过预期成本,制度就会发生变迁。在制度变迁理论中,制度环境和制度安排是两个不同的概念。制度环境是指"一系列用来建立生产、交换与分配基础的政治、社会和法律基础规则。……制度环境是一国基本的制度规定。它决定、影响其他的制度安排。在制度环境中,宪法和法律结构又是至关重要的"[①]。制度安排有正式制度安排和非正式制度安排之分,是最接近制度通常使用含义的概念,它规定着各个经济主体之间合作与竞争的方式。在一般情况下,制度环境决定着制度安排的性质、范围以及演进的路径和发展趋势。一个经济的制度安排,可以是外生给定的,也可以是内生给定的。商会的制度安排所面临的制度环境包括两个层次:第一,市场经济制度。市场经济制度是商会产生和发展的土壤,没有市场经济制度,就不会有真正意义上的商会。第二,国家的宪法及其法律结构。在不同的国家,即使采用的都是市场

---

① 卢现祥:《西方新制度经济学》,中国发展出版社1996年版,第92页。

经济制度，由于采用的法律结构不同，商会的性质、作用范围、演进路径和发展趋势也不尽相同。目前，西方商会存在着德法模式、英美模式、日韩模式三种商会形式。其中，德法模式的商会是基于公法建立的，英美模式的商会是基于私法建立的，日韩模式的商会是基于特别法建立的。基于商会在市场经济体系中的位置，商会的制度安排可以分为两个层次：一是政府与商会之间的制度安排。这一制度安排可以看作政府与商会之间的一种契约，一般是按照不同国家的法律结构来确定的。因为，国家的法律结构可以确定商会组织的法律地位，并赋予其相应的权利。在大陆法系国家，政府与商会之间的契约一般是以公法的形式确定下来的，即商会的职能由法律直接规定，并且商会具有政府准管理机构的性质，但这种制度安排有可能限制商会的独立性。在英美法系国家，虽然商会也部分执行政府的职能，但是，政府与商会之间的关系并没有以法律的形式明确确定下来，之所以出现这种情况，主要是由于基于私法建立的商会虽然具有较强的独立性，服务能力也比较强，但是能力较差。二是商会与企业之间的制度安排。商会与企业之间的制度安排也可以看作它们之间的一种契约关系，且这种契约关系是一种权力的让渡契约，即加入商会的企业把自己的部分私权力让渡出来形成所谓的"准公权力"（商会的规章制度）交由商会使用。商会可以利用"准公权力"来协调企业之间的、政府与企业之间的关系。虽然在不同的法律结构下，企业加入商会与否的权利有所区别（基于公法建立的商会，所有企业必须按照有关法律加入商会，不得退出商会；基于私法建立的商会，企业是自由加入的，并且有自由退出的权利），但是，企业一旦加入商会，就必须让渡部分自己的私权力，受到所谓"准公权力"的约束，这是商会最一般的性质。[1]

---

[1] 邹宏敏：《西方商会制度演进与发展》，郑州大学硕士论文，2014。

第二章
变局中的变局：北伐战争中的上海商界

　　1927 年是中国政局发生较大转折的一年。北伐军经过半年多的英勇战斗，很快席卷了中国长江以南的地区，革命力量摧枯拉朽，北洋军阀统治摇摇欲坠。1927 年也是上海商界的多事之秋。在时局变幻莫测之际，上海总商会发生了选举纠纷，江浙资本家集团内部也由于政局的影响发生了分化。为了适应政局变化与发展的需要，掌握商界话语权，以虞洽卿为首的江浙资本家在 1927 年 3 月 22 日组织了新的商业团体——上海商业联合会。

第一节　　1927 年前后的政治形势

一、北伐战争的不断推进及工人运动的蓬勃发展

　　鸦片战争以后，随着一系列不平等条约的签订，中国沦为半殖民地半封建社会。"内因军阀甘为虎作伥，外受帝国主义之联合压迫，人民无以维持其生活，国家已失去国际地位"。当时中国的主要矛盾是帝国主义和中华民族的矛盾、封建主义和人民大众的矛盾。中国人民肩负着反帝反封建的双重历史任务。[①] 中华民族面对两大历史

---

　　① 《广州誓师》，见罗家伦：《革命文献》第 12 辑，1978 年影印本，第 1 页。

任务，一是求得民族独立和人民解放；一是实现国家的繁荣富强和人民的共同富裕。

1924 年，国共两党实现了第一次合作，建立了革命统一战线，推动了革命运动。为了推翻军阀的统治，把革命推向全国，国共两党发起了北伐战争。1926 年，国民革命军赴湘援唐，揭开了北伐战争的序幕。1926 年 7 月，国民革命军正式出师北伐，蒋介石为北伐军总司令。北伐军共 10 万人，面对的敌人主要有三支：直系军阀吴佩孚，控制湖北、湖南、河南、直隶一带，拥有兵力 20 万人；直系军阀孙传芳，占据江苏、江西、浙江、安徽、福建五省，拥有兵力 20 万人；奉系军阀张作霖，驻兵东北三省，拥有兵力 35 万人。[1] 北伐军分三路进军，一路指向湖北、湖南，一路指向福建、浙江，一路指向江西。在广大工农群众的大力支持下，北伐军从广州出发，一路势如破竹，仅用了半年时间，就歼灭了吴佩孚在两湖地区的精锐，"吴佩孚之主力，至此已损失殆尽"[2]。北伐军还重创了孙传芳的主力，一路长驱直入湘鄂赣闽浙皖诸省，把革命势力由珠江流域扩展到了长江流域，"差不多占有全中国三分之二的地方"[3]。

北伐军的胜利进军离不开广大工农群众的支持，而北伐战争的胜利进军，又进一步把工农运动推向高潮。工农群众掀起反帝反军阀的斗争，呈现出前所未有的气势，工会农会组织迅速发展，革命的势力犹如熊熊烈火。这一时期，国共两党都对工农运动采取扶持政策，1926 年 10 月，以邓演达为主任的国民革命军总政治部决定将工作的重点放在农民运动方面。北伐军占领武汉以后，湖北的农民协

① 中国人民解放军军事学院：《南昌起义》，见中国人民政协会议全国委员会文史资料研究委员会：《文史资料选辑》第 56 辑，文史资料出版社 2000 年版；罗家伦：《革命文献》第 12 辑，1978 年影印本，第 3 页。

② 罗家伦：《革命文献》第 13 辑，1978 年影印本，"前言"第 1 页。

③ 《上海总工会告世界工人书》，见中华全国总工会中国职工运动史研究室：《中国工会历史文献》，工人出版社 1981 年版，第 376 页。

会会员由 1926 年的 7.2 万人增加到 28.7 万人,1927 年 3 月为 80 万人,5 月达 250 万人。① 1927 年,江西的农民协会会员由 6278 人增加到 82617 人。② 1926 年,全国的农民协会有 5353 个,会员 981442 人,到 1927 年,全国农民协会增至 21418 个,会员达 9153093 人。③ 惊天动地的农民革命动摇了帝国主义、封建主义在中国的统治基础。

在北伐战争的影响下,工人运动也蓬勃发展。1926 年,中华全国总工会发表《对国民政府出师宣言》,号召全国工人"努力参加国民革命,站在一切民众之前,一致援助国民革命军北伐"④。随着北伐战争的推进,工会组织迅速恢复与发展,革命工会如雨后春笋般不断涌现,全国的工会会员迅速增加。在湖南,从 1926 年 9 月到 1927 年 2 月,工会组织共有 533 个,支会有 166 个,发展会员 326368 人。在湖北,从 1926 年 9 月到 1927 年 1 月,革命工会的会员发展到 371000 人,到 5 月,全省计有:产业工会 59 个,分部 38 个,支部 1797 个;职业工会 65 个,分部 55 个,支部 593 个;各县市的工会有 62 个,会员总计 512727 人。武汉工会会员扩大至 30 万人,工会组织有 200 个。⑤ 北伐军到达浙江后,浙江的工会获得了大发展,到"四一二"反革命政变以前,仅杭州、宁波、绍兴、温州四地的工会组织就有 573 个,全省共有县市总工会 20 余个,会员 30 万人。⑥ 1927 年 1 月到 3 月,全国的工会会员由 120 万人发展到 200 万人。⑦ 工农运动的蓬勃

---

① 张国焘:《我的回忆》,东方出版社 2004 年版,第 553 页。
② 魏宏运:《中国现代史资料选编》,黑龙江人民出版社 1981 年版,第 445 页。
③ 中国社会科学院现代史研究室、中国革命博物馆党史研究室:《中国现代革命史资料丛刊》,人民出版社 1983 年版,第 65-66 页。
④ 中华全国总工会中国职工运动史研究室:《中国工会历史文献》,工人出版社 1981 年版,第 267、268 页。
⑤ 华岗:《中国大革命史》,文史资料出版社 1982 年版,第 199 页。
⑥ 王永玺:《中国工会史》,中共党史出版社 1992 年版,第 191 页;铁岩:《绝密档案——第一次国共合作内幕》,福建人民出版社 2002 年版,第 873-876 页,第 881-886 页。
⑦ 中共中央党校党史教研室:《中国共产党史稿》,人民出版社 1981 年版,第 167 页。

发展加速了中国革命的进程,这正如《中国共产党对于时局宣言》中指出的:

> 这些革命势力之兴起,无人能止之。工人群众渐渐组织到战斗的工会之内,冲破了以前地方的行业的界限,成为了强有力的统一势力,以领导全国民众反抗帝国主义及国内反动势力的争斗。农民群众日益卷入革命漩涡,并且工人阶级领导农民争斗这个事实也就要到来。①

国民党亦称:"革命成功,唯一之要素,在得民众扶助。"②1927年2月,国民政府在工农群众的支持下收回了九江、汉口英租界。为了配合北伐军胜利进军,上海工人举行了三次武装起义,经过浴血奋战,占领了上海。这些斗争都充分显示了中国工人阶级的伟大力量。

二、列强对北伐战争的反应

北伐战争的胜利进军引起了列强的恐慌,"英人尤甚"③。1926年11月,英国《泰晤士报》称:"中国南军深进,此为甚严重紧要事件,外人利益大受危险,英人尤甚。以英国政府而言,目前国际问题未有甚于此者,英国必须立即设法以保护在长江受危险之英人。"④

面对北伐战争的胜利推进,帝国主义国家为了维护在华利益并

---

① 《中国共产党对于时局宣言》,《向导》周报第 5 集第 186 期,第 1976 页。
② 《国民政府为宣布政治改革方针告全国人民书》,见罗家伦:《革命文献》第 13 辑,1978 年影印本,第 238 页。
③ 有关北伐时期列强对华政策研究,参见牛大勇、陈长伟:《北伐时期列强对华政策研究评介》,《历史研究》2005 年第 3 期。
④ 彭述之:《帝国主义对国民政府之态度与国民政府的外交问题》,《向导》周报第 5 集第 180 期,第 1881 页。

乘机掠夺更多的权益,频频进行磋商,不断实施阴谋,对中国革命进行破坏。面对如火如荼的中国革命,帝国主义列强发现形势"只可疏导,不可抑制,苟欲强止,是长乱也"①。因此,他们"左手握着利剑,右手握着金钱"②,实施了"和平"与"炮舰"政策并举的两面手法。

　　1926 年末至 1927 年初,英、美、日等国先后发表对华政策声明,纷纷表示尊重中国的主权与领土的完整,不打算干涉中国内政,"同情"中国的民族革命运动。1927 年 1 月 16 日,日本外相币原喜重郎宣布:日本政府将尊重保全中国的主权和领土完整,对中国内争严守绝对不干涉主义。③ 美国国务卿凯洛格在 1 月 27 日发表声明:对于关税自主与放弃治外法权所采取的态度,美国以最宽大的精神对待中国。④ 1927 年 1 月 29 日,英国首相张伯伦在伯明翰演讲时宣称"英国愿意变更领事裁判权",以及"外国租界的准独立地位"。⑤ 但是列强的不干涉声明夹杂着一股硝烟味道。日本外相向中国发出威胁:"我国民在中国之生命财产……手段,竭力维护我国正当重要之权利及其利益。"美国国务卿在其声明中反复提到:"美国政府期待中国人民及领袖们承认美国侨民的生命财产在这应由他们负责的冲突期间有被保护的权利","倘若中国当局不能提供这种保护,美国政府自然有保护其公民生命财产的基本义务"。张伯伦更是直截了当地表明英国军事干涉中国革命的企图:"吾人必须派遣军队,以防危险。"⑥ 可见,帝国主义"以舰队为后盾的爱和平的宣言,乃是欺骗并讥

① 《国际对华空气》,《国闻周报》1926 年第 3 卷第 48 期。
② 化鲁:《国民注意对英外交》,《东方杂志》1927 年第 24 卷第 3 号。
③ 《日本对华之政策》,见《四·一二反革命政变资料选编》,人民出版社 1987 年版,第 2 页。
④ 《中美关系资料汇编》第一辑,世界知识出版社 1957 年版,第 472-475 页。
⑤ 兰塞姆:《中国之迷》1927 版,见《四·一二反革命政变资料选编》,人民出版社 1987 年版,第 483 页。
⑥ 《中国共产党对于时局的宣言》,《向导》周报第 5 集第 186 期,第 1982 页。

讽中国求独立自由的民众"①。

　　事实上，在发表所谓和平声明的同时，帝国主义对中国革命的武装干涉早已出笼。从 1926 年下半年到 1927 年春，他们不断增兵中国。1926 年 9 月初，英国海军舰队闯入珠江向中国军队进行挑衅，并在广州、汕头等地拘捕中国工人，严重威胁北伐军的后方。② 9 月 5 日，英国以太古轮船公司的轮船撞翻中国船只而被扣留为借口，炮轰万县，中国军民伤亡 5000 多人，民房商店被毁 200 多家，制造了"万县惨案"。③ 当北伐军逼近上海、南京之际，英美等国家纷纷增兵上海。1927 年 1 月，英国派赴中国之兵力达 2.1 万人，停泊在中国的战舰有巡洋舰 6 艘、驱逐舰 8 艘、炮舰 15 艘、潜艇 12 艘。④ 英国还纠集美法联合派兵四五千人于上海登陆，并在上海长江一线部署 42 艘舰艇，日本的 42 艘驱逐舰也奉命驶入长江。美国甚至提出将淞沪划为中立区，妄图阻止北伐军进军上海。1927 年 3 月，北伐军进抵南京，英美法等国借口保护侨民与领事馆，炮轰南京，中国军民死伤 2000 人，制造了"南京惨案"，并向中国发出通牒，提出惩凶、道歉等无理要求。⑤ 上海第三次工人武装起义胜利以后，英、美、法、日、意、比、荷等国共 2 万多军队集结在上海，125 艘军舰停泊在黄浦江。⑥ 4 月初，英国把载有几十架飞机的航空母舰开到吴淞口外，黄浦江上兵舰上的大炮都卸了炮衣，直指上海市区，随时准备展开对

---

① 魏琴：《最近各国对华言论》，《向导》周报第 5 集第 186 期，第 1985 页。
② 《北伐军战胜声中英的对华阴谋和压迫》，《向导》周报第 4 集第 171 期，第 1739 页。
③ 唐培吉：《中国近现代对外关系史》，高等教育出版社 1994 年版，第 233 页。关于万县惨案的研究还可参见李健民：《民国十五年四川万县惨案》，《近代史研究所集刊》第 19 期。
④ 《向导》周报第 5 集第 185 期，第 1981 页。
⑤ 石源华：《中华民国外交史》，上海人民出版社 1994 年版，第 299 页。
⑥ 《上海地方史资料》（一），上海社会科学院出版社 1982 年版。

中国人民的屠杀。① 上海公共租界当局也极为恐慌,工部局准备对
上海的工人纠察队采取最强硬的措施。② 同时,命令租界的"英兵竭
力防御,苏州河堤为第三道防线",与上海工人纠察队处于严重的对
峙状态。③ 工部局还于 3 月 21、22、23 日颁布戒严令,自晚上 10 点至
翌日凌晨 4 点"禁止任何人在马路闲逛或逗留"。④

　　对于西方列强不断增兵中国的形势,著名的美国报人鲍威尔以
其亲身经历,曾对当时的情景有过比较形象的描述:

　　　　上海已经修筑了无数的防御工事,如战壕、碉堡和铁丝
　　网路障,并且开展形形色色攻击国民革命运动的宣传,斥之
　　为"受莫斯科控制和指挥","扬子江上的赤色波浪"。……在这
　　种自欺欺人的宣传下,上海的外国租界立即进入战争状态,雇
　　用了数千名苦力,日夜不停地挖掘战壕,设置路障,修筑碉堡。
　　很快,这种恐慌情况又传到各有关国家的首都,加上领事官员
　　和各种代表团耸人听闻的报告,好像天就要塌下来一般。⑤

　　帝国主义在使用武力干涉中国革命的同时,还竭力采取分化革
命阵线的办法来扼杀中国革命,在中国寻找"温和派"的代理人,维持
列强在华的既得利益。1927 年 3 月 28 日,蒋介石到达上海的第二
天,帝国列强即断言:"蒋介石、何应钦、白崇禧是唯一可以使长江以

---

　　① 范绍增:《关于杜月笙》,见中国人民政协会议全国委员会文史资料研究委员
会:《文史资料选辑》第 84 辑,文史资料出版社 2000 年版。
　　② 上海市档案馆:《工部局董事会会议录》第 23 册,上海古籍出版社 2003 年版。
　　③ 《孙筹成日记》1927 年 3 月 26 日,上海市工商业联合会档案史料,卷宗号:
189-67。
　　④ 《法租界紧急布告》,《民国日报》(上海)1927 年 3 月 27 日。
　　⑤ [美]鲍威尔:《鲍威尔对华回忆录》,邢建榕、薛明扬、徐跃译,知识出版社 1994
年版,第 142-143、156 页。

南的区域免于沦入共产党之手的保护力量……倘若蒋介石愿意拯救中国人民于共产党之手，那么他必须迅速而决断地进行起来。"[1]4月，美国国务卿在指使美国驻华公使时说："告诉蒋介石，除非他能表示可以满足我们要求的行动，列强各国将采取认为适当的措施。"日本的币原外相要求蒋介石"维持秩序，压平暴乱"，"我们的意见是诱使蒋介石独有创举，决定方案，由蒋介石及其健康分子来安排"。[2] 在列强的威逼利诱下，蒋介石很快做出回应，他称："国民革命军是列强各国的好朋友，决不用武力改变租界的现状。"[3]很显然，这是帝国主义所谓不干涉声明和"炮舰政策"的双重功效。虽然列强在争夺对中国的控制权的过程中存在尖锐的矛盾，对扼杀中国革命亦采用了不同的政策与手段，但当轰轰烈烈的中国大革命危及他们的在华利益时，他们又会联合起来共同绞杀中国革命。列强这种威逼利诱、软硬兼施的手段增强了反革命的力量，加速了革命统一战线的分化，也预示着反革命风暴即将来临。

第二节 上海商界在变局下的分化

北伐战争不断在列强中间产生强烈影响，而且引起中国社会各个阶级的密切关注。《国闻周报》上的一则时评体现了全国资本家对国民革命军将在全国实施何种经济政策寄予的期盼："蒋军之政治政

① 《字林西报》1927 年 3 月 28 日，见彭明：《中国现代史资料选辑》第二册，中国人民大学出版社 1988 年版，第 367 页。

② 《美国外交文件》1927 年第 2 卷，第 177、164 页，见彭明：《中国现代史资料选辑》第二册，中国人民大学出版社 1988 年版，第 369 页。

③ 《北华捷报》1927 年 3 月 31 日，见彭明：《中国现代史资料选辑》第二册，中国人民大学出版社 1988 年版，第 367 页。

策,固尚鲜明;而经济政策,极为暧昧。……故吾人以为全国实业界有急起要求蒋介石宣明态度之必要。"①

其实,资本家所希望的是维护当时的经济政策,而不希望它的"变迁过于剧烈"。1926年,北方金融资本家组成的生产协会曾提出:"无论政治势力变迁若何,苟生产事业不予以保护,则国计岁收,立呈竭蹶。"②

全国的资本家对北伐后经济政策的动向感到焦躁不安,经济上具有一定实力的上海资产阶级更是如此。在20世纪初,上海资产阶级对时局的发展变化具有较强的适应能力,对形势的变化能够见风使舵,维持本阶级的话语权。在北洋军阀面临衰亡、北伐军席卷半个中国之际,上海资产阶级更加希望通过各种途径与即将建立的新政权建立联系,从而维护历经几十年风雨的资产阶级的利益,并且使资产阶级在新政权的统治下获取更多的话语权。

一、上海商人参与政治的历史传统

近代以来,随着外国资本主义对中国侵略的不断加剧,上海及其周边地区的自然经济逐步解体,商品经济的发展为民族资本主义的发展创造了条件。甲午战争以后,清政府允许民间办厂,上海以其交通便利、资本集中、受外国资本主义影响较早,民族资本主义有了迅速的发展。在民族资本主义工业获得发展的同时,民族资本主义的商业和金融业也发展起来。一战期间,主要的资本主义列强忙于战争,暂时放松了对中国的侵略,中国的资本主义经历了短暂的快速发展的"黄金时期",上海的民族资本主义也获得了空前的发展,工业、

① 《全国实业界应要求蒋介石宣明态度》,《国闻周报》1926年第3卷36期。
② 《生产协会:创办之提议与评论》,《国闻周报》1927年第4卷第2期。

交通业、金融业、商业等经济部门都出现了一大批新的企业。[①] 一战以后，上海的民族资本在夹缝中继续发展，其中交易所与银行业的发展最为突出，工业资本与金融资本的相互渗透加速了工业与金融业的发展。此外，上海还出现了一些诸如荣家、郭氏、南洋兄弟烟草等大的资本家集团。随着资本主义的发展，上海资产阶级逐渐成长起来，他们的势力越来越大，并广泛渗入社会生活的各个方面，成为上海相当活跃的政治力量。1902 年，上海资产阶级以"自立自治"为口号，发起自治运动，先后创办了闸北工程局、上海城厢内外总工程局、上海城厢内外自治公所。新兴的资产阶级通过早期的一些参政运动，丰富了政治经验，提高了资产阶级的社会地位与政治影响。从 19 世纪 20 世纪之交开始，上海资产阶级从地方自治运动起步，逐步要求在政治上取得更多的发言权。他们积极参加立宪派的改良运动，组织了商团，参加了辛亥革命，发起了租界的华人参政运动、抵制外货运动与反"洪宪帝制"的斗争。巴黎和会期间，资产阶级首先组织了两个试图向巴黎和会施加影响的团体。20 世纪 20 年代，上海资产阶级发起反军阀斗争，他们要求废督裁兵、整理财政，甚至制定宪法。1922 年的"国是会议"将上海资产阶级的参政运动推向了新的阶段，是商人"黄金时代"里最为辉煌的一页。[②] 在这些政治活动中，上海总商会扮演了重要角色。

二、北伐战争中上海总商会内部矛盾的激化

汇集上海资产阶级精英的上海总商会是伴随资产阶级参政运动而不断发展起来的商业团体。1902 年 2 月 22 日，中国第一个商会组

---

① 朱华等：《上海一百年》，上海人民出版社 1999 年版，第 97 页。
② 唐力行：《商人与中国近世社会》，商务印书馆 2003 年版，第 306 页。

织——上海商业会议所正式宣告成立，它体现了新兴的民族资产阶级维护本阶级利益的要求与意愿。上海总商会建立以后，力图开创一个有利于民族资本主义发展的新局面，他们为民请命，要求减免苛捐杂税，举行全国性的工商业会议，试图实现全国工商业的大联合。他们对参政议政也表现出浓厚的兴趣。五四运动期间，总商会公然承认日本占领青岛，提出与日本直接交涉归还青岛的"佳电"风波使其地位一落千丈，上海总商会面临非改革不可的境地。1920年，上海总商会进行选举，总商会由绅商时代进入资本家时代。1922年的"国是会议"与"民治委员会"是突破传统的"在商言商"观念，实行所谓"国民自决"的两次尝试。

上海资产阶级总会随着政治形势与时代发展的需要使总商会不断发生转轨或重组。在1926年政治形势突变之际，在傅筱庵操纵下，上海总商会进行了争议很大的选举。在本次选举中，傅筱庵以中国通商银行经理、招商局董事双重身份作为上海总商会的会员取得竞选会董与会长的资格。同时，他的大量亲信也进入总商会的领导层。在选举中，"同时以中国通商银行职员资格之会员当选、以招商局职员资格之会员当选为会董者三人，是招商、通商会董全数的四分之一，至傅氏兄弟叔侄同时当选为会董者三人，与傅有经营关系或是在傅属下服务而同时当选为会董者计二十三人，据会董三分之二强"①。"一公司当选者若干人，或许多选举票被选举人名均属相同"，"风潮内幕，在沪上已为公开之秘密，风雨满城，知总商会者无不知其底蕴"。②

这次改选使上海总商会内部本已存在的帮派矛盾进一步激化。

---

① 上海市工商业联合会：《上海总商会议事录》，上海古籍出版社2006年版，第2434页；《孙筹成日记》1927年4月16日，上海市工商业联合会档案史料，卷宗号：189-71。

② 慎予：《沪总商会选举风潮所感》，《国闻周报》1926年第3卷第24期。

总商会内江浙籍资本家与非江浙籍资本家的矛盾由来已久，其中以广东帮与宁波帮的矛盾最为尖锐，广东帮一直对浙江资本家把持总商会会务的现象极为不满，1926 年的选举结果使他们的希望再次破灭，为此激起他们更大的怨恨，"长期积聚在总商会内部的矛盾急剧增加了"①。

在全国政治局势风云变幻之际，江浙籍资本家与非江浙籍资本家之间矛盾激化的同时，江浙籍资本家内部也发生了明显的分化，在对当时政治局势的认识上产生了明显的分歧。当选为总商会会长的傅筱庵"倒行逆施"，置北伐军节节胜利、北洋军阀面临崩溃的形势于不顾，依然以直系军阀为政治靠山，不断地向其提供资助，引起了其他江浙籍资本家的强烈不满。1926 年 7 月，他调集招商局的 9 艘轮船，为孙传芳提供军运。9 月，他盗用总商会的名义发表要求北伐军撤回广东的"寒电"。1927 年 3 月，他主持召开总商会、县商会、银钱两业会董的联席会议，要求为孙传芳摊认库券 1000 万元，还准备从招商银行拨款 200 万元接济孙传芳的军队。② 傅筱庵的这种做法自然为国民党当局所不容，因此，"四一二"反革命政变之后不久，国民党就发出了缉拿傅筱庵之通令，诏其"助逆扰乱，把持会务，献媚军阀，以金钱供给敌饷，以商轮为孙运输，阻挠义师，革命军到沪后，阳示归顺，阴谋反动，不独投机，实为叛逆"③。至于上海总商会，国民党当局对其改组与接收就在情理之中了。④ 据上海总商会书

① 徐鼎新、钱小明：《上海总商会史（1902—1929）》，上海社会科学院出版社 1991 年版，第 363 页。

② 徐鼎新、钱小明：《上海总商会史（1902—1929）》，上海社会科学院出版社 1991 年版，第 365 页。

③ 《孙筹成日记》1927 年 4 月 27 日，上海市工商业联合会档案史料，卷宗号：189-71。

④ 《政会派员接收总商会》，《时报》1927 年 4 月 27 日；《民国日报》（上海）1927 年 5 月 13 日。

记员孙筹成在日记中的记载："照国民政府之法令，本无总商会名义，势难久存。"①

会长被通缉，会务骤减，新的商业团体陆续出现，又受到当局的轻视，上海总商会的地位岌岌可危，《时报》对此也曾做过报道："原本以富有资产著称的总商会的会务及经济，终于双双陷于逆境。"②

三、以虞洽卿为首的上海资产阶级与蒋介石之间的密切联络

与傅筱庵等的政治选择不同，以虞洽卿为首的一部分江浙籍资本家对形势的发展有另一番认识，希望以与他们早有交往的蒋介石为政治靠山。蒋介石与上海资产阶级的交往由来已久，1926 年至 1927 年初，中国社会政治形势的剧变，使得双方的信使往来更是频繁。蒋介石早年在上海证券交易所时，就结识了一批江浙籍资本家，如虞洽卿、王一亭、叶琢堂等，虞洽卿为其知己密友，张静江则是蒋介石从事交易活动的提携人与"参谋"。③ 1924 年，陈果夫奉蒋介石之命到上海为黄埔军校采购军服、枪带等物，被上海海关扣留，虞洽卿、王一亭、沈田莘等人从中斡旋，陈果夫始得开脱。④ 1926 年夏，在南方革命形势蓬勃发展之际，应广东革命政府的邀请，上海商界派王晓籁为代表赴广东"考察新政"，王晓籁回到上海以后立即为国民革命展开宣传，"暗中筹集北伐军饷，担任总务主任"，他也因此遭到孙传

---

　　① 《孙筹成日记》1927 年 3 月 29 日，上海市工商业联合会档案史料，卷宗号：189-71。

　　② 《总商会静待接校，七委员昨未前往》，《时报》1927 年 4 月 28 日。

　　③ 魏伯桢：《上海证券物品交易所与蒋介石》，见中国人民政治协商会议全国委员会文史资料研究委员会：《文史资料选辑》第四十九辑，文史资料出版社 2000 年版；许念晖：《虞洽卿的一生》，见全国政协文史资料委员会：《旧中国的工商金融》，安徽人民出版社 2000 年版。

　　④ 杨天石：《蒋氏秘档与蒋介石真相》，社会科学文献出版社 2002 版，第 86 页。

芳的忌恨并被悬赏缉拿。① 北方银行界代表人物吴鼎昌为了探明国民政府的经济政策,特派大公报记者徐铸成以新闻采访的名义前往广州,探听国民政府对北洋政府发行公债的态度。② 同年夏,蒋介石让宋子文等电邀虞洽卿赴广东考察,虞洽卿女婿盛冠中前往探听情况,盛回到上海以后描述了在广东的见闻,虞洽卿的结论是"蒋介石很讲交情,对浙东乡谊看得很重"。③ 1926 年 9 月,虞洽卿、王晓籁等人为了配合北伐战争,以全浙公会的名义发起大规模的和平运动,反对奉军南下与北伐军作战,他们又以"浙人治浙"为口号,反对孙传芳的统治。④ 1926 年 11 月,虞洽卿曾专程到南昌,提出以镇压上海工人运动为条件,答应给蒋介石提供财政上的援助。经过密谋,1927年,蒋介石密令将"打倒帝国主义"的口号改为"和平救国"。⑤

1926 年,在北伐战争节节胜利、北洋军阀面临崩溃的形势下,上海资本家也开始通过各种渠道支持蒋介石。⑥ 为了适应政局的变化,中国银行在人事上做了调整。中国银行分支机构遍及南北,非常便于其领导人与各种势力进行联系。北伐战争开始后,中国银行上海分行为了应对南北政局的变化,决定由张嘉璈以副总裁的身份驻沪

---

① 《王晓籁自传》,见中国人民政治协商会议上海文史资料委员会编:《上海文史资料选辑》第六十三辑,文史资料出版社 2000 年版;王晓籁:《我的经历》,上海市工商业联合会档案史料,卷宗号:192-40、41;王晓籁:《五十自述》《我被孙传芳通缉的经过,被称为赤党分子》,上海市工商业联合会档案史料,卷宗号:181-140。

② 张伯驹:《盐业银行与北洋政府和国民党政权》,见全国政协义史资料委员会:《旧中国的工商金融》,安徽人民出版社 2000 年版。

③ 《盛冠中等到广东去考察》,上海市工商业联合会档案史料,卷宗号:168-147;吴震修:《北伐期间陈其采曾经赴广东与革命军联系》,上海市工商业联合会档案史料,卷宗号:181-171。

④ 刘惠吾:《上海近代史》,华东师范大学出版社 1987 年版,第 137 页。

⑤ 许念晖:《虞洽卿与南北军阀的一段关系》,上海市工商业联合会档案史料,卷宗号:168-52。

⑥ 王兼士:《南三北四行和徐新六》,上海市工商业联合会档案史料,卷宗号:181-140。

办公，以"观察形势，联络各方"。① 1926 年 5 月，中国银行举行通常股东会，改选任期已满的董监事，张嘉璈连任副总裁，这时他就用心周密地以中国银行是为全国人民服务的银行为理由，提出领导人分驻京、沪两地的建议。会上决定由总裁驻京，副总裁驻沪以便指挥南方各行的行动，这就大大方便了他与南方的政治势力保持接触。这时，张嘉璈的母亲在上海病危，他便以此为由留在上海办公，起到了助推南北资产阶级合流的作用。当时社会上有"军事北伐，政治南伐"的说法，张嘉璈在北方待了 10 年，与国民党的黄郛、张群等人是莫逆之交，同北方的政治经济界人士又有千丝万缕的联系，还担任过多年的北京银行公会会长，可以说是北方政治势力南伐的一个代表人物。②

　　早在 1924 年，广东革命政府就成立中央银行，为发行兑换券筹措准备金，该行行长宋子文就同中国银行行长贝祖诒商借，贝祖诒向北京总行请示，总行密嘱其赴广州与宋子文面洽，宋子文要求借 200 万元，中国银行答应借 50 万元。北伐战争期间，中国银行亦多次资助北伐军。1926 年 9 月北伐战争开始，中国银行广东分行就垫借给北伐军 50 万元，作为回报，宋子文曾电告北伐军，对于沿途的中国银行分行要加以保护。北伐军进入湖南后，中国银行长沙分行垫借 80 万元。北伐军到达江西赣县后，蒋介石通过在天津的黄郛向张嘉璈要求现款接济，尽管当时江西还在孙传芳的严密监视之下，但张嘉璈在黄郛的游说下还是安排中国银行南昌分行偷偷地将 20 万元现款运到了赣县。③ 1927 年，北伐军抵达福建与湖北武汉，中国银行福建

---

① 《中国银行概况》，见《民国丛书》第 80 册，上海书店出版社 1989 年影印本，第 253 页。

② 洪葭管：《20 世纪的上海金融》，上海人民出版社 2004 年版。

③ 张秀莉、张帆：《中国银行与南京国民政府早期关系》，《史学月刊》2001 年第 3 期。

分行、汉口分行分别垫借 70 万元和 147 万元。① 张嘉璈还密令中国银行上海分行准备向蒋介石提供 100 万元的款项。②

除了中国银行，蒋介石还向其他银行发出请求，希望得到资助。1927 年 1 月，蒋介石一到南昌，就写信给四行储蓄会协理钱新之和上海商业储蓄银行的陈光甫，对他们在沪"扶持党义"表示钦佩，希望他们能够"贯彻初衷"，并盼望"他们能来浔、汉一游，聊叙积愫"。③ 后来，由于军饷缺乏，蒋介石写信给陈光甫与钱新之，要求接济，他们两人凑了 50 万元给蒋介石。④

在中国传统的社会关系中，同乡关系是联系人们的重要纽带。同样，同乡与地域关系也是上海资本家与蒋介石密切联系的重要因素。上海的工商业资本家中，江浙资本家显然是主力。1926 年，上海市商会会员中，江浙籍的资本家占总数的 78％。⑤ 江浙资产阶级在金融业也处于核心地位，上海银行公会 43 家银行中，有 35 家总行在上海，占 81％。⑥

当然，上海资本家之所以资助蒋介石也有希望其保护自身正常的生产秩序、身家财产、政治话语权的寄托。以江浙财团为核心的上海资产阶级如此大规模地资助蒋介石，是因为他们需要强大的政治力量作为经济后盾。

为了维护本阶层的话语权，江浙银行家团体密切关注着政局的

---

① 上海市档案馆：《一九二七年的上海商业联合会》，上海人民出版社 1983 年版，第 96 页。
② 朱华、冯绍霆：《崛起中的银行家阶层：上海银行公会早期活动初探》，《档案与史学》1999 年第 6 期。相关研究参见朱华等：《上海一百年》，上海人民出版社 1999 年版，第 155 页；洪葭管：《张嘉璈在中国银行的 22 年》，见《20 世纪的上海金融》，上海人民出版社 2004 年版。
③ 朱镇华：《中国金融旧事》，中国国际广播出版社 1991 年版。
④ 邢建榕：《〈陈光甫日记〉及其史料价值》，《档案与史学》2001 年第 4 期。
⑤ 《四·一二反革命政变资料选编》，人民出版社 1987 年版。
⑥ 洪葭管：《论历史上的金融中心和当前重建上海金融中心》，见林克：《上海研究论丛》第十一辑，上海社会科学院出版社 1997 年版。

变化。在近代上海的经济发展中，上海的金融业可谓异军突起。19世纪末仅有 1 家银行，即 1897 年开业的中国通商银行，20 世纪初至 1911 年开设的银行就有 19 家，辛亥革命后设立的银行进一步增多。第一次世界大战期间及稍后的几年，中国民族工商业乘着西方势力无暇东顾的良机得到了进一步的发展，华商银行也有了空前的发展，商业银行中出现了有名的"南三行"和"北四行"。"南三行"，即 1907 年建立的浙江兴业银行、1910 年建立的浙江实业银行、1915 年建立的上海商业储蓄银行；"北四行"，即 1915 年成立的盐业银行、1917 年成立的金城银行、1921 年成立的中南银行、1919 年成立的大陆银行。"南三行"与"北四行"业务发展很快，资本积累迅速。1925 年，浙江兴业银行的存款为 3193 万元，上海商业储蓄银行 1926 年已有资本 250 万元，存款 3200 万元。① "南三行"中当权的资本家包括：浙江兴业银行的叶揆初、蒋抑卮、徐新六，上海商业储蓄银行的陈光甫，浙江实业银行的李馥荪，加上中国银行上海分行的宋汉章，交通银行上海分行的钱永铭、胡祖同，以及中国银行上海分行副总裁张公权等，这些都是上海金融界的代表人物。由上海金融业、工商界具有相当经济实力和较高社会地位的江浙金融家与企业家群体组成的"江浙财团"②，凭借强大的经济实力，影响着上海乃至全国的经济。

就工商业而言，以纺纱业为例，1913 年，上海的纱厂有纱锭 14 万余枚，占全国纱锭总数的 30％，到 1925 年，该比例升至 36.8％。③ 1927 年，全国的纱锭总数为 201 万余枚，上海为 68 万余枚，占全国的

---

① 谟研：《"四·一二"反革命叛变与资产阶级》，《历史研究》1977 年第 2 期。
② 对江浙财团有三种解释：①以上海为根据地的浙江籍的金融家及实业家的总称；②主要是以上海为根据地的江浙两省的金融家及实业家的总称；③凡是以上海为根据地的金融家及实业家，并包括财界、政界的巨头，统称为江浙财阀。见陈真：《中国近代工业史资料》第一辑，生活·读书·新知三联书店 1957 年版，第 308 页。
③ 《四·一二反革命政变资料选编》，人民出版社 1987 年版。

33.8％。① 到 1927 年,工商业资本达 9 亿多元,金融资本达 16 亿元,具有相当的经济实力。② 正是因为江浙财团拥有雄厚的经济实力,所以谁来执政、能否维护自身的既得利益是头等大事。对于资产阶级来讲,他们虽然本身在商言商,但也需要一定的政治势力来代表他们的利益。工人运动的迅速发展震撼了资本家,也加速了资本家与政治势力密谋与交易的进程。北洋军阀统治时期,各地军阀为了争夺地盘与人口,连年混战,严重地破坏了社会生产力,也极大地损害了上海工商业、金融业资产阶级的利益。"军阀给成千上万的中国人带来直接与间接的恐惧与盘剥"③,上海资产阶级对军阀的不满与厌恶溢于言表,他们认为"沪埠商业领袖全国,只以慑于积威,囿于习惯,但知在商言商,安分经营,其他军事、政事不闻不问,遂使军阀、政客一无顾忌,蛮触牛斗,陷商业于覆巢破卵之境"④。军阀混战致使物产凋敝、金融停滞、交通阻塞,给商业造成严重的危害,给资本家带来了难以估量的经济损失。⑤

1927 年春,在中国的政治形势发生重大变化之际,上海的资产阶级出于自身利益考虑,把结束分裂、统一国家、实现关税自主、消弭工潮、谋求一个有利于上海资本主义发展的社会环境的希望寄托在蒋介石身上。"一向保守的上海工商金融界,这时大都支持国民革命运动,他们希望国民革命能够结束 10 多年来中国政治动荡

---

① 严中平等:《中国近代经济史统计资料选辑》,科学出版社 1955 年版,第 109 页。
② 巴图:《民国金融帝国》,群众出版社 2001 年版,第 28 页。
③ [美]费正清:《剑桥中华民国史》(一),章建刚等译,上海人民出版社 1991 年版,第 335 页。
④ 上海市档案馆:《一九二七年的上海商业联合会》,上海人民出版社 1983 年版,第 14 页。
⑤ 上海市档案馆:《一九二七年的上海商业联合会》,上海人民出版社 1983 年版,第 15 页。

的局面,为这个灾难深重的国家和贫苦的人民带来安定和幸福。"①
他们之所以不断暗中接济北伐军,与蒋介石进行联络,是因为蒋介石
的一系列反共行为使上海资产阶级认为蒋介石会帮助他们抵制中国
共产党领导的工人运动。蒋介石在到达上海以前已经制造了大量的
反共与残害工农事件,其在劳资问题上对资产阶级的承诺,上海资产
阶级自然是心领神会的。所以当蒋介石指挥北伐军席卷中国南方的
时候,上海资产阶级想要维护他们的经济利益与话语权,急切地期盼
蒋介石率领军队早日来沪。上海商业联合会在其宣言中称:"今革命
军蒋总司令秉承总理遗志,百粤出师,为民请命,军旅所过,莫不箪食
劳迎,而我商民之仰望来苏,亦最深切。"②兵马未动,粮草先行,要想
将北伐战争进行下去并取得胜利,没有一定的经济实力是办不到的。
对蒋介石来说,他也希望获得上海资产阶级的经济支持。在经济来
源这一点上,国民党政权早已清楚地认识到上海资产阶级的重要性,
"他们知道控制上海比控制许多军队的师更为重要"③。而在此时,上
海的资产阶级已被汹涌的工人运动吓得胆战心惊。1926年冬,北伐
军攻克武汉以后,武汉的工人运动蓬勃发展,上海金融界和商界中的
主要人士,听到武汉工人运动高涨的情况,都很惶恐。④另据金融界
人士回忆,当时上海银行界面对北伐军的到来有如丧家之犬,惶惶不
可终日。以致直到全面抗战前夕,上海银行界对当年的往事,还是

---

① [美]鲍威尔:《鲍威尔对华回忆录》,邢建榕、薛明扬、徐跃译,知识出版社1994
年版,第144页。

② 《上海商业联合会宣言》,见上海市档案馆:《一九二七年的上海商业联合会》,
上海人民出版社1983年版,第14页。

③ [美]费正清:《剑桥中华民国史》(二),章建刚等译,上海人民出版社1992年
版,第149页。

④ 陈书臣:《1927年虞洽卿去南昌后的一句话》,上海市工商业联合会档案史料,
卷宗号:169-40。

"谈虎色变"，可见其恐惧程度非同一般。① 当北伐军到达湖南时，大量湖南的土豪劣绅逃往上海，但"汉口及其他红色地区的恐怖流法，已深深地印在他们的脑海中"②。

基于这种认识，上海资本家纷纷呼吁蒋介石阻止工人革命的爆发，同时蒋介石的军队也需要上海资本家的资助，因此"蒋介石与上海资本家彼此需要"③。对国民党军队未到上海之前资产阶级给予的资助，蒋介石亦比较感激。1927 年 3 月 28 日，蒋介石在上海会见联合会的主要领袖时说："此次革命成功，商界暗中助力，大非浅鲜。"④

四、维护上海商界的话语权

纵观清末民初到 20 世纪的 20 年代上海资产阶级自治与参与政治的轨迹，可以发现：他们的行动无不以资产阶级的利益为核心，无不以争取话语权为中心。无论与什么样的政治势力打交道，上海资产阶级首要考虑的问题都是他们是否能够维护自己的利益。他们多次与各派政治势力周旋，因而具备了见风使舵、随机应变的政治手腕。一位熟知上海工商界内情的人士称："他们中的首脑人物能够适应政局的变化"⑤，与各派政治势力都有联系，什么政治势力上台，就由与该势力交好的人出面应付。只有适应时局的

---

① 王兼士：《南三北四行和徐新六》，上海市工商业联合会档案史料，卷宗号：181-140。

② ［美］鲍威尔：《鲍威尔对华回忆录》，邢建榕、薛明扬、徐跃译，知识出版社 1994 年版，第 144 页。

③ ［美］费正清：《剑桥中华民国史》（二），章建刚等译，上海人民出版社 1992 年版，第 147 页。

④ 上海市档案馆藏上海商业联合会档案，卷宗号：Q80-1-6-1。

⑤ 祝绍祺：《蒋介石叛变革命与江浙财阀的一段故事》（未刊稿），上海市工商业联合会档案史料，卷宗号：182。

变化,上海资产阶级的利益才能得到满足与保证。1924 年皖系段祺瑞上台,上海总商会会长由与段祺瑞关系密切的虞洽卿担任;1926 年段祺瑞倒台,而孙传芳得势,总商会会长便由与孙传芳关系较好的傅筱庵担任。

　　1927 年前后,中国的政治形势发生了新的变化,势必出现新的资产阶级组织或领袖来与即将得势的蒋政权打交道,以便协调上海资产阶级与新政权的利益与合作关系。此时上海总商会矛盾激化,陷入四面楚歌的局面。上海总商会此时已不能起到领导众商的作用。身为上海工商界最有声望的上海总商会会长、中国通商银行经理、招商局董事、公认的上海最富有的商人之一的傅筱庵一口拒绝了蒋介石借款 1000 万元的请求,却为孙传芳慷慨解囊,所以蒋介石对傅筱庵早已不满,自然不会对在傅筱庵控制下的上海总商会感兴趣。在新的政治形势下,就需要一个能代替总商会的、对上海工商界起领导与号召作用的组织,让上海的工商界拿出大把的钱资助蒋介石和他的军队,来实现蒋介石与上海资产阶级之间的交易活动,以维护上海资本家的既得利益,并最大限度地获取商业利润。①

　　在上海商业联合会的一些文件中,他们对维护自己利益的想法倒是毫不掩饰,认为"实行政商合作,振兴实业,普济民生,凡我同人咸抱斯旨"②。在立案呈文中他们称:"因时制宜,将以上佐政府之进行,下谋商民之调剂。"③他们所说的"政商合作""佐政府之进行",就是希望借助强有力的政权力量作为自己的后盾。在其注销呈文中,上海商业联合会称:"窃敝会前以我革命军整饬莅沪,总商会发

---

　　① 王晓籁:《回忆商业联合会筹备》,见上海市工商业联合会、复旦大学历史系:《上海总商会组织史资料汇编》,上海古籍出版社 2004 年版,第 885 页。

　　② 上海市档案馆:《一九二七年的上海商业联合会》,上海人民出版社 1983 年版,第 14-15 页。

　　③ 上海市档案馆藏上海商业联合会档案,卷宗号:Q80-1-3-14。

生纠纷正在整顿，爰外应时势之需要，内谋自身之保障，由上海六十余商业团体联合组织。"[1]在其结束宣言中，上海商业联合会还念念不忘："我商界对外应时势之需要，对内谋自身之保障"，"即商界所希望者安居乐业，而商界所担负者为共同义务"。[2] 他们所说的"内谋自身之保障"，无非是保卫与维护资产阶级的既得利益。所以，从这种意义上来讲，上海商业联合会是上海资本家与蒋介石政权进行交易的工具。[3] 1927 年 3 月 22 日，当北伐军到达龙华，上海工人第三次武装起义胜利的第二天，上海商业联合会应运而生，这是有其内在原因的，并不是一种偶然的巧合。

---

① 上海市档案馆藏上海商业联合会档案，卷宗号：Q80-1-5-32。

② 上海市档案馆：《一九二七年的上海商业联合会》，上海人民出版社 1983 年版，第 29 页。

③ 严鄂声：《虞洽卿组织上海商业联合会与蒋介石勾结》，上海市工商业联合会档案史料，卷宗号：169-193。

第三章
宣言、章程与组织机构：话语场域的构筑

第一节　上海商业联合会公告发布与宣言发表

关于场域理论，布尔迪厄认为："在高度分化的社会里，社会世界是由大量具有相对自主性的社会小世界构成的，这些社会小世界就是具有自身逻辑和必然性的客观关系的空间，而这些小世界自身特有的逻辑和必然性也不可化约成支配其他场域运作的那些逻辑和必然性。"[①]这些"社会小世界"就是不同的"场域"。布尔迪厄对"场"有过定义：场是力量关系的场所，"是由不同的位置之间的客观关系构成的一个网络，或一个构造"。"场的原动力原则存在于其结构的形式之中，尤其存在于彼此冲突的各种各样特殊力量之间的距离、差距和不对称性之中。"[②]他指出场域的界限具有模糊性，内部具有争斗性、规则性和关联性。布尔迪厄将整个社会场域分成许多个次场

①　[法]皮埃尔·布迪厄、[美]华康德：《实践与反思：反思社会学导引》，李猛、李康译，中央编译出版社 2004 年版，第 134 页。

②　[法]皮埃尔·布尔迪厄：《文化资本与社会炼金术》，包亚明译，上海人民出版社 1997 年版，第 142、147 页。

域，如经济场、文化场、权力场、学术场、艺术场、宗教场等，同一个场域内部和不同场域之间，都充斥着复杂而激烈的利益关系、力量抗衡和争权夺利。从布尔迪厄的"场域"理论看，场域可以理解为一个在阶级社会被竞相争夺的领域，上海商业联合会是上海商人争夺话语权的重要场域。

一、发布公告

1927 年 3 月 22 日，上海县商会、闸北商会、银行公会、钱业公会、交易所上海商业联合会、纱厂联合会、纱业公所、金业公会、粤侨商业联合会、面粉公会、振华堂洋布公所、杂粮公会、茶叶会馆、丝经同业公会、南北报关公所、书业商会、纸业公会、商船会馆、通商各口岸转运公所等 19 个商业团体在上海香港路四号银行公会举行联席会议，决定组成上海商业联合会，并先后在多家报纸刊登成立公告，成立公告称：

> 敝会等为维护各业安全起见，爰三月廿二日开各商业团体联席会议，决定组织上海商业联合会，即日正式成立，自此以后，凡关于沪上商业有利害关系之一切事件，敝会当群策群力，共同进行，为特宣布意旨：凡吾各商业团体表同情者，经会员之介绍均可随时照章加入为会员，特此公告。①

① 《上海商业联合会成立公告》，《申报》1927 年 3 月 24 日；《时报》1927 年 3 月 24、25 日；《民国日报》1927 年 3 月 24、25 日。上海市档案馆藏上海商业联合会档案，卷宗号：Q80-1-44-11、Q80-1-44-12、Q80-1-44-14、Q80-1-44-15、Q80-1-44-17、Q80-1-44-20、Q80-1-44-27；上海市档案馆藏上海商业联合会档案，卷宗号：Q80-1-44-2；上海市档案馆藏上海商业联合会档案，卷宗号：Q80-1-5-1。

二、发表宣言

除了上海商业联合会暂行章程,笔者在档案中还发现了两份上海商业联合会的宣言,宣言的日期在档案中无记载。上海市档案馆编订的《一九二七年的上海商业联合会》认为,宣言通过时间是 1927 年 3 月 22 日。但徐尚炯认为,该宣言稿通过的日期应该是在"四一二"反革命政变以后,因为宣言稿称蒋介石的反共活动为"烛照阴谋,立施乾断,妖雾既消,澄清可待",上海商业联合会不可能早于 4 月 12 日发表反共宣言。考虑到上海资本家与蒋介石早有勾结,其在"四一二"反革命政变以前发表反共宣言也不是没有可能,何况,这份宣言稿只是在银行公会档案中被发现,并未见诸报端,所以宣言在"四一二"反革命政变前通过是有可能的。

宣言稿的主要内容有:①军阀混战对商业造成严重的破坏,主要表现在三个方面。首先是物产凋敝,"战事所经之地,农辍于野,工辍于市,各地所产物品,骤见衰落"。其次是金融停滞,受战火的影响,"内地银钱行号纷纷停止营业,即或照常营业之家,亦均缩小范围"。再次是交通阻塞,由于战争影响,"战区日广,船运久停,商埠货物既不运往内地,内地货物亦不运往商埠"。②上海商界对共产党的憎恨与诬蔑。针对北伐战争前后中国共产党领导的工人运动的壮大与发展,宣言认为"其势益为猖獗,将由言论时代进为实施时代"。③工商团体将结束战乱、维护商业秩序的希望寄托在蒋介石与孙传芳二人身上。宣言赞扬南北当局,"所幸我蒋总司令烛照阴谋,立施乾断,妖雾既消,澄清可待","安国军张总司令、联军孙总司令在昔兴师,原在肃清赤逆","及此时机,罢兵修好,共图建设,则赤逆不足平,天下不足治，实业可兴，民生可裕，受惠感德，岂独我商业同人已哉"。[1] 从上海商业联合会的宣言我们可以看出上海资本家对中国共产党及其领导的工人运动的敌视与仇恨，同时，在国民党政权尚未控制全国的形势下，上海资本家一方面对蒋介石表示支持，另一方面又不断勾连孙传芳，两边讨好，万一国民党政权失败，也好为自己留条后路。

4 月 7 日，上海商业联合会以其主席的名义分别向蒋介石、上海临时政治委员会提出申请，请求立案。[2] 该申请经国民党上海临时委员会第四次会议决议，决定先由叶楚伧、蒋尊簋、陈其采组织审查。13 日，国民党上海临时委员会决定准予上海商业联合会暂行备案，并由临时委员会随时指导。[3]

第二节　上海商业联合会章程的制定

在 1927 年 3 月 23 日的常务委员会会议上，上海商业联合会通过了上海商业联合会的暂行章程。[4]《上海商业联合会暂行章程》只是对上海商业联合会组织与制度等方面做了一些初步规定，仍需完善。4 月 1 日，上海商业联合会对暂行章程进行修改并最终通过。[5]

---

[1]　上海市档案馆：《一九二七年的上海商业联合会》，上海人民出版社 1983 年版，第 14、15 页。

[2]　上海市档案馆藏上海商业联合会档案，卷宗号：Q80-1-3-14。

[3]　上海市档案馆：《一九二七年的上海商业联合会》，上海人民出版社 1983 年版，第 18 页。

[4]　《商业联合会之进行》，《申报》1927 年 3 月 25 日；《银行周报》1927 年第 11 卷第 11 号。

[5]　《商业联合会通过章程》，《申报》1927 年 4 月 2 日；上海市档案馆藏上海商业联合会档案，卷宗号：Q80-1-5-7。

同暂行章程相比，修改后的章程在会费缴纳、会议制度等方面做了比较详细的规定，从而使上海商业联合会的组织与制度逐步趋于完备。

一、上海商业联合会的会费缴纳制度

《上海商业联合会章程》规定，上海商业联合会的会员分为一、二、三等，分别按照等级交纳会费 500 元、300 元、200 元。1927 年 3月 29 日，上海商业联合会经济委员会决议，会费于每年阳历四月一日送交大陆银行，会费的开户账号是上海商业联合会户。[①] 3 月 31日，大陆银行向上海商业联合会送交收据支票样张。[②] 4 月 4 日，经济委员会推举孙景西为该会主席，要求大陆银行开出收据向会员收取会费。[③] 4 月 5 日，上海商业联合会致函各会员，要求他们按照各自认定的等级将会费交给大陆银行。[④] 5 月 19 日，上海商业联合会致函煤业公会、铁业公会、鱼业敦和公所、料器业公会，要求他们缴纳会费。[⑤] 其实，在此以前，交易所上海商业联合会已经将会费交了，而其他的一些团体则在收到上海商业联合会的通知以后，陆续将会费交给上海商业联合会经济科或者是上海商业联合会的开户银行大陆银行。后来，上海商业联合会委员会会议决议，该会支款由孙景西、胡孟嘉二人之一签字即可，会内的零用账由书记代管，每月派人核查。[⑥]

[①] 上海市档案馆藏上海商业联合会档案，卷宗号：Q80-1-45-1。
[②] 上海市档案馆藏上海商业联合会档案，卷宗号：Q80-1-45-3。
[③] 上海市档案馆藏上海商业联合会档案，卷宗号：Q80-1-45-6。
[④] 上海市档案馆藏上海商业联合会档案，卷宗号：Q80-1-3-13。
[⑤] 上海市档案馆藏上海商业联合会档案，卷宗号：Q80-1-45-11。
[⑥] 上海市档案馆藏上海商业联合会档案，卷宗号：Q80-1-45-1。

表 3-1　上海商业联合会会员缴纳会费情况

指标	一等(500 元)	二等(300 元)	三等(200 元)	未定(未缴纳)
数量/个	5	24	31	4
占比/%	7.8	37.5	48.4	6.3

由上可见，上海商业联合会的一等会员数量较少，主要是其发起团体中的交易所上海商业联合会、银行公会、钱业公会、纱厂公会、上海县商会等比较有影响力、有实力的团体，而广大商业团体虽然也纷纷加入上海商业联合会，但是只是以二等(占团体总数的37.5%)、三等(占团体总数的48.4%)会员的资格进入上海商业联合会。究其原因，一方面，这可能与这些团体当中中小团体较多有关；另一方面，有些团体虽然具有一定甚至很强的实力，但是，也只认定二等或者三等会员的资格，以尽量少缴纳会费，如华商码头公会原来自认为一等会员，4 月 23 日，该会却致函上海商业联合会，称该公会只能认缴二等会费 300 元。① 也有些团体虽然加入了上海商业联合会，但是不缴纳会费，如酒行公会等四团体。

二、上海商业联合会的会议制度

《上海商业联合会章程》规定，会员会议一月一次，委员会议一周一次，若有紧急情况，经十分之一以上同意，可以召开临时会议。但是事实并非如此，从建立到结束，上海商业联合会会议的召开频率呈递减的趋势。在 1927 年 3、4 月间，召开会员会议比较频繁，5、6 月份就相对减少，7、8 两个月就更为稀少，9、10 月份就没有召开会员大会，11 月份为商讨解散事宜，上海商业联合会在暮气沉沉中召开了两次会议，然后便草草收场。

---

① 上海市档案馆藏上海商业联合会档案，卷宗号：Q80-1-45-8。

(一)上海商业联合会的会员会议

1.上海商业联合会会员会议的主要议题

从上海商业联合会会员会议的主要内容来看,以 1927 年 4 月为分界线,可以分为前后两个时期,各个时期的会议内容有所不同。4 月份以前,上海商业联合会会员会议的主要内容多为建立该会的一些规章制度,推举主席以及经济、总务、调查、交际等科委员,讨论申请团体的入会问题。4 月份以后的会议内容主要有三个方面:筹款、抵制工人运动、联络列强。筹款主要是为国民党政权推销二五库券;抵制工人运动的会议主要包括讨论建立商团、建立商民协会、讨论工商标准等;与列强的联络与交涉主要包括请求租界当局拆除铁丝网,以及在国民政府与列强之间进行沟通。①

2.上海商业联合会会员到会情况

根据上海商业联合会会员会议签到簿的记载,上海商业联合会共举行会员会议 31 次。在这些会议当中,上海商业联合会会员中到会次数比较多的团体有:交易所上海商业联合会(29 次)、闸北商会(28 次)、银行公会和面粉公会(26 次)、通商各口岸转运所(24 次)、振华堂和运输公会(23 次)、南北报关公所(22 次)、粤侨商业上海商业联合会(20 次),这不仅仅是因为这些团体是上海商业联合会的发起团体,更为重要的是,这些团体的代表如交易所上海商业联合会的虞洽卿、银行公会的吴蕴斋、面粉公会的王一亭、闸北商会的王晓籁等都是上海商业联合会的中坚力量与骨干。而到会比较少的团体是:南市吉云堂花业公所、上海煤业公会、铁业公会、上海铜锡业公会、敦善堂腌腊公所、丝经同业公会。基本上没参加过上海商业联合

---

① 上海市档案馆藏上海商业联合会档案,卷宗号:Q80-1-1、Q80-1-2、Q80-1-38。

会会员会议的团体有糖洋南北杂货公会、上海油厂公会、木商会馆、上海酒行公会、南北烧酒业公所等,尤其是上海酒行公会和南北烧酒业公所,虽然在名义上加入了上海商业联合会,但既没缴纳会费也未派代表参加上海商业联合会的会议,这类团体虽然并不多见,但也是值得我们注意的。

此外,据统计,1927 年 3 月 22 日至 11 月 30 日,上海商业联合会召开的会员会议中,有较多团体参加的会议是:4 月 7 日会议(参加会议团体 34 个),4 月 29 日会议(参加会议团体 27 个),4 月 13 日、4 月 17 日、5 月 7 日会议(参加会议团体共 25 个),5 月 25 日(参加会议团体 23 个),5 月 2 日(参加会议团体 22 个),6 月 13 日、15 日(参加会议团体 21 个),3 月 29 日、31 日(参加会议团体 20 个)。

不难发现,上海商业联合会出席会议的团体的多少与会员加入上海商业联合会的进度和会议的重要程度相关,如 4 月 7 日出席会议的会员较多,主要是因为 4 月 7 日加入上海商业联合会的团体基本上达到峰值。其他的一些会议出席的团体比较多主要与这些会议的重要程度相关。如 4 月 29 日、5 月 2 日是上海商业联合会派认二五附税库券的会议,6 月 13 日和 15 日会议内容为讨论与明确工商界限,因为这些会议的议题牵涉到会员的切身利益,因此也是众会员比较关心的,是故出席的团体比较多。①

(二)上海商业联合会的委员会议

上海商业联合会委员会议包括常务委员会会议、会章起草委员会会议以及总务、经济、调查、交际四科委员会议。依照《上海商业联合会章程》的规定,上海商业联合会委员会议的次数应该多于会员会议的次数,但实际情况恰恰相反。从上海商业联合会委员会议的主

---

① 上海市档案馆藏上海商业联合会档案,卷宗号:Q80-1-37。

要内容来看，其会议主要议题有起草会章、组织商团、推举劳资代表、请求租界拆除铁丝网等，其中以讨论建立商民协会的会议居多。从上海商业联合会参加人来看，同其会员会议一样，出席委员会议的人数也呈递减趋势。出席委员会议次数较多的是主席王一亭、虞洽卿、吴蕴斋以及委员冯少山、穆藕初、孙景西等人，其次是来自金融业的一些代表，诸如秦润卿、徐新六、钱新之以及来自五金行业的徐补荪等人。①

（三）上海商业联合会与其他团体共同召开的会议

上海商业联合会后期的一些主要会议大多是和与其关系密切的商业团体如上海县商会、闸北商会、上海总商会以及银行公会和钱业公会共同举行的。其内容多为办理闸北救灾、官场应酬、为国民党军队筹饷等。②

（四）上海商业联合会会议状况分析

1927 年 3 月底到 4 月初，上海商业联合会几乎每天都召开会员大会。到了后期，自 6 月开始，无论是委员会议还是会员会议，都较前期减少许多。从这一时期的《申报》及档案资料的记载来看，上海商业联合会后期的一些会议，基本上都是上海商业联合会、上海总商会、闸北商会、上海县商会四团体召开的联席会议。

首先，上海商业联合会自 1927 年 3 月 22 日建立以后，在其后的一周内会员迅猛增加，领导层也不断扩充，组织机构也日趋完善。从以上分析不难发现，尽管加入上海商业联合会的团体只有 64 个，但

---

① 上海市档案馆藏上海商业联合会档案，卷宗号：Q80-1-37-1、Q80-1-37-4、Q80-1-37-6、Q80-1-37-7、Q80-1-27、Q80-1-47。

② 上海市档案馆藏上海商业联合会档案，卷宗号：Q80-1-31-26；上海工商业联合会：《上海总商会议事录》，上海古籍出版社 2006 年版，第 2468、2476 页。

是，从上海商业联合会会员的构成来看，无论是实力强弱还是行业构成，它几乎囊括了全上海的资本家。从它的常务委员会和经济、总务、交际、调查四科委员会等领导层的行业构成来看，它也几乎涵盖了当时上海所有的行业。种种迹象表明，上海商业联合会确实是1927年上海最重要、最有影响力的商业团体。

其次，上海商业联合会召开的会议，主要是委员会议和会员会议。从次数来看，总体趋势是逐月递减。从会议内容来看，主要是为国民党政权筹款、对付工人运动等。从参加团体来看，从成立之日起到3月26日，上海商业联合会会员已经达48个，到3月底达57个，而在上海商业联合会所有的会员会议中，只有那么一两次会议出席的团体达到团体总数的一半，大部分会议只有1/3或者1/4的会员参加，很多团体并没有像加入该会时那么积极、热心。是在观望还是失望？也许是变幻的时局让他们一片惘然。

再次，在上海总商会选举中失败的"反动派"联合19个团体成立了上海商业联合会，试图取代上海总商会与各种政治势力周旋。上海商业联合会成立之时，上海总商会已基本处于瘫痪状态，在工人运动对资本家造成严重威胁，上海商界为无所依托的状况下，上海商人寻求归属与安全感而采取自卫、自保行动。因此，一经19个团体发起，众多商业团体纷纷加入。上海商业联合会虎头蛇尾的活动表明他们在建立与扩充组织时比较积极与热心，亦可见上海工商界对它寄予的期望，资本家希望在上海商业联合会的引领下，能够有效地对付工人运动，解除工人运动的威胁，协调其与国民党政权及帝国主义列强的关系，维护商人群体的利益。从它成立初的19个团体到后来的64个团体，我们不难推测这一时期上海工商界的急迫心情。

最后，上海总商会、上海商业联合会、上海县商会、闸北商会等商业团体召开联席会议共同处理商界问题，表明了上海商业联合会地位与昔日的反差，作为临时性的商人联合组织，它已经被人们认为不能单独维护上海资产阶级的利益与解决商务纠纷，只好借助其他商会的力量与声威来处理商界问题，此时，它已经不能领导众商了。一些影响较大的商会组织开始与之平起平坐，尤其是上海总商会，已经恢复了它的部分功能。所以上海商业联合会在建立后不长的时间里，便出现了衰败之气。

第三节　上海商业联合会会员与领导层

一、会员队伍迅速扩大

1927 年 3 月 22 日至 4 月上旬，是上海商业联合会的扩充阶段。上海商业联合会成立之时，只有 19 个团体。当 19 个发起团体在《申报》等报纸刊登出成立公告以后，一些工商团体纷纷，去函请求加入上海商业联合会。据《申报》报道，上海商业联合会成立以后，仅一周，会员团体已达 50 余个。[①] 上海商业联合会会员的增加主要集中在 3 月下旬，尤其是 3 月 25 日和 3 月 26 日，分别加入 13 个和 16 个团体，共 29 个团体。

上海商业联合会在接到各团体请求加入的函件后，很快召开会员会议和委员会会议，经会员大会和委员会会议讨论，同意这些工商团体全部加入上海商业联合会。

根据上海商业联合会会员录记载，先后加入上海商业联合会的团体共有 64 个。从行业分布来看，主要包括工业、金融、运输、五金、

---

① 《加入联合会之踊跃》，《申报》1927 年 3 月 30 日。原文为"五千余团体"，笔者认为是数字错误，因为与事实不符，上海商业联合会到最后也只有 64 个团体。

食品、医药、纺织、建筑、染织、典当等各个行业的工商团体，几乎涵盖了上海工商各业。

从上海商业联合会会员的构成类型来看，主要可以分成三类：

第一类是同业公会，如银行公会、钱业公会、交易所上海商业联合会、纱业公会、面粉公会、纸业公会、金业公会、丝经同业公会、书业商会、中国棉业上海商业联合会、上海酒行公会、华商码头公会、上海油厂公会、上海染织同业公会等。这类团体共 44 个，无论数量还是实力，在上海商业联合会中都占据绝对优势，尤其是银行公会、钱业公会、交易所上海商业联合会、面粉公会等团体的代表在上海商业联合会领导层处于主导地位。

第二类是区域性的商业团体，如上海县商会、闸北商会、旅沪商帮协会、粤侨商业上海商业联合会、江苏火柴同业会。这类团体数量不多，但实力较强，影响较大。

第三类是会馆公所，共 15 个团体，如商船会馆、上海市区押当公所、鱼业敦和公所、典质业公所、厢业集义公所、布业公所、敦善堂腌腊公所、南北报关公所、茶业会馆、绸缎业绪纶公所、参业公所、通商各口转运会所、通崇海花业公所、嘉谷堂米业公所、上海南北烧酒业公所。同前两类团体相比，这些团体的实力以及在上海商业联合会的影响力，都大为逊色。

根据上海商业联合会的规定，该会会员在加入上海商业联合会时应该填写入会志愿书。不过，根据档案所见，填写入会志愿书的团体只有上海鱼业敦和公所、上海煤业公会、上海铁业公会、上海南北报关公所、上海出口各业公会、糖洋南北杂货公会、洋货业公会、上海银炉公会、上海糖业点春堂、上海五金同业公会、厢业集义公所、布业公所、上海市区押当公所。[①]

---

① 上海市档案馆藏上海商业联合会档案，卷宗号：Q80-1-35。

二、话语权的代言人:领导层之形成

(一)上海商业联合会主席

上海商业联合会领导层主要由主席和各种委员构成。在 1927 年 3 月 24 日的会员大会上,众会员选举虞洽卿、吴蕴斋、王一亭为上海商业联合会主席。

(二)上海商业联合会委员

上海商业联合会的委员主要有常务委员和四科委员(即总务科、经济科、调查科、交际科委员),下面分别加以介绍。

1.常务委员

已有研究表明,上海商业联合会成立时选举了常委 15 人,[①]而档案记载上海商业联合会有 17 名常务,分别是:王一亭、虞洽卿、吴蕴斋、顾馨一、王晓籁、姚紫若、秦润卿、钱新之、石芝坤、徐补荪、王彬彦、陈炳谦、冯少山、穆藕初、叶惠钧、荣宗敬、闻兰亭。这 17 人就是 3 月 24 日以前选举或推定的委员。

2.四科委员

上海商业联合会 3 月 24 日召开会员大会时,虞洽卿提出,委员原定为 25 人,现在已有 17 人(即常务委员),因众团体纷纷加入,故拟定增至 31 人,增加 14 人。虞洽卿所说的现有 17 人是:总务科,王一亭、虞洽卿、吴蕴斋、顾馨一、王晓籁、姚紫若;经济科,秦润卿、钱新之;调查科,石芝坤、徐补荪、王彬彦、陈炳谦;交际科,冯少山、穆藕

---

① 　徐鼎新、钱小明:《上海总商会史(1902—1929)》,上海社会科学院出版社 1991 年版,第 446 页。

初、叶惠钧、荣宗敬、闻兰亭。而增加的 14 人（实际上只增加了 13 人，原因不详）分别是：总务科，徐庆云；经济科，孙景西、叶扶霄、胡孟嘉；调查科，尤森庭、薛文泰、徐新六、陆伯鸿、沈润挹；交际科，劳敬修、徐静仁、倪文卿、沈田莘。当天的会议记录记载有委员 30 人，即：总务科，王一亭、姚紫若、徐庆云、虞洽卿、吴蕴斋、顾馨一、王晓籁；经济科，秦润卿、钱新之、孙景西、叶扶霄、胡孟嘉；交际科，冯少山、穆藕初、叶惠钧、荣宗敬、劳敬修、徐静仁、倪文卿、沈田莘、闻兰亭；调查科，石芝坤、徐补荪、王彬彦、陈炳谦、尤森庭、薛文泰、徐新六、陆伯鸿、沈润挹。①

3 月 25 日，上海商业联合会会员大会决定增加范和笙为调查科委员。②

3 月 28 日，上海商业联合会召开会员会议，决议增加委员 10 人，但实际上只增加了 8 人：总务科增加吴麟书，经济科增加冯仲卿，调查科增加毛子坚、蔡声白、伍咏霞，交际科增加姚慕莲、朱吟江、刘鸿生。③

4 月 4 日，上海商业联合会会员大会决议增加陈翊周为调查科委员。

至此，上海商业联合会的四科委员共有 40 人，其中，总务科 8 人，经济科 6 人，交际科 12 人，调查科 14 人，这也就是上海商业联合会最终的委员会委员的名单。

从常务委员以及四科委员的背景来看，当时上海的主要行业诸如金融、纺织、加工、运输、食品、五金、木材、造纸等行业以及上海比较有影响力的商业团体如上海县商会、闸北商会、粤侨商业联合会等都在常务委员会和四科委员会或多或少地占有一定的比例。在这些行业中，无论是实力比较雄厚的金融、纺织、食品（面粉）等行业，还是

---

① 上海市档案馆藏上海商业联合会档案，卷宗号：Q80-1-2-11。
② 上海市档案馆藏上海商业联合会档案，卷宗号：Q80-1-2-5、Q80-1-2-6、Q80-1-2-7。
③ 《商业联合会会记》，《申报》1927 年 3 月 29 日。

资本与影响力都比较一般的金业公会、木商会馆、丝经同业公会等行业，无论团体大小与实力雄厚与否，都在上海商业联合会的领导层占有一席之地。可以说，从上海商业联合会领导层的行业背景来看，它基本上涵盖了当时上海的重要行业，因而也就具有比较广泛的代表性。

虽然上海商业联合会的领导层能够涵盖当时上海的重要行业，具有比较广泛的代表性，但是，一些主要的商会团体以及实力雄厚的行业在常务委员与四科委员中占绝对优势，因此他们在上海商业联合会决策过程中的主导地位不容忽视。如来自银行公会、面粉公会、上海县商会、闸北商会的常务委员在常务委员会中所占比例均高达11.7％，交易所联合会更是高达17％。在四科委员中，占比排第一位的是银行公会，占15％；其次是上海县商会，占10％；再次是交易所联合会，占10％；纱业公所、闸北商会、粤侨商业联合会、面粉公会、中国棉业联合会各占5％。其他行业如金业公会、铁业公会、机器碾米公会等团体只占2.5％的比例。而从实际运作来看，上海商业联合会的决策权主要集中于金融等行业以及闸北商会、上海县商会等代表的手中，某些重要事情甚至完全由上海商业联合会主席虞洽卿决定。

3. 外交委员和特别委员

在1927年3月27日的会员大会上，众会员推举余日章、冯炳南、黄明道、钱承绪四人为外交委员。[1] 后来，又增加陈光甫、穆藕初为外交委员。[2] 除了外交委员，联合会还设立特别委员，由余日章、冯炳南、黄明道、钱承绪四人担任。[3]

---

[1] 上海市档案馆藏上海商业联合会档案，卷宗号：Q80-1-2-11。
[2] 上海市档案馆藏上海商业联合会档案，卷宗号：Q80-1-32-6；上海市档案馆藏上海商业联合会档案，卷宗号：Q80-1-5-7；《商业联合会推定外交委员》，《时报》1927年3月28日。
[3] 上海市档案馆藏上海商业联合会档案，卷宗号：Q80-1-32-5。

第四章
上海商界话语权的传承与嬗变

　　上海商业联合会的建立与扩充,无论是在会员结构、领导层的构成等层面,还是在章程与制度等方面,既有与上海总商会的同一性,又有与上海总商会的差异性,体现了上海商业联合会在组织与制度、人事与话语权上对上海总商会的传承与嬗变。上海商业联合会成立以后很快着手处理商界事务与社会事务,担任起领导众商的角色,发挥着联络官商、保护商界利益等商会功能。同时,上海商业联合会还通过社会救济活动,发挥了传统商会的社会功能。上海商业联合会这些商会功能与社会功能,也体现了它对上海总商会商会功能的传承与嬗变。

第一节　商会组织的传承与嬗变

　　1927 年,在上海商界的风云变幻中,上海商业联合会与上海总商会既有同一性又有差异性,这种同一性与差异性体现了上海商业联合会对上海总商会的传承与嬗变。

一、组织机构比较

(一)传承方面

在经费来源、会员构成等方面,上海商业联合会都体现出对上海总商会某种程度的传承性,主要表现在:

1. 两者都实行三级制

上海商业联合会组织机构分为会员大会、委员会、主席团三级制;上海总商会为会员大会、会董会、会长三级制。

2. 活动经费都来源于会费

在经费来源上,上海商业联合会与上海总商会都依靠向会员征收会费作为活动经费,会费的多少与团体的大小、代表的多少有关。上海总商会会费除按旧章以外,新入会的团体会费为 100 两,单独入会的商号分为 100 两、50 两、30 两三种。而上海商业联合会会费分为 500 元、300 元、200 元三种,派代表 2 至 6 人。

3. 都实行科层制

两者都分科处理事务:上海总商会议董分会计、书记、接待、庶务四种;上海商业联合会委员分总务、经济、调查、交际四科,另设外交与特别委员会。

4. 都以同业公会、会馆公所为基础

上海商业联合会和上海总商会都以商业团体、同业公会、会馆公所为基础。在上海商业联合会的会员团体中,商业团体共 5 个,同业公会共 44 个,会馆公所共 15 个;而在 1926 年和 1927 年上海总商会的合帮会员中,商业团体共 3 个,同业公会 26 个,会馆公所 49 个。

（二）嬗变方面

上海商业联合会在继承上海总商会规章的基础上，也做出了一些不同于上海总商会的变化，上海商业联合会与上海总商会的差异性主要表现在以下几个方面：

1. 从宗旨来看，两者宗旨的寓意有所不同

上海总商会的宗旨是：联络同业、启发智识、调查商业、备部咨询、维持公益、改正行规、调停纠纷、代诉冤抑。上海商业联合会则以"以互助精神维护商业"为宗旨。由此我们可以看出上海总商会主要是处理工商业内部的一些事务，主导思想是"在商言商"。而上海商业联合会宣称以"互助精神"为宗旨，"对内谋求发展之需要，对外谋求发展之保障"，其成立宣言列举了商民在商言商的种种弊端，认为解决此弊端的办法便是实行"政商合作"，可见，上海商业联合会的"互助精神"就是实行"政商合作"，就是要突破上海总商会"在商言商"这一传统思想的束缚，上升到政治的层面来维护商人的利益。①

2. 从结构来看，两者在领导人产生方式、成员的权利与义务等方面都存在差异

第一，领导人产生方式不同。上海商业联合会通过推举制推举领导人，而上海总商会为选举制。上海商业联合会委员是从会员代表中推定的，委员任期一年，期满由会员另行推定。在人选的产生方式上，上海商业联合会主要采用推举的方法产生人选，推举方式主要分三种情况。一是由会员推举人选，如3月28日，会议推举吴蕴斋、劳敬修、闻兰亭为代表谒见蒋介石，这些代表由会员共同推举产生。

---

① 《上海商业联合会章程》，见上海市档案馆：《一九二七年的上海商业联合会》，上海人民出版社1983年版。

二是由委员会中的委员推举产生人选,如 4 月 27 日,众委员推定姚紫若、王晓籁、王彬彦、石芝坤、叶惠钧为筹饷委员会委员。三是由委员会主席直接指定人选,如 4 月 17 日会员大会讨论组织商团,商团审查委员会 11 人,包括荣宗敬、徐庆云、王晓籁、王彬彦、顾馨一、叶惠钧、范和笙、姚紫若、姚公鹤、王一亭、冯少山,均由主席虞洽卿指定。

上海总商会会董由会员选举产生,再由会董共同选举会长一人、副会长一人。总商会的会董、会长主要由投票选举产生。从民主程度而言,推举制甚至比选举制倒退了。但是考虑到上海商业联合会实际上是由一批本来就志趣相投的人士发起组成的,以推选的方式确定领导人应该能更好地保证其组织团体初衷的贯彻。

第二,成员权利与义务差异较大。上海总商会规定:"各业团体会馆公所入会者,会费仍照旧章,唯向例举业董一二人代表入会为会员,现拟普通选举即于各业团体按营业之大小、会费之多寡酌定推举代表之人数","各业会费一百两以上者,得举会员一人,以多至十人为止","各业商号商人另入会者,会费酌分三种:一百两、五十两、三十两。缴会费五十两得举店东或经理人为会员。缴三十两为会友"。上海商业联合会简化了入会与会费的规定,只规定会费分三种:五百元、三百元、二百元。会员的等级按团体大小由会员认定,经委员会通过,都为上海商业联合会会员。它取消了总商会的会员与会友在选举与被选举资格上的差别,总商会会员有选举权与被选举权,而会友只有选举权,联合会的会员都有选举权与被选举权。

第三,组织制度存在差异。上海商业联合会实行委员会制,而上海总商会实行会董制,两者人数有所不同,上海商业联合会的委员人数较上海总商会有所增加。上海总商会章程规定,"会员由普通各业选举,分别入会注册,即由入会的会员复举会董三十一人"。上海商业联合会 4 月 1 日通过的章程则规定,"委员制额定四十一人,团体增加委员亦随之增加,但至多以四十五人为限"①,并成立常务委员会。在 3 月 22 日的会议上,选举常委 15 人,②后增加到 17 人。采用委员会制,表明上海商业联合会在组织结构上发生了重大变化。

3. 会议制度与运作方式的差异

第一,制度上的差异。上海总商会所举行的会议分常会、大会、特会三种。常会,每日午前或午后,无论何业,不妨自约同行来集会所;大会,定于礼拜某日就某事评议是非;特会,由受屈之人先三日通知,然后召集会员评议。可见,总商会的这些会议主要是评议是非,解决纠纷。上海商业联合会会议分委员会、会员大会、临时会议几种。③ 依照上海商业联合会章程规定,委员会一周一次,会员大会一月一次。实际上,联合会前期会议无论是会员大会还是委员会议,召开频繁,会议有的时候几乎是一天连着一天,但后期却屈指可数,差不多一个月才开一次。之所以出现这种情况,可能与它初期事务繁多有关。

第二,会议议程上的差异。上海总商会议事时,无论是常会还是特会,"应先三日将所议之事函告与议之人",议事时,"须有议事权之人到有过半,方可议事开会","以多数定议",而诸如"更改章程等事情则要求有会员的三分之二允许,方可照办"。④ 有时,上海总商会还采用机密投筒法。

---

① 《上海商业联合会章程》,见上海市档案馆:《一九二七年的上海商业联合会》,上海人民出版社 1983 年版。

② 《上海总商会大事记》,见徐鼎新、钱小明:《上海总商会史 1902—1929》,上海社会科学院出版社 1991 年版。

③ 《上海商业联合会章程》,见上海市档案馆:《一九二七年的上海商业联合会》,上海人民出版社 1983 年版;《上海总商会章程》,见上海市工商业联合会、复旦大学历史系:《上海总商会组织史资料汇编》,上海古籍出版社 2004 年版,第 546-550 页。

④ 《上海总商会章程》,见上海市工商业联合会、复旦大学历史系:《上海总商会组织史资料汇编》,上海古籍出版社 2004 年版,第 546-550 页。

与上海总商会不同,上海商业联合会会员大会的议事程序是,由主席提出大会的议案,由全体会员讨论。如 3 月 24 日会员大会,主席报告议案,交会员讨论,大会讨论会费的征收与慰劳抵沪国民革命军。会员决定会费以入会团体按大小不同分三等一次缴付,一等 500元、二等 300 元、三等 200 元;定制香烟、毛巾,备以公函慰劳抵沪国民革命军。① 3 月 26 日,上海商业联合会为调停永安公司工潮,其会议议程是:虞洽卿、王晓籁、劳敬修、冯少山报告公司工潮情形;众会员决定请劳敬修向两公司解劝,忍耐痛苦,暂先接受工人条件。② 3月 30 日,余日章报告议案:外交事务分个人与团体接洽,海外宣传美国方面拟选顾子仁、李国钦为代表等,众会员决议以上方案一致通过。③

通过对上海总商会与上海商业联合会章程、议事程序的对比,我们恐怕很难讲上海商业联合会在组织严密性、民主程度等方面比上海总商会具有更大的优越性。上海总商会存在的历史比较悠久,已经形成一套比较规范、成熟的制度。而上海商业联合会筹建时间比较短,如上文所指,也同该组织的发起者志趣相投有关,其委员会制实际上表明会务决定于少数几个人,因此,也就难免为上海商业联合会的夭折埋下了伏笔。

二、上海总商会和上海商业联合会领导层之比较

1916 年修订的上海总商会章程,规定其领导层为正副会长各一人,会董 35 人(含正副会长)。1927 年上海总商会被上海商业联合会接收后,选出临时委员 35 人,1927 年确定正式的委员主任、执行委员、候补执行委员等,其领导层都有所扩大。上海商业联合会临时章

---

① 上海市档案馆藏上海商业联合会档案,卷宗号:Q80-1-2-1。
② 上海市档案馆藏上海商业联合会档案,卷宗号:Q80-1-2-8、9,Q80-1-2-13。
③ 上海市档案馆藏上海商业联合会档案,卷宗号:Q80-1-2-13、14、Q80-1-3-9。

程先后规定委员（主要是指总务、经济、调查、交际四科委员）25 人、31 人，在 4 月 1 日通过的新章程中，规定委员最多为 45 人。受时局等各种因素的影响，在上海总商会发生变故与领导层更替的过程中，在上海传统的商界精英当中，一部分人通过上海商业联合会重新回到上海总商会，这部分人主要包括：顾馨一、徐庆云、闻兰亭、穆藕初、冯少山、荣宗敬、叶惠钧、倪文卿。上述诸人原来曾是上海总商会的会董，1926 年均落选，1927 年齐集于上海商业联合会与上海总商会临时委员会，1928 年再次回到上海总商会，出任执行委员或者候补执行委员。还有一部分人通过上海商业联合会进入了上海总商会，如王一亭、朱吟江、孙景西、沈田莘、石芝坤，他们原来都未曾就任上海总商会的会董，1927 年上海总商会被上海商业联合会接收后成为上海总商会的临时执行委员，1928 年上海总商会选举时得以当选为上海总商会执行委员或候补执行委员。

上海商业联合会常务委员共 17 人，总务、经济、交际、调查四科委员共 40 人，但是，上海商业联合会的常务委员同时又是四科委员，故实际的委员只有 40 人。1927 年上海总商会被上海商业联合会接收后，其领导层也基本上被上海商业联合会掌控。上海总商会 1927 年选出的临时委员共有 35 人，其中，有 19 人成为上海商业联合会委员，即冯少山、穆藕初、王晓籁、叶惠钧、王一亭、虞洽卿、秦润卿、闻兰亭、沈田莘、吴蕴斋、石芝坤、吴麟书、荣宗敬、顾馨一、孙景西、劳敬修、朱吟江、刘鸿生、倪文卿。同 1927 年相比，1928 年上海商业联合会势力在总商会中有所减弱，但仍然占有一席之地。上海总商会 1928 年 5 月 7 日选定执行委员共 59 人，候补执行委员 20 人，主任委员 3 人，常务委员 4 人，共计各类委员 86 人，其中，原上海商业联合会委员共 18 人，即冯少山、石芝坤、孙景西、穆藕初、虞洽卿、闻兰亭、徐补荪、叶惠钧、叶扶霄、劳敬修、徐庆云、顾馨一、陈翊周、尤森庭、荣宗敬、沈田莘、朱吟江、王一亭。

三、会员的比较

上海总商会的会员主要分为合帮会员和分帮会员两种,在1926年的会员中,有分帮会员403人,合帮会员78人。而上海商业联合会只接受商业团体入会,故本书只比较上海商业联合会与上海总商会合帮会员的变化情况与两者之间的关系。①

1926年和1927年上海总商会合帮会员的团体中,在1927年加入上海商业联合会的团体共有38个,这些团体占上海总商会合帮会员的50%,占上海商业联合会会员团体总数的59.4%。它们是:钱业公会、南北报关公所、纱厂联合会、杂粮公会、纱业公所、纸业公会、金业公会、粤侨商业联合会、茶业会馆、丝经同业公会、振华堂、书业商会、商船会馆、通商各口转运会所、中国棉业联合会、南市吉云堂花业公所、运输公会、绸缎业绪纶公所、上海机器碾米公会、沪北经售米粮公会、上海华商织袜公会、上海银楼公会、杭绸业钱江会馆、典质业公所、上海油厂公会、木商会馆、喻义堂药业(其代表毛子坚同时代表和义堂饮片业)、上海铜锡业公会、景伦堂纸业公所、嘉谷堂米业公所、厢业集义公所、上海出口各业公会、上海银炉公会、铁业公会、上海五金同业公会、洋货业公会、上海煤业公会、鱼业敦和公所。需要特别注意的是,钱业公会、南北报关公所、纱厂联合会、杂粮公会、纱业公会、纸业公会、金业公会、粤侨商业联合会、茶业会馆、丝经同业公会、振华堂、书业商会、商船会馆、通商各口转运会所14个团体同时还是上海商业联合会的发起团体。此外,这部分属于上海总商会的团体在加入上海商业联合会时,其团体代表基本上没有什么变化,

---

① 《1927年上海总商会会员录与各业会员名单》,见上海市工商业联合会、复旦大学历史系:《上海总商会组织史资料汇编》,上海古籍出版社2004年版;《上海商业联合会会员录》,上海市档案馆以及商业联合会档案,卷宗号:Q80-1-5。

只是个别团体的代表人数略有增减而已。如钱业公会在上海总商会的代表是秦润卿、盛筱珊、谢韬甫、楼恂如、严均安、赵文焕、沈笙、陈子壎、朱允升、胡熙生，而在上海商业联合会的代表是秦润卿、严均安、谢韬甫、胡熙生、楼恂如；上海银楼公会在上海总商会的代表是席云生，在上海商业联合会的代表是席云生和应贤三；振华堂在上海总商会的代表是顾子槃、周渭石、余葆三，在上海商业联合会的代表是顾子槃、陈松源、余葆三。① 在此不一一列举。

在上海商业联合会的会员中，不隶属于上海总商会的团体有 26 个，分别是：上海县商会、闸北商会、银行公会、交易所联合会、面粉公会、沪北米业联合会、参业公所、上海酒行公会、上海南北烧酒业公所、上海染织布厂公会、中华水泥厂联合会、敦善堂腌腊公所、新药业公会、华商码头公会、电机丝织公会、通崇海花业公所、上海料器业公会、糖洋南北杂货公会、布业公所、和义堂饮片业、信义堂饮片业、江苏火柴同业公会、旅沪商帮协会、上海染织同业公会、上海市区押当公所、上海糖业点春堂。在这些团体中，发起团体有 5 个，即上海县商会、闸北商会、银行公会、交易所联合会、面粉公会。其他的 21 个都是加入团体，这些团体原本只能游离于上海总商会之外，但在上海商业联合会中却占据重要地位，仅 5 个发起团体的代表就占常务委员会 63.8％的席位，占总务、经济、交际、调查四科 45％的席位，因此其影响力不能等闲视之。

通过分析，不难发现 1927 年上海商界的常态与异动。首先，虽然上海商业联合会是 1927 年新成立的商业团体，但是其会员同 1926 年的上海总商会合帮会员相比，没有太大区别。1927 年，上海总商会基本上还是保持原来的队伍，会员并没有因为加入上海商业联合

---

① 《上海商业联合会会员录》，上海市档案馆藏上海商业联合会档案，卷宗号：Q80-1-5-13、Q80-1-5-14、Q80-1-5-15。

会而舍弃上海总商会,这也反映了上海资产阶级左右逢源、八面玲珑的处世态度。其次,撇开上海总商会的分帮会员不说,仅从上海总商会合帮会员与上海商业联合会会员的比较情况来看,无论是行业种类还是会员数量,上海商业联合会都无法同上海总商会比拟。再次,商业团体的更替过程,同时也反映了商界各行业的兴衰和各行业代表势力在商会地位的消长。银行公会在上海总商会系分帮会员,虽然在总商会中也举足轻重,但在上海商业联合会中却占绝对优势,反映了商界内部不同行业话语权的变化。

四、章程的比较

上海商业联合会章程共 15 条,分别就该会的宗旨、会员资格、委员种类与委员人数、会费、会址等方面做了比较具体的规定。上海总商会 1916 年的章程共 10 章 26 条;1927 年的章程共 13 章 51 条。从内容来看,上海商业联合会章程比上海总商会章程简洁,而且在某些方面借鉴了上海总商会章程,如上海总商会会员入会时要求"须有会员二人介绍,并要经过常务委员会通过",而上海商业联合会规定会员入会"必须有会员介绍,由委员会通过"。在会费方面,上海总商会和上海商业联合会都规定违规会员的会费"不得发还"。在有关领导层任期方面,与上海总商会的"连选连任"几乎相同,上海商业联合会规定其委员可以"连推连任"等。

具体而言,在宗旨方面,上海总商会的宗旨是"联络同业、启发智识、调查商业、备部咨询、维持公益、改正行规、调停纠纷、代诉冤抑",上海商业联合会的宗旨是"以互助精神维护商业"。在组织机构方面,上海总商会实行会董制,设立"会长 1 人,副会长 1 人,会董 33人,特别会董若干",1927 年起实行委员会制;上海商业联合会实行委员会制,设立"主席 3 人,委员额定 41 人,如将来团体增加,得增加之，但至多以 45 人为限，另聘特别委员"。

在领导人产生方式方面，上海总商会自创立到 1927 年，规定"会董由会员投票选举；会长由会董投票互选；特别会董须品重望优、富有经验及实力赞助本会者，有本会会员五人以上提议公举，再于常会通过方为合选，采用无记名投票"；1927 年后，规定"会员选举产生执行委员，执行委员互选常务委员，常务委员选举主席团，记名投票"。上海商业联合会则规定"就会员代表中推定委员或者委员互推。主席由委员推举，采用推举制"。

在办事机构方面，上海总商会"设书记、缮校、收掌、翻译、会计、庶务各员，各办事职员无定额，按事务之繁简聘任"；上海商业联合会设立"委员分总务、交际、经济、调查四科分理一切事务，并得雇用职员助理之"。

在会员的加入与退出方面，上海总商会规定"无论合帮与分帮行号及个人，愿入会者，须有会员二人介绍，并具入会信约及会员介绍书送会，经常会通过"，"会员自愿出会，须声明实在理由，具出会书送会备核，违犯国法者、不守会章及破坏本会者、侵侮同类者、犯商会法者经查有实据，开会公决令其出会，会费概不给还"；上海商业联合会规定"凡正式商业团体自愿加入者，经会员之介绍，得推定代表函致本会，由委员会通过，随时加入。但凡独立商业而无代表机关者，欲加入本会时，经本会委员二人之介绍，提出大会得过半数之通过，亦得入会"，"会员有自愿出会者，须具理由书到会声明，已缴会费不得发还。会员有违本会章程者，经调查确实，并由会员会决议，得函知出会，已缴会费不得发还"。

在会议制度方面，上海总商会规定"会议分三种：常会，间星期一举行之，会长、会董与议；特会，或召集全体会议或召集会董开议，随事酌定；年会，每年于第一次常会开全体会议，报告预算、决算、事务所用费及事业费"；上海商业联合会规定"会员会议每月一次。委员会议每星期一次。遇有事故,经十分之一以上同意,均得召集临时会议。会员会议公推一人为临时主席。委员会议设主席团,额定三人"。

在财务制度方面,上海总商会规定"一百两以下者,由常会公议,一百两以上者,开全体会议议决,均须由会长签字,会计处得以照发。会费交会掣付收条,须由会长签字。本会经费以各业会费所入之款充之,分额支、活支两项:额支,由会计董事预算列表,开全体会议议决照行;活支,五十两以上";上海商业联合会规定"会费阳历四月一日交大陆银行,支款须孙景西、胡孟嘉二人之一签字即可。零用账由书记代管,每月由经济科派人核查。零用账由银行代垫,每半月开具清单交主席代管"等等。①

第二节　商会功能的传承与嬗变

商会的职能以经济方面的职能为主,但又超越了经济的范围,涉及社会生活的其他方面。商会自身也往往把保商利、扩商权、开商智,即辅助政府促进工商业的发展作为自己的宗旨和任务。商会的主要功能包括保商功能和社会功能。其中保商功能主要表现为为商请命,反映与转呈商界疾苦,代表商界与政府进行交涉,在官商之间进行联络与交涉,争取商界话语权,从而维护商界利益。而商会的社

---

① 《上海商业联合会章程》,见上海市档案馆:《一九二七年的上海商业联合会》,上海人民出版社 1983 年版;上海市档案馆藏上海商业联合会档案,卷宗号:Q80-1-3-17、Q80-1-45;上海市工商业联合会、复旦大学历史系:《上海总商会组织史资料汇编》,上海古籍出版社 2004 年版,第 546-550 页;上海市工商业联合会:《上海总商会议事录》,上海古籍出版社 2006 年版,第 2463-2467 页。

会功能具有协调、管理、社会三方面的功能，即"经济机能""行政辅助机能""自卫机能"等社会功能。①

一、保商功能

上海商业联合会的保商功能主要包括：为商请命，代申冤抑，积极维护会员利益；传递信息，联络官商，构建官商之间的桥梁与纽带，从而降低商界交易成本。

（一）为商请命，代申冤抑

国民党军队占领上海不久，国民政府政治部宣传处因一时无法找到办公房屋，便暂时借用糖洋南北杂货公会房屋，并答应半个月以后归还。然而，半个月过去后，宣传处却没有归还的意思。1927年5月8日，糖洋南北杂货公会致函上海商业联合会，请其沟通宣传处归还该会的房屋。② 在接到杂货公会的请求后，上海商业联合会召开委员会会议，决议由姚紫若起草文件将糖洋南北杂货公会请求转呈宣传处秘书处，称："此地为该会营业市场，每日互市商人达二千余人，全系该会场为交易总枢，望政治分会另觅相当地点。"③然而，宣传处却当全然没当一回事。6月23日，糖洋南北杂货公会再次恳求上海商业联合会。④ 6月28日，上海商业联合会致函宣传委员会驻沪办事处，称："贵会与该公会面商因组成伊始，匆忙间不及觅相当房屋，暂假半月，当终期内觅屋迁让，该公会以既属临时借用，遂将楼屋多

---

① 马敏、付海晏：《近20年来的中国商会史研究（1990—2009）》，《近代史研究》2010年第2期。
② 上海市档案馆藏上海商业联合会档案，卷宗号：Q80-1-29-20、Q80-1-29-21、Q80-1-29-22。
③ 上海市档案馆藏上海商业联合会档案，卷宗号：Q80-1-3-26。
④ 上海市档案馆藏上海商业联合会档案，卷宗号：Q80-1-29-24。

间腾让,迄今已逾一月,天气渐热,互市庄客达三千,拥挤不堪,应早日让还,贵处宣传党化应首重民生。"①7月1日,国民党中央政治处上海分部举行第二次会议,以"本处组织现在虽已经宣告成立,而办公房屋仍未觅有适宜之处,实无从迁让"为由,再次拒绝了上海商业联合会的请求。② 对此,上海商业联合会于7月8日第三次致函国民党中央驻沪办事处,内称:"贵处前借该公会的房屋属临时性质,该公会以情不可动,勉允暂借,本月期满,应请让还,现在天气渐热,该公会人数众多,因房屋不敷营业顿受影响。"③

　　这一时期,房东与房客之间的租赁纠纷也纷纷反映到上海商业联合会,房主和房客各执一词,房主拒绝减租,甚至要求增加房租,而房客则要求减租,他们纷纷致函上海商业联合会要求协助解决。6月1日,上海房租讨论委员会请上海商业联合会派代表参加该会。④经上海商业联合会委员会决议,决定派倪文卿、项如松为上海房租讨论会代表。⑤ 6月11日,浦东业主联合会请上海商业联合会协助解决房屋纠纷。⑥

　　过了不久,五马路商界联合会也要求上海商业联合会在该会会员与房主王大吉的房租纠纷诉讼案中,支持该会会员。

　　房主与房东的纠纷纷扰一时,双方相持不下,最终却落入国民政府的陷阱。国民政府先是运用行政命令干预房主与房客之间的租赁纠纷。7月19日,江苏财政厅厅长"希望"上海商业联合会劝导房主不得加租,房客不得减租。⑦ 后来,蒋介石要求虞洽卿发起"房租济

---

① 上海市档案馆藏上海商业联合会档案,卷宗号:Q80-1-3-27。
② 上海市档案馆藏上海商业联合会档案,卷宗号:Q80-1-29-31。
③ 上海市档案馆藏上海商业联合会档案,卷宗号:Q80-1-3-36。
④ 上海市档案馆藏上海商业联合会档案,卷宗号:Q80-1-9-3。
⑤ 上海市档案馆藏上海商业联合会档案,卷宗号:Q80-1-1-38。
⑥ 上海市档案馆藏上海商业联合会档案,卷宗号:Q80-1-1-3。
⑦ 上海市档案馆藏上海商业联合会档案,卷宗号:Q80-1-9-11。

饷"，即要求上海房主将 7、8 两个月的房租捐给国民政府作为
军饷。

当会员遭到当局逮捕时，上海商业联合会也会鼎力营救。8 月 8
日，上海庆源押店的老板翁耐甫被警备司令部逮捕，罪名是接济共产
党。第二天，上海市区押当公所请上海商业联合会设法营救被捕的
翁耐甫。① 上海商业联合会主席王一亭在接到押当公所的求救信后
立即与虞洽卿商议营救与交涉办法，很快就将押当公所的求救信转
给杨虎和陈群。

当荣宗敬在认购二五库券问题上与蒋介石发生矛盾而遭到通缉
时，上海商业联合会也于 5 月 16 日召开会员临时大会，讨论如何援
助被通缉的荣宗敬。虞洽卿建议由吴蕴斋、穆藕初、孙景西起草电
文，立即发电报给蒋介石，并派王一亭、穆藕初赴南京当面向蒋介石
求情，疏通关系。② 在上海商业联合会领导人的帮助下，蒋介石撤销
了对荣宗敬的通缉令，启封了他的工厂。

上海商业联合会不但对本会会员的利益加以维护，当其他地方
政府在处理商界事务有所不当时，上海商业联合会也同其他商会一
起向政府施加压力，发挥自身的影响力。广东省政府因筹款未能如
愿，扣留商会会长及银行要人，并封闭银钱两业，致使群情激愤，上
海商业联合会认为"粤省此举，重大失当"，与总商会、银钱两公会
联电广东省政府，要求"立予纠正，将被扣各人，被封银行，立予释
放启封"。③

在战争时期，政府征用民间车辆与船只是常有之事，上海商业联
合会的一些会员也因此颇受困扰。5 月 7 日，华商码头公会恳请司令

① 上海市档案馆藏上海商业联合会档案，卷宗号：Q80-1-29-17、18。
② 上海市档案馆藏上海商业联合会档案，卷宗号：Q80-1-1-33。
③ 《总商会等援助被扣粤商代表》，《申报》1927 年 9 月 6 日。

部免捕民轮当差。① 5 月 29 日，上海商业联合会告知华商码头公会
"以后倘遇被封当差之事，本会自应尽维护之责"。②

（二）传递信息，联络官商

战争造成了交通的阻隔与断绝，为了恢复水陆两路交通，上海商
业联合会多次向政府转呈会员的请求，尽快恢复交通与运输。4 月 4
日，旅沪商帮协会请上海商业联合会恳请蒋介石批准向招商局承租
江海轮分驶各埠。③ 4 月 5 日，上海商业联合会恳请蒋介石核准旅沪
商帮协会向招商局承租江海轮分驶各埠以利交通。④ 5 月 13 日，上
海运输同业公会希望上海商业联合会恳请当局将战时被扣留的车辆
交还路局。⑤ 6 月 2 日，蒋介石将上海商业联合会转呈的请求交交通
部办理。⑥ 6 月 10 日，上海商业联合会又将运输公会的请求转呈沪
宁路局局长。⑦ 然而，在当时战争的情况下，大部分车辆都被征用以
运输军用物资与士兵，以致商品物资堆积如山。7 月 16 日，上海运输
同业公会不得不再次请求上海商业联合会，称"目下交通恢复而货车
仍感困难，各站停顿客货为数甚巨，所有货车仍装载军用品，客货不
能运出，各客商向公司呼吁以为血本，金融停滞因此阻隔"，请求上海
商业联合会恳请蒋介石命令路局等部门腾出车辆运输非军需物资与
商品。⑧ 7 月 23 日，上海商业联合会很快就将上海运输同业公会的

---

① 上海市档案馆藏上海商业联合会档案，卷宗号：Q80-1-30-5。
② 上海市档案馆藏上海商业联合会档案，卷宗号：Q80-1-3-34。
③ 上海市档案馆藏上海商业联合会档案，卷宗号：Q80-1-30-1。
④ 上海市档案馆藏上海商业联合会档案，卷宗号：Q80-1-3-12。
⑤ 上海市档案馆藏上海商业联合会档案，卷宗号：Q80-1-30-8。
⑥ 上海市档案馆藏上海商业联合会档案，卷宗号：Q80-1-30-13。
⑦ 上海市档案馆藏上海商业联合会档案，卷宗号：Q80-1-30-12。
⑧ 上海市档案馆藏上海商业联合会档案，卷宗号：Q80-1-30-14。

请求转呈蒋介石。① 8月1日,蒋介石命令沪宁路局迅速设法恢复交通。② 8月6日,上海商业联合会致函上海运输公会,向其说明蒋介石已经命令沪宁路局从速设法恢复交通。③

二、社会救济功能

(一)赈灾活动

在上海工人和国民革命军同孙传芳部队发生战斗的过程中,上海很多地区都遭到了战争的破坏,尤以闸北一带最为严重。战争结束以后,闸北地区"荒凉景象,触目伤心,宝山路一带,热闹市屋,付之一炬,繁华市场,顿成焦土"④。为了得到政府与社会的支持与救济,闸北受灾群众组成了闸北火灾各户联合会。⑤ 但是此时此际,上海商界正处于多事之秋,南京国民政府亦困于战火,所以这件事一直得不到及时处理。

后来,国民政府根据闸北火灾各户联合会的请求,于1927年6月20日宣布减免闸北灾户两个月房租。⑥ 根据国民政府的命令,6月25日,上海商业联合会召开委员会经众委员决议,推举虞洽卿、闻兰亭、王一亭为闸北灾户救济委员。⑦ 6月24日,闸北火灾各户联合会致函上海商业联合会,要求其为闸北火灾事定期召开会议,并希望

① 上海市档案馆藏上海商业联合会档案,卷宗号:Q80-1-30-16。
② 上海市档案馆藏上海商业联合会档案,卷宗号:Q80-1-30-17。
③ 上海市档案馆藏上海商业联合会档案,卷宗号:Q80-1-3-45。
④ 《闸北大火后之凭吊》,《申报》1927年3月24日;《闸北兵祸伤人之调查》,《时报》1927年3月23日;《闸北战区观察记》,《时报》1927年3月24日。
⑤ 《闸北火灾各户昨开会议》,《申报》1927年3月29日;《闸北火灾各户联合会函请救济》,《申报》1927年4月1日。
⑥ 《闸北被灾区域豁免房租两月》,《申报》1927年6月12日。
⑦ 上海市档案馆藏上海商业联合会档案,卷宗号:Q80-1-31-2。

火灾各户联合会能够派代表参加这些会议。①

　　6月27日，蒋介石命令财政部拨款5万元，让其他商会协助上海商业联合会办理闸北救灾事宜。蒋介石还指定虞洽卿、王一亭、闻兰亭为办理闸北火灾救济事务的直接负责人。

　　6月29日，闸北火灾各户联合会致上海商业联合会函称："昨为旧历月底，来者尤众，金云被灾已久，渴望早日拨察，其情形均有急不待缓之势，连日各灾户来会要求早日拨给。"②

　　接到闸北火灾各户联合会的请求以后，上海商业联合会很快通知虞洽卿、王一亭、闻兰亭参加7月5日的大会。③ 7月2日，财政部通知上海商业联合会就闸北灾户实地调查编造详细报告，以便据实拨发抚恤款，分别支配。④ 7月6日，四商会召开火灾调查会议，确定调查人员由总商会、闸北商会、红十字会、济生会各一人组成，挨户进行调查，而保险公司赔偿问题，则由虞洽卿、王一亭等人先行审查送交的保险单，然后分别接洽。⑤ 7月10日，上海商业联合会、上海总商会等四商会举行会议，决定将调查闸北火灾的机构定名为上海四商会发放灾户恤款调查会，并讨论调查手续，自7月14日起开始调查，要求闸北火灾各户联合会迅速送交各灾户保险单。⑥ 在四商会调查刚刚开始时，闸北火灾各户联合会推聂雁影、庄谦和、卓明昌、张景山为代表向四商会递交闸北火灾各户联合会灾户恤金意见书，内称：

　　……恤金为5万元；损失总数为46万元；灾区以蒋总司令训令所指闸北沿铁路一带为范围，即以火灾联合会报

---

①　上海市档案馆藏上海商业联合会档案，卷宗号：Q80-1-31-6。
②　上海市档案馆藏上海商业联合会档案，卷宗号：Q80-1-31-7。
③　上海市档案馆藏上海商业联合会档案，卷宗号：Q80-1-31-11。
④　上海市档案馆藏上海商业联合会档案，卷宗号：Q80-1-31-13。
⑤　上海市档案馆藏上海商业联合会档案，卷宗号：Q80-1-31-17。
⑥　《四商会继续调查闸北火灾会议记》，《申报》1927年7月11日。

告为根据。对于以下不在抚恤之内：非铁路虬宝两路商店被焚器具；公共建筑及公共器用物品；不动产；对于火灾之间接损失；无论保险与否，一律以损失之一成分配。1000元以内不足以整数，如 89 为 100，280 为 300，1000 元以上 2000 元以内均以 1100 元计算。①

7 月 13 日，上海商业联合会等四商会举行联席会议，会议根据闸北火灾各户联合会送来的调查表册，请求国民政府财政部迅速拨给救灾款项，并初步确定救灾款的分配办法。闸北火灾各户联合会共调查到大小灾户 600 多家，损失在 50 万元左右，总额大约是国民政府拨款的 10 倍，闸北火灾各户联合会建议分配方法除考虑受灾程度以外，还应考虑到受灾各户的生活状况。②

财政部当然不会根据闸北火灾各户联合会估计的受灾情况拨给救灾款，何况蒋介石已经指定虞洽卿等人专门负责这件事情。所以四商会依旧按照既定计划进行调查。在调查过程中，不断有新的灾户请求进入四商会发放灾户恤款调查会的调查范围，分配救济款。7 月 19 日，胡家木桥商联会及新民路联合会分别送来灾户表册，要求列入调查范围。③ 但四商会经研究认为，"胡家木桥商联送来之灾户表册经公益局龚委员来会审查，谓有讨论之必要"④，而新民路则不予考虑。7 月 28 日，上海商业联合会与总商会等四商会灾户调查会召开会议，会议一致通过胡家木桥商联会加入调查会，一起参加调查；

---

① 上海市档案馆藏上海商业联合会档案，卷宗号：Q80-1-31-36。

② 《四商会呈财政部请领闸北灾户赈款文》，上海市档案馆藏上海商业联合会档案，卷宗号：Q80-1-31-15、41。

③ 上海市档案馆藏上海商业联合会档案，卷宗号：Q80-1-31-24。

④ 《四商会发放灾户恤款调查委员会致王一亭、虞洽卿、闻兰亭函》，上海市档案馆藏上海商业联合会档案，卷宗号：Q80-1-3-44。

此外,四商会认为调查即将结束,应准备请款手续。①

　　经过两个多月的调查,闸北火灾的受灾情况基本调查结束。9月7日,上海商业联合会等四商会将闸北地区灾民的人员伤亡及财产损失情况比较详细地报告给国民政府财政部,调查表共7本。根据四商会的调查统计,共计查得灾民672户,其中,受灾人口共计成年男子1487名,成年女子860名,男孩499名,女孩386名,遭枪击死亡41人,为流弹所伤37人,损失财物价合33.53万元。根据调查的新情况,四商会重新修订了恤款的分配方法,决定按照灾户损失之多寡给恤,损失在100元以下的恤3成,500元以下的恤2成,700元以下的恤1.5成,1000元下的恤1.25成,1000元以上的恤1成,死亡重伤加恤50元,轻伤加恤20元。②

　　由于国民政府所拨救灾款迟迟未能到账,四商会决定向各自所属的团体垫借。根据四商会商议,将向各团体借款,具体分为三等,甲等3000元,乙等2000元,丙等1000元,按团体大小暂借,送交总商会。③ 对已经承担过多次筹款任务的上海商界而言,这无疑是雪上加霜,因此四商会的努力也就付之东流了。转眼6个月过去了,天气一天天变冷,"各户被灾以来已逾六月之久,迁延坐待,贫者益贫,不贫者亦贫,现在秋风戒寒,衣被皆缺,炊烟时断,妇号子哭,日盼甘霖,殷心望梦,大有岌岌不可支持之势",可是蒋介石答应的5万元救灾款仍然不见踪影。面对灾民的惨景,闸北火灾各户联合会认为,"此项赈款即奉政府命令指拨,调查手续亦已完竣,恐财政当局颁发尚需时日",请求四商会"代为申请,即在所收爱国捐内移拨济用,庶几数

---

　　① 《上海四商会灾户调查会开会记》,《申报》1927年7月29日。

　　② 上海市档案馆藏上海商业联合会档案,卷宗号:Q80-1-31-35;《调查闸北灾户之呈报》,《申报》1927年9月7日;《四团体会议闸北赈灾领款办法》,《申报》1927年8月26日。

　　③ 《四团体酌量分配借款》,《申报》1927年9月3日。

千灾民得以早沾雨露之恩，立解倒悬之厄"。①

9月26日，因"各灾户嗷嗷待哺，饥寒交迫而政府核准之五万元恤款尚未颁发"，"有男女老幼数人聚集于闸北商会向王副会长诘难，类衣食不济，长跪不起，敝会代表驰往再三劝导，始得解围，而在民众如晚年因楼陈润生之岳母及宝山路鸿大皮鞋店主郭锦庭已因支持无术，情急身故"。9月26日，闸北火灾各户联合会又专门致函上海商业联合会"提议准在爱国捐项下暂移五万元从速抚恤以救涸辙"。②

9月30日，四商会又因"总司令部令拨闸北灾民恤款曾经四商会实地调查造册呈请财政部拨发，迄未奉复，天气已凉，各灾民待哺嗷嗷，情殊堪悯"，在上海总商会召开联席会议，主张"电财政部，请蒋总司令部令拨之五万元恤款，从速照拨，以便按户给与"。③ 在众商会的请求下，10月13日，国民政府财政部批准在爱国捐内提前拨给闸北救济款。④ 四商会将爱国捐内划拨的恤款存于汇业银行与农工银行，要求各灾户据单领取。⑤ 于11月8日起发给灾户恤单，要求各灾户凭单于10月15日至17日三天，在指定银行取款，⑥并通知汇业银行和农工银行，请验明照片，发放恤款。⑦ 虽然四商会调查得比较仔细，但仍然存在疏漏的灾户。11月21日，江淮旅沪同乡会致函上海商业联合会为其六同乡被难事请火灾各户联合会派人调查，酌量发给抚恤金。⑧

---

① 上海市档案馆藏上海商业联合会档案，卷宗号：Q80-1-31-27、28。
② 《闸北火灾会为灾户请命》，《申报》1927年9月27日；上海市档案馆藏上海商业联合会档案，卷宗号：Q80-1-31-29。
③ 上海市档案馆藏上海商业联合会档案，卷宗号：Q80-1-31-31；《四商会讨论抚恤闸北灾户办法》，《申报》1927年9月30日。
④ 《发放闸北灾户恤款会记事》，《申报》1927年11月14日。
⑤ 《四商会讨论发给闸北灾户款项问题》，《申报》1927年11月1日；《四商会确定发放闸北灾款办法》，《申报》1927年11月4日。
⑥ 《四团体今日起发给闸北灾户恤单》，《申报》1927年11月8日。
⑦ 《闸北灾户恤款验照发放》，《申报》1927年11月10日。
⑧ 上海市档案馆藏上海商业联合会档案，卷宗号：Q80-1-31-41。

(二)解决俘虏的给养

除了办理闸北灾民救济事务,上海商业联合会还积极筹备经费,解决战争俘虏的给养问题,以确保地方安宁与社会稳定。在北伐军攻占上海时,孙传芳的一股部队约 2000 人败退进入租界,向租界当局缴械投降。应租界当局的请求,上海商业联合会及时垫付这批俘虏的日常生活费用,直至这批俘虏被遣返回乡。[①] 此后,上海商业联合会多次参与解决北伐战争中的俘虏问题。[②]

三、社会网络功能

商会的网络系统包括纵向网络系统和横向网络系统,其纵向的网络系统主要由商会及其会员构成,其横向的网络系统主要由商会与其他商会、组织的交往构成。上海商业联合会在发挥社会救济功能的同时,也积极构建该会的社会网络系统。上海商业联合会不仅通过传达信息、解决商界纠纷、召开会员大会、相互通信等方式构建该会与所属会员之间的垂直网络,还通过广泛地参加各种社会活动及组织来构建该会横向的社会网络。上海商业联合会先后参加的组织与会议有五月革命运动纪念会、商民庆祝大会、六三纪念大会、上海民众庆祝北伐胜利大会等会议,以及反英大同盟等组织,以此来增加社会发言权,提高该会的社会影响力。

上海商业联合会通过保护商民的利益和一系列社会救济活动,体现了商会的保商功能和社会功能,从而为维护本阶层的话语权打下基础。在保商功能等方面,它通过代申会员冤抑、为商请命、传达

---

① 上海市档案馆藏上海商业联合会档案,卷宗号:Q80-1-3-10;Q80-1-15-3、4

② 《分筹俘虏给养费之进行》,《申报》1927 年 9 月 4 日;上海市档案馆藏上海商业联合会档案,卷宗号:Q80-1-7-199。

政府政令、降低商人交易成本等,起到了联络官商、维护会员利益的积极作用。

上海商业联合会不仅在社会功能等方面代替总商会发挥作用,在组织与制度等方面也与上海总商会存在同一性与差异性。在会员来源的构成方面,上海商业联合会既囊括了上海总商会的部分分帮、合帮会员,也增加了部分原来游离于上海总商会之外的一些工商团体。从领导层的构成来看,上海商业联合会的领导层主要由上海各业具有相当经济实力的资本家组成,既包含以前上海总商会部分会董、1926 年总商会选举落选的总商会内部的"反主流派",又包括许多金融、面粉、纺织等行业的新秀。在动荡的时局下,这些商界精英通过上海商业联合会发挥自身的作用,同时也对 1927 年上海总商会和 1928 年上海总商会产生了重要影响。从组织制度和章程等方面来看,上海商业联合会对上海总商会也存在诸多的借鉴与模仿。

总之,通过上海商业联合会和上海总商会的对比,可以发现上海商业联合会作为 1927 年上海最重要的商业团体,尽管其建立起了完整的章程与制度、领导机构,一度发挥其联络众商、维护各业安全等商会功能,但是无论是会员的构成、领导层的设立还是商会功能的发挥,上海总商会都是上海商业联合会望尘莫及的,毕竟,上海总商会作为存在 20 多年的商会组织,它在近代中国的社会变迁中积累了丰富的经验,构建了广泛的社会网络。

第五章
上海商界争取政治话语权

关于上海商界与国民党政权的关系,早期研究成果多从革命史的理论框架进行分析。近年来,随着新材料的发掘与思维范式的拓展,研究者开始不断发现上海资本家与国民党政权的矛盾。[①] 但不论如何,上海商界与各派政治势力的交往,都体现了商界试图将经济话语权转变为政治话语权的努力,以及利用政治话语权进一步巩固与攫取经济利益的愿望。

第一节　商界与国民党政权之间的密谋与交易

一、蒋介石镇压工人运动

蒋介石对上海资本家的回报是扑灭上海地区工人运动的熊熊烈火,摧毁工会组织及残杀工会领袖,发动清党运动,捕杀中国共产党

---

① 比较重要的研究有:吴景平:《上海金融业与国民政府关系研究(1927—1937)》,上海财经大学出版社 2002 年版;[法]白吉尔:《中国资产阶级的黄金时代》,张富强、许世芬译,上海人民出版社 1994 年版;[美]小科布尔:《上海资本与国民政府》,杨希孟等译,中国社会科学出版社 1988 年版。

党员，清除中国共产党在工人中的影响，解除上海资本家的心头之患，以期在经济上获得他们的大力支持。

北伐战争以后，上海日益发展的工人运动对上海的资产阶级构成了严重的威胁，因此摧毁上海工会组织及中国共产党势力是上海资产阶级希望假蒋介石之手完成的第一桩心愿。蒋介石到上海以后，目睹了声势浩大的工人运动，便假惺惺地保证不对工人纠察队缴械，以麻痹工人。他又致函上海临时政府，"务望暂缓办公，以待最后之决定"。① 为了对付上海总工会，蒋介石让张伯岐等一些流氓兵痞组织了上海工界联合总会，其成员都是蒋介石的党徒。蒋介石为了公开表示对上海工界联合会的支持，于 4 月 6 日派东路军政治部秘书邓祖禹作为他的代表，向该会送去"奋斗到底"的锦旗。蒋介石还将同情工人的薛岳军队调走，而由周凤岐的第二十六军接替，布置就绪后，蒋介石才离沪去南京。蒋介石安慰上海资产阶级："沪事布置粗告就绪，地方秩序，当由白总指挥会同周军长维持，各界对外态度，亦与当局一致，可无他虑，本人因北伐进行事宜，诸待与前方将领磋商，故明日当先赴宁一行，必要时仍当来沪，还望商界诸君，共同努力，赞助革命。"②4 月 11 日，上海总工会委员长汪寿华被谋杀。4 月 12 日凌晨，大批配备武装的共进会流氓由南北两路冲出租界分别向闸北、吴淞、南市、曹家渡等地的工人纠察队的驻地发起进攻，而周凤岐的第二十六军假装调停，收缴了工人纠察队的枪械，一上午就收缴了"步枪 3000 枝，手枪 600 只，机关枪 20 挺，另外有大量长矛"。③ 在流氓的袭击下，工人纠察队因抵抗而死者百余人，工友群众，死者数百人。④

---

① 《临时市政府昨日成立》，《申报》1927 年 3 月 30 日。
② 《商业联合会代表谒蒋总司令》，《申报》1927 年 4 月 8 日。
③ 刘惠吾：《上海近代史》(下)，华东师范大学出版社 1987 年版，第 163 页。
④ 《上海总工会为反抗蒋介石四一二反革命政变的总同盟罢工宣言》，见中华全国总工会中国职工运动史研究室：《中国工会历史文献》，工人出版社 1981 年版，第 380 页。

同日,周凤岐、白崇禧称:"上海工人纠察队发生械斗……不得不严行制止。"①4月13日,上海总工会组织的罢工游行又遭枪击,"当场打死百人以上,伤者不计其数","宝山路一带百余丈马路,立时变为血海"。② 下午,上海工界联合会又占领上海总工会湖州会馆,宣布取消上海总工会与工界联合总会,改名为上海工联总会。③ 14日,上海警察厅又解散了上海临时市政府、中国济难会、上海学生联合会、平民日报社。④ 上海总工会领导的工会组织都被改组或被查封,沪宁铁路总工会、江南造船所工会、中国铁路工厂工会以及金融业、典押业、药业、茶食业、地毯业工会都被查封,美英烟厂、日华纱厂、南洋烟草公司等的工会都被捣毁。⑤ 上海的劳工运动发展至顶点时,在总工会领导下有千余工会。"四一二"政变以后,仅存工会二十余处,缩小到极小的规模。⑥ "四一二"政变以后,国民党还先后成立了所谓的"上海工会组织统一委员会",专门破坏革命工会。⑦ 国民党军队还成立了行动大队,大肆捕杀工人领袖与共产党员。自4月14日开始,大批共产党员与杰出的工人领袖被相继杀害。蒋介石镇压了工人运动,摧毁了工会组织,捕杀了工人领袖,使上海的工人运动转入低潮,赢得了上海资产阶级的称赞与拥护,基本上兑现了交易的许诺与条件,回报了上海资本家。

---

① 《淞沪工人纠察队昨均被缴械》,《申报》1927年4月13日。

② 郑振铎:《就四一二惨案对国民党的抗议书》,见中国人民政协会议全国委员会文史资料研究委员会:《文史资料选辑》第七十辑,文史出版社2000年版。

③ 《上海"工联总会"通告及启事》,《蒋逆铁蹄下之东南》,见《四·一二反革命政变资料选编》,人民出版社1987年版,第170页。

④ 《四一二大屠杀纪实》,见《四·一二反革命政变资料选编》,人民出版社1987年版,第239页。

⑤ 中共上海市委党史研究室:《中国共产党在上海(1921—1991)》,上海人民出版社1991年版,第99页。

⑥ 朱邦兴、胡林阁、徐声:《上海产业与上海职工》,上海工人运动史料委员会校订,上海人民出版社1984年版,第4页。

⑦ 上海沿革编写组:《国民党统治时期的上海》,上海市文史馆:《上海地方史资料》(一),上海社会科学院出版社1982年版。

二、上海商业联合会为蒋介石筹款

为了向蒋介石提供经济上的支持，1927 年 4 月 29 日，上海商业联合会为筹款事宜召开了会员大会。这次会员大会并没有讨论答应捐款 500 万元给国民党军队的事情，而是讨论了 500 万元江海关二五库券的认购。在这次会员大会上，虞洽卿还是为捐款 500 万元做过一些努力的。在会议开始的时候，虞洽卿开门见山地提出此次会议将讨论的一件"重大事情"是"蒋介石电催本会催解捐款 500 万元是也"。他指出："倘军饷不济，军事不能顺手，不特南京危急，即上海也不能如今日之安宁。"王晓籁称："欲保永久安宁，必须筹款，若待库券发行，实属缓不济急。"除了王晓籁，附之者寥若晨星。虽然吴蕴斋、吴震修、王晓籁也分别发言，他们都劝告会员"军人打仗，吾人筹饷，实属应尽之职责"，但是他们也没有明确表态支持虞洽卿。吴蕴斋还认为："现值商业不振，欲筹巨款，实非易事；而募款关系吾人本身问题甚大，只有仍就承销库券一方着手做起。"

而这时，江海关二五附税库券的发行已在酝酿之中。二五附税是指上海海关在原有的 5％ 的关税以外，另外加上 2.5％ 的附加税，二五附税库券就是以此作为担保而发行的一种库券。这次二五库券发行量为 3000 万元，分万元券、千元券、百元券三种，月息 7 厘，自 1927 年 5 月 1 日正式发行，到 1929 年 12 月本息如数还清。[①]

为了打消会员团体的疑虑，吴蕴斋向众会员解释了江海关二五库券及其保管委员会。经过讨论，大会推定秦润卿、王晓籁、姚紫若、

[①] 上海市档案馆藏上海商业联合会档案，卷宗号：Q80-1-7-12。据方椒伯回忆，二五库券由北洋军阀江苏省主席韩国钧和严家炽在严家的南阳路家宴上宴请上海商界时提出。当时参加者寥寥，没有什么结果。方椒伯：《二五库券之根源》1965 年 10 月 9 日访谈，上海市工商业联合会档案史料，卷宗号：181-27。

朱吟江、王一亭就入会团体酌定认购二五库券数目。① 当日,上海商业联合会立即致函各会员团体,要求各会员认购库券。②

为了更快地筹集饷款,上海商业联合会于 5 月 2 日召开会员大会,虞洽卿称军需甚急,交易所已将认销的库券 50 万元先行缴去,王晓籁称:"现在非募款补助军事不可,败固不必说,即军事一时不能胜利,迁延时日,吾人之损失已属不赀,若不幸而为反革命者得势,则吾人之地位不堪设想矣。"③

5 月 2 日会员大会以后,上海商业联合会依然不停地催促众会员认购与交纳二五库券款。5 月 3 日,上海商业联合会致函各认购团体,要求他们将库券款送交江苏兼上海财政委员会。④ 5 月 4 日,白崇禧致电上海商业联合会,称"诸已毁家纾难正其时,务望协同财会诸公,竭力筹措,俟有成数,星速解宁,援助义师,完成大业"⑤。上海商业联合会致函各认购团体,要求他们将认购的数目呈报上海商业联合会。联合会要求各业将未认购或未缴款的团体开列一单送呈联合会。⑥ 5 月 6 日,俞飞鹏又致函上海商业联合会:"查商业联合会认筹四百万元,仅缴到一百五十万元,先军饷需款,请转催该会再缴一百万元,其余一百五十万元亦请十号以前如数缴足。"⑦接到该函后,上海商业联合会函告纱厂联合会与煤业公会认购的库券数目分别是 50 万元和 5 万元,而分别已经缴纳 12.5 万元和 1.5 万元,要求他们将剩余的库券款迅速解交。⑧ 5 月 10 日,联合会要求书业商会将认

---

① 上海市档案馆藏上海商业联合会档案,卷宗号:Q80-1-1-24。
② 上海市档案馆藏上海商业联合会档案,卷宗号:Q80-1-17-70。
③ 上海市档案馆藏上海商业联合会档案,卷宗号:Q80-1-1-28、Q80-1-1-29、Q80-1-1-30。
④ 上海市档案馆藏上海商业联合会档案,卷宗号:Q80-1-7-79。
⑤ 上海市档案馆藏上海商业联合会档案,卷宗号:Q80-1-7-23、Q80-1-7-24。
⑥ 上海市档案馆藏上海商业联合会档案,卷宗号:Q80-1-7-80、81。
⑦ 上海市档案馆藏上海商业联合会档案,卷宗号:Q80-1-7-20。
⑧ 上海市档案馆藏上海商业联合会档案,卷宗号:Q80-1-7-124。

购的 10 万元迅速解交。① 5 月 11 日,项如松报告五金同业公会认购库券数目不足万元,王一亭请项再行劝募,并说联合会总共还剩 200 万元无人认购,众委员已经决议将未认购的团体名单送交财政委员会催收。② 5 月 14 日,上海商业联合会通知丝经同业公会、木商会馆、纸业公所、粤侨商业联合会分别将认购的款项早日解交江苏兼上海财政委员会。③

由于这些库券数目是上海商业联合会主要领导人派认给各会员的,而不是各会员自愿认购的,因此,众会员对此并不积极。有的团体在联合会派认库券数目之后就坚决不去认购,有的团体只是象征性地认购其中一部分,即使认购的团体也是过了很长一段时间才缴款。所以直到 5 月 16 日,"虽认缴者不少,而认而未缴仍居多数"④。因而整个库券的承销过程困难重重。

收到上海商业联合会派定库券数目的通知以后,许多团体纷纷致函上海商业联合会陈述该业的痛苦与艰难,要求减免认购库券的数目或是延缓缴款时间。上海电机丝织厂同业公会 4 月 30 日致函上海商业联合会,称该业资本薄弱,且又受到工潮的影响,"因是而收闭者已有三厂,现在正备收束预备停业者,亦实繁有徒"。⑤ 厢业集义公所先后于 5 月 1 日、5 月 7 日致函联合会,称该业仅存数家,营业范围又属狭小,所定认数过巨,难以筹集,"营业又值凋零,兹经一再设法勉力筹措,只凑集洋 3000 元……然敝同业等罗掘俱穷,实已心力交瘁"⑥。

---

① 上海市档案馆藏上海商业联合会档案,卷宗号:Q80-1-7-120。
② 上海市档案馆藏上海商业联合会档案,卷宗号:Q80-1-1-33。
③ 上海市档案馆藏上海商业联合会档案,卷宗号:Q80-1-7-101。
④ 上海市档案馆:《一九二七年的上海商业联合会》,上海人民出版社 1983 年版,第 101 页。
⑤ 上海市档案馆:《一九二七年的上海商业联合会》,上海人民出版社 1983 年版,第 287 页。
⑥ 上海市档案馆:《一九二七年的上海商业联合会》,上海人民出版社 1983 年版,第 289-290 页。

上海参业公所以"商情困苦,精疲力尽,不易分担派销库券"为由,表示仅能凑齐 2 万元,而联合会则要求其按认购数目 10 万元付款。5 月 6 日,上海参业公所只好再认 2 万元,但仍不到原定认购数目的一半。① 5 月 4 日,南北市报关公所以"小本经营"为由,声称无力认购库券。5 月 5 日,洋货商业公会致函称"市面衰颓,自顾不暇,无法再行加认库券",而联合会以该会包含颜料等九业,规模宏大,仍请勉为其难,照原定的 3 万之数认销。5 月 7 日,上海铁业公会以"商号范围狭隘,智穷力尽"为由称无力劝销库券。同日,通崇海花业公所致函上海商业联合会,一面称上海商业联合会"派认库券 2 万元为数不多,承蒙体谅",但同时又称该业"人数无多,虽竭力劝募只能认定 1 万元,再多实在无力担任"。② 5 月 8 日,江浙丝经同业公会以经销额减少,"甲年做而乙年歇,资本短缺,其困难情形当为商界所共见"为由,称只能等到 20 日以后才能竭力劝募。5 月 17 日,上海书业商会称该业自上年秋季以来营业锐减,要求等到交通恢复,视收账的情况才能确定是否认购库券。5 月 20 日,上海机器碾米公会称该业营业清淡,客货阻滞,只能勉强认购 5000 元。铜锡业公会的六家商号坚决不肯认购库券,致使其他商号竞相观望。上海商业联合会一方面要求该公会继续劝说各业认购,一方面威胁"倘该号等始终不认,固执如前,届时再由本会函呈财政委员会或军事当局核实办理"。③ 然而,任凭联合会软硬兼施,一些会员就是迟迟不肯认购,而许多规模宏大或资金雄厚的会员也只认购一半甚至一半以下的库券敷衍了事。

在上海商业联合会的催促下,上海煤业公会不得不向银行借款

---

① 上海市档案馆:《一九二七年的上海商业联合会》,上海人民出版社 1983 年版,第 292—293 页。
② 上海市档案馆藏上海商业联合会档案,卷宗号:Q80-1-7-98。
③ 上海市档案馆藏上海商业联合会档案,卷宗号:Q80-1-7-169。

充缴二五库券款。5月7日，该会代表谢天锡致函王晓籁和虞洽卿称："昨承面示以10天缴齐，恐难遵命，仍请贵会介绍银行做押款。"①5月9日，上海商业联合会将交通银行介绍给煤业公会。②5月15日，上海煤业公会派人去交通银行办理借款手续，将所借之款充为二五库券之款，交纳到上海商业联合会。③

5月3日，中国棉业联合会沈润挹致函上海商业联合会，函称："只因鄙人自四月十五日以来忽患春温，连绵被褥已逾半月，悠楚前状，以致久未到会，不获与诸君子晤叙情怀，一切颇多隔膜，殊深懊恨。"④从这封信中可以看出，沈润挹因为生病耽误了二五库券的认购与缴款。上海商业联合会派认给以沈润挹为代表的中国棉业联合会与南市花业吉云堂公所的库券总数目是5万元，而两团体却在很长一段时间未能认购，直到5月14日，才认购2.21万元，而5月21日却分文未缴。因此，沈润挹是真的卧病在床，还是有意推托，不得而知。

在缴款的过程中，上海商业联合会和江苏兼上海财政委员会相互推诿。经联合会委员会议研究决定，5月14日上海商业联合会致函财政委员会，将未缴款团体的名称、数目、代表姓名送达，请其去函催促认购。⑤5月16日，江苏兼上海财政委员会将未缴款团体的名单送交上海商业联合会，要其"分别催缴，勿延为荷"。⑥

不过，尽管认购与缴款困难重重，但是经过上海商业联合会主要领导人的百般努力，一些会员团体不得不逐步认购库券或将库券款

① 上海市档案馆藏上海商业联合会档案，卷宗号：Q80-1-7-125。
② 上海市档案馆藏上海商业联合会档案，卷宗号：Q80-1-7-127。
③ 上海市档案馆藏上海商业联合会档案，卷宗号：Q80-1-7-128。
④ 上海市档案馆藏上海商业联合会档案，卷宗号：Q80-1-7-93。
⑤ 上海市档案馆藏上海商业联合会档案，卷宗号：Q80-1-7-32、Q80-1-7-33、Q80-1-7-34。
⑥ 上海市档案馆藏上海商业联合会档案，卷宗号：Q80-1-7-36、Q80-1-7-38。

送交。5 月 6 日,上海油厂公会除了英商所开至德厂外的其余 5 家认购 1.6 万元,于 5 月 12 日解交江苏兼上海财政委员会。① 5 月 18 日,杭绸业钱江会馆将再募的 3 万元解交财政委员会。② 中国棉业联合会称只能认购 2.5 万。③ 5 月 18 日,机电丝织公会致函上海商业联合会该公会缴款 1.27 万元,④并答应 5 月 26 日将解交剩余钱款。⑤ 5 月 19 日,中华水泥厂将 1.5 万元解往江苏兼上海财政委员会。⑥ 5 月 25 日,鱼业敦和公所将缴款 5000 元事告知上海商业联合会。⑦ 5 月 26 日,华商纱厂联合会将认购的 50 万元解交江苏兼上海财政委员会。⑧ 6 月 3 日,丝经同业公会已筹募 2 万元,并告诉联合会将设法劝募剩余库券。⑨ 上海商业联合会致函财政委员会,至 5 月 24 日,已经有 53 个团体认定库券数目并陆续解款,并请江苏兼上海财政委员会将所收之款陆续归还垫付银行项下,以后有团体缴款"当再续呈"。⑩

经过上海商业联合会领导人及其他商会的努力,至 6 月 14 日,二五库券"已筹得三分之二"。⑪

根据档案记载,关于 5 月 2 日的认购数目,上海商业联合会会员认购的库券数量总额应该是 180.5 万元,而不是 182.5 万元,可能是时人统计或计算错误。并且,5 月 9 日共增加 10.2 万元,而这次统计数量是 190.7 万元,去掉增加的 10.2 万元,故也可以计算出 5 月 2 日各会员认购总额是 180.5 万元。5 月 14 日,经过催促,未认购库券

---

① 上海市档案馆藏上海商业联合会档案,卷宗号:Q80-1-7-143。
② 上海市档案馆藏上海商业联合会档案,卷宗号:Q80-1-7-118。
③ 上海市档案馆藏上海商业联合会档案,卷宗号:Q80-1-7-93。
④ 上海市档案馆藏上海商业联合会档案,卷宗号:Q80-1-7-134。
⑤ 上海市档案馆藏上海商业联合会档案,卷宗号:Q80-1-7-135。
⑥ 上海市档案馆藏上海商业联合会档案,卷宗号:Q80-1-7-140。
⑦ 上海市档案馆藏上海商业联合会档案,卷宗号:Q80-1-7-176。
⑧ 上海市档案馆藏上海商业联合会档案,卷宗号:Q80-1-7-123。
⑨ 上海市档案馆藏上海商业联合会档案,卷宗号:Q80-1-7-105。
⑩ 上海市档案馆藏上海商业联合会档案,卷宗号:Q80-1-7-42。
⑪ 《二五库券筹募之成绩》,《申报》1927 年 6 月 14 日。

的会员又有认购，比 5 月 9 日增加 12.01 万元，加上 5 月 9 日的 190.7 万元，故至 5 月 14 日上海商业联合会会员共认购 202.71 万元，可能当时并未将 0.01 万元计算在内，所以最后总计就是 202.7 万元。

按照江海关二五库券发行分派计划，江浙两省共 1000 万元，上海绅商 1000 万元，银钱业 500 万元，上海商业团体 500 万元。上海商业团体即主要靠上海商业联合会等完成。其中，上海商业联合会单独承担 400 万元，上海县商会、上海总商会、闸北商会共同承担 100 万元。根据陈光甫日记，由于国民党军队攻占了长江北岸的一些地区，上海商业团体减少 200 万元，相应江苏增加 200 万元。[①] 但是上海商业联合会开会时提出认购总数是 400 万元，也许是后来有所减少，但是由于资料缺乏，是否减少以及最后具体认购库券款的数目无法确定。但有一点是可以肯定的，上海商业联合会 5 月 21 日的交款数目也只有 140 余万元。[②]

在缴款的过程中，截止到 1927 年 5 月 21 日，缴款的团体共有 34 个，从数目上来看似乎比较可观，但是如前所述，按照派认数量足额缴款的团体只有交易所联合会。缴款占派认数量 1/2 强的团体只有 5 个，即上海银楼公会、华商码头公会、上海油厂公会、布业公所、江苏火柴同业会。缴款占派认数量 1/2 的有 9 个团体，即杂粮公会、纱业公会、面粉公会、茶业会馆、商船会馆、中华水泥厂联合会、敦善堂腌腊公所、通崇海花业公所、纸业公所景伦堂。缴款占派认数量 1/4 强的有 6 个团体，即通商各口转运会所、新药业公会、杭绸业钱江会馆、糖洋南北杂货公会、喻义堂药业、上海糖业点春堂。缴款占派认

---

① 《江苏兼上海财政委员会成立经过及筹备发行二五库券概要报告》，上海市档案馆：《一九二七年的上海商业联合会》，上海人民出版社 1983 年版，第 115、116、117 页。

② 据严谔声回忆，虞洽卿曾亲自告诉严谔声，蒋介石要他筹集军费 1000 万元，虞洽卿问蒋介石，真北伐还是假北伐，真北伐 1000 万元怎么够，至少要 2000 万元，结果筹集了 3000 万元，这 3000 万元当然指的是库券。严谔声：《虞洽卿替蒋介石奔走策划向商界筹款》（1965 年访谈），上海市工商业联合会档案史料，卷宗号：169-190。

数量 1/4 的有 4 个团体，即纱厂联合会、金业公会、上海华商织袜公会、电机丝织公会。缴款占派认数量 1/4 以下的有 9 个团体，即：振华堂、参业公所、典质业公所、和义堂饮片业、上海市区押当公所、上海出口各业公会、上海银炉公会、铁业公会、上海煤业公会。而南北报关公所、书业商会、中国棉业联合会、南市吉云堂花业公所、运输公会、上海机器碾米公会、沪北经售米粮公会、沪北米业联合会、上海染织业同业公会、上海铜锡业公会、厢业集义公所、洋货业公会、鱼业敦和公所等团体不仅在认购库券上大打折扣，甚至在缴款问题上也迟迟没有动作。而纸业公会、粤侨商业联合会、丝经同业公会、上海酒行公会、上海南北烧酒业公所、上海染织布厂公会、上海料器业公会、木商会馆、信义堂饮片业、旅沪商帮协会、上海五金同业公会等 11 个团体直至 5 月 21 日仍然没有认购库券的迹象，更不用说缴款了。当然，粤侨商业联合会由蒋介石亲自派认库券 30 万元，另行购买库券，故未在上海商业联合会内认购库券。

在上海商业联合会会员中，有的团体或企业小本经营，又受到战争与工潮的影响，购买库券的能力确实有限。但是，有的企业资本雄厚，也未认购。"面纱大王"荣宗敬在上海商业联合会开始筹备时，曾拍着胸脯对虞洽卿和王晓籁说："要铜钿用我有，要多少，我出多少，做事具体请虞洽卿、晓籁两位老哥做。"[①]然而到了购买库券时，他却只认购了 12.5 万元，与当初的豪言壮语判若两人。

从上述分析我们可以看出，无论是实力一般的中小会员团体，还是实力雄厚的会员团体，大都对二五库券的认购持消极与抵制的态度，并非像过去研究者描述的那样积极与热心。即使在上海商业联合会的领导人中间，除了虞洽卿所代表的交易所联合会在认购与缴款中比较积极，荣宗敬、徐静仁（纱厂联合会代表）、吴麟书、徐庆云

① 《王晓籁回忆商业联合会筹备》，上海市工商业联合会档案史料，卷宗号：146。

（纱业公会代表），孙景西、王一亭（面粉公会代表），范和笙（机器碾米公会代表）等人对待二五库券的态度并不热情。想当初，蒋介石要求虞洽卿帮忙筹款 1000 万元时，虞洽卿对蒋介石说："做这么大的事情，一千万怎么能够用，要筹就多筹些，不要一次又一次地筹，捐钱的人不会一次又一次捐的。"蒋介石听了很高兴，说："很好很好，那么办法由你去想好了。"现在筹款过程出现这么一大堆困难，也许是虞洽卿没想到的。①

由于众团体缴款未齐，上海商业联合会不得不向银行借款以充缴二五库券，其先后向交通银行、中南银行、上海银行、金城银行借款，共计 174.5 万元。②

上海商业联合会除了向下属会员团体推销二五库券，还奉国民政府财政部令，向上海各大公司分配二五库券，当然这在上海商业联合会认购的 400 万元之外。上海商业联合会向这些公司推销的库券共计 325 万元：闸北水电公司 25 万元，华商保险公司 50 万元，内地自来水公司 25 万元，南市电气公司 30 万元，南洋烟草公司 50 万元，粤侨商业联合会 30 万元，华成烟草公司 10 万元，先施公司 25 万元，商务印书馆 20 万元，永安公司 25 万元，新新公司 25 万元，丝茧总公所 10 万元。③

除向上述大公司推销库券以外，上海商业联合会还向陈雪佳、杨梅南④等人推销库券，要他们"解囊相助，共维大局"⑤。

---

① 王晓籁：《蒋介石要虞洽卿筹款》，上海市工商业联合会档案史料，卷宗号：181-9。

② 上海市档案馆藏上海商业联合会档案，卷宗号：Q80-1-7-62、Q80-1-7-63、Q80-1-7-64、Q80-1-7-65、Q80-1-7-66、Q80-1-7-67、Q80-1-7-68。

③ 《5 月 14 日财政委员会致各商会函》，《申报》1927 年 5 月 18 日；上海市档案馆藏上海商业联合会档案，卷宗号：Q80-1-7-21。

④ 此二人都是英太古洋行买办，见马学强：《论近代上海买办的教育背景》，《史林》2004 年第 4 期；李吉奎：《近代买办群体中的广帮（1845—1912）：以上海地区为中心》，《学术研究》1999 年第 12 期。

⑤ 上海市档案馆藏上海商业联合会档案，卷宗号：Q80-1-1-23、Q80-1-1-24、Q80-1-1-25、Q80-1-7-20。

三、金融行业的垫款

　　银行业的垫款与筹款相对上海商业联合会其他行业来说还是比较顺利的,但其间金融界与国民政府也发生了不少冲突与矛盾。1927 年 3 月 31 日,蒋介石分别致函上海商业联合会与上海银行公会,称:"所有关于财政问题,应统由该委员会通盘筹画,惟是军事未已,庶政待理,需款孔亟,亟应设法筹垫……以期公家与商界双方兼顾,而收互助之效。"①国民党向银行公会借款 300 万元,李馥荪不同意,蒋介石很不高兴,要派人抓他,陈光甫便请孙锡三帮忙调解。经磋商,上海银行公会垫借 200 万元,上海钱业公会垫借 100 万元,并由江苏兼上海财政委员会与银钱两业订立借款合同。② 4 月 1 至 4 日,上海商界答应给蒋介石 300 万元的短期借款,同时要求蒋介石维护金融秩序,承认和偿还北京政府时期所欠的债务,财政部长当即答应商界所提的条件,蒋介石也以总司令的名义,通告江、浙、皖、粤各省军政当局,要求各地切实维护银钱业的正常营业。③ 4 月 12 日,国民政府财政部致函上海银行公会,称前次垫款"业经用罄",要求上海银行公会再次垫款 300 万元。4 月 13 日,宋子文又致函银行公会重申了财政部前一请求,要求银行公会"上紧设法,如数照拨,幸勿片延"。④ 可是这次上海银行公会便没有上次那么慷慨了,他们于 4 月 16 日回信给财政部长宋子文,称:

---

　　① 上海市档案馆编:《一九二七年的上海商业联合会》,上海人民出版社 1983 年版,第 49 页;孙锡三 1965 年 4 月 23 日访谈,上海市工商业联合会档案史料,卷宗号:181-11。

　　② 上海市档案馆:《一九二七年的上海商业联合会》,上海人民出版社 1983 年版,第 49 页。

　　③ 虞宝棠:《国民政府与民国经济》,华东师范大学出版社 1998 年版,第 73 页。

　　④ 上海市档案馆:《一九二七年的上海商业联合会》,上海人民出版社 1983 年版,第 53 页。

> 恳请政府首将建国大计以及保护实业、维持金融各项政策,即日确定,明白宣布,以释群疑。……先垫一百万元,以后每隔十天垫款四十万元,以垫足三百万元为度。……各地机关历年积欠敝业各行庄借款为数甚巨,必须确定办法,按期清还,方足以资周转。①

中国银行是近代银行中资本最为雄厚的银行之一,该行自然也成为国民党政权要求垫款的主要对象。蒋介石要求中国银行上海分行垫款1000万元,遭到该行负责人宋汉章的拒绝。蒋介石于5月3日向宋汉章发去了措辞严厉的电报,称该行"上年以大款接济军阀,反抗本军,至今尚有助逆之谋。久闻先生素明大义,当不使贵行再助桀虐。惟贵行为沪上领袖,若不如数筹款,不惟妨碍革命进行,且不足表示赞成北伐与讨共大事,先生转告贵行为盼"②。而宋汉章也毫不示弱,他不仅列举了中国银行自北伐战争以来为北伐所作的贡献,还以军事、财政、金融之密切关系来回敬蒋介石:"北伐军出发时,粤行垫借五十万元,湘行垫借八十万元;及抵闽抵汉,闽行垫借七十万元,汉行垫借一百四十七万元。最近革命军克服江浙后,宁属各行共垫借七十万余元,浙属各行共垫借一百三十二万余元。沪行于两次银钱业库券垫款六百万元案内,担任一百二十万余元,先后已垫借六百六十余万元。……军政与财政相表里,财政与金融相维系;巩固金融机关,即可以确定财政基础,然后得以维持久远,以利军事进行。"③宋汉章还指出:"窃以金融为国家命脉,银行为金融

---

① 《银钱两业公会致财政部函稿》,见上海市档案馆:《一九二七年的上海商业联合会》,上海人民出版社1983年版,第56页。
② 《张嘉璈日记》1927年5月3日,上海图书馆藏残本。
③ 《宋汉章5月13日函》,见上海市档案馆:《一九二七年的上海商业联合会》,上海人民出版社1983年版,第96页。

枢纽,汉章为创办中国银行之一分子,初即忝长沪行。历年来鉴于政治之纷更,不忍使沪行随之转移,作为孤注。故对于民五袁政府停兑命令,毅然拒绝,对于北方政府方面暨省库事务,向非汉章所顾问,但求维持沪行,纯为营业机关,避免政治漩涡,诚以我国银行尚在幼稚时代,沪埠外商银行林立,若并此萌芽之沪行,而不克保全,不啻为丛驱雀,其结果将陷我国金融于绝地。"① 与此同时,宋汉章还致函钱新之、陈光甫等,向他们诉苦:"若总司令不予见谅,必令增垫,设谣言一播,纷纷挤兑,汉章个人原不足惜,恐银行从此倾覆,金融亦将不可收拾,反响及于财政,此汉章期期以为不可者。"②

在为国民政府垫款问题上,蒋介石与宋汉章的矛盾持续了一段时间,双方仍旧不能达成妥协。最后,经过黄郛、张群、陈光甫等人的调停,这场风波才得到平息。中国银行的总裁张嘉璈与黄郛、张群是至交,为了解决垫款问题,他先后托两人向蒋介石说情,黄郛认为要保全中行的元气,劝蒋介石对中行不要逼迫太甚,主张垫款分三个月交付,每月垫 200 万元。③ 经过不断的折冲,最后由张静江定出解决办法,先交出 200 万元,7 月 10 日和 8 月 10 日再各交 200 万元,共垫款 600 万元。陈光甫也告诫蒋介石:"倘操之过急,一旦金融界发生问题,势必筹垫无门,险象环生,于军事前途影响极大,此不可不虑及者二也。"④

蒋介石也有所顾忌,毕竟中国银行实力雄厚,其影响非同小可。同时陈光甫告诉张嘉璈,发行江海关库券的事情已经确定,不要担心银行垫借的款项收不回,张嘉璈于是顺水推舟地接受了调停方案,但

---

①　《张嘉璈日记》1927 年 5 月 6 日,上海图书馆藏残本。

②　《宋汉章致钱新之、俞飞鹏、陈光甫函》,见上海市档案馆:《一九二七年的上海商业联合会》,上海人民出版社 1983 年版,第 98 页。

③　《张嘉璈日记》1927 年 5 月 26 日,上海图书馆藏残本。

④　《陈光甫函稿》,见上海市档案馆:《一九二七年的上海商业联合会》,上海人民出版社 1983 年版,第 109-110 页。

同时要求南京政府满足三个条件:承认北洋政府发行的公债,包括整理公债和九七公债,但债票可以检验并认购若干新债票;江浙人管财政;还款有保障。蒋介石对此作出回应:检查银行的发行及准备情况(当时中国银行准备库采用了十足准备金制,别的银行对此有些恐慌);称中国银行是北佬银行,言外之意是可以随时接管;制造中国银行内容空虚的舆论,对张嘉璈进行威胁恫吓。但中国银行和国民政府毕竟相互需要,所以两者总体上还是合作的。张嘉璈在中国银行20多年,张群和黄郛一直是其政治上的支持者,蒋介石也需要中国银行的财力,还需要张嘉璈帮忙联络列强。① 1927年,上海金融业共为国民党政权垫款1428万元,购买库券711万元。

第二节 国民党政权的勒索与商界的不满

一、国民党利用"非常手段"逼迫上海资本家捐款

1926年冬,由于北伐军节节胜利的浩大声势和工农运动的蓬勃发展,上海资本家经过商议,决定推派虞洽卿和四行储蓄经理钱新之去南昌与蒋介石达成秘密交易,即蒋介石帮上海资本家镇压上海的工人运动,而上海资本家则"借钱"给蒋介石。②

北伐军到达上海以后,上海资本家不但"借钱"给国民党军队,而且表示要"捐助"国民党500万元,借钱与捐款当然不是一回事。3月29日,上海商业联合会代表谒见蒋介石时表示:"认捐五百万元,即

---

① 《张嘉璈在中国银行的二十二年》,见洪葭管:《旧上海的金融界》,上海人民出版社1988年版。

② 上海市工商业联合会档案史料,卷宗号:169-40。

继续输将,亦商界所愿,借款可另案办理。"①

然而,在国民党残酷镇压了中国共产党领导的工人运动,解除了上海资本家的心头之患,轮到资本家掏钱的时候,他们却没有那么慷慨了。"四一二"反革命政变以后,工人运动受到严重摧残,来自工人运动的"威胁"基本扫除,上海资本家很快将捐款之事忘到九霄云外。他们要等到蒋介石政府公布债券条例,使他们放出的钱有利可图以后,才肯解囊回报国民党。

1927年4月16日,蒋介石发电报给上海商业联合会,称:"日来军事进展,饷项奇绌。前日承蒙自动的募借之数,可否于最短期内筹拨,以济急需? 革命成败,国家存亡,全在此举。"②

上海商业联合会回电称:"师行所至,烛鉴几微,恩威兼施,工商翕服,军需急迫,商民应效驰骋,请克日饬部迅将库券或债票条例颁布,敝会尽力筹募,以尽国民之职。"③可见,这里上海资本家已经将"捐输"变为"库券"了。

但资本家认捐在先,蒋介石必然不会妥协。4月26日,蒋介石致电上海商业联合会,称:"近日饷项奇绌,前承允自动捐助的五百万元,以尽国民职责,务祈力践前约,踊跃输将,以固国本。尚望于最短期内,如数筹足,以济急需。"④上海商业联合会主要领导就蒋介石电报召开会议讨论。吴蕴斋认为:"款数过巨,复电措辞甚难,若虎头蛇尾,将来恐于本会信用大有关系。"⑤王一亭对此表示赞同。

4月27日,蒋介石致电上海商业联合会,"商业上海商业联合会

---

① 上海市工商业联合会档案史料,卷宗号:146-89。
② 上海市档案馆:《一九二七年的上海商业联合会》,上海人民出版社1983年版,第63页。
③ 上海市档案馆藏上海商业联合会档案,卷宗号:Q80-1-7-3。
④ 上海市档案馆藏上海商业联合会档案,卷宗号:Q80-1-7-4。
⑤ 上海市档案馆藏上海商业联合会档案,卷宗号:Q80-1-7-8。

捐款务于本月底凑足，务请大力玉成，否则必误大局"，连连催促。①

在蒋介石的催促下，上海商业联合会于 4 月 27 日召开委员会会议，会上推定姚紫若、王晓籁、王彬彦、石芝坤、叶惠钧、吕葆元、席云生、陈翊廷、伍咏霞等 9 人组成筹饷审查委员会。② 4 月 28 日，上海商业联合会致函催促筹饷审查委员会各委员，要他们即日召集会议。③ 4 月 29 日，上海商业联合会致函筹饷委员会，称："蒋急电催款，势难再缓。"④

"四一二"反革命政变之后，国民党政权很快要求上海资本家兑现他们的承诺。蒋介石等人不断催促，但上海资本家的捐款未见分毫。在库券款方面，到 5 月 21 日为止，上海商业联合会的二五库券缴款只有 140 余万元，连预定的 400 万元的一半还不到。国民党军队 5 月军费需要 1600 万元，而 6 月份需要 1800 万元。⑤ 蒋介石依靠上海资产阶级筹集军饷的计划受到了重大的挫折。由于没有军饷，上海的二十六军拒绝听令北调参加北伐战争。⑥

针对上海资本家的吝啬表现，国民党政权先是对之进行谴责与鞭打，后来又动用青帮对资本家进行恐吓。江海关俞飞鹏在其致江苏兼上海财政委员会的信中称："现在沪上叛徒业经法庭解决，超过该会期望甚远，而认捐之数，未缴分文，商会诸公，当日义形于色，弟不敢谓毫无诚意，但事定之后，淡然若忘。"他认为联合会这种首鼠两端的态度犹如"落水求命，上水求财"的守钱旧态。⑦ 潘公展也指责联

---

① 上海市档案馆藏上海商业联合会档案，卷宗号：Q80-1-7-9。
② 上海市档案馆：《一九二七年的上海商业联合会》，上海人民出版社 1983 年版，第 68 页；《商业联合会筹助军饷会议》，《申报》1927 年 4 月 29 日。
③ 上海市档案馆藏上海商业联合会档案，卷宗号：Q80-1-3-20，Q80-1-7-69。
④ 上海市档案馆藏上海商业联合会档案，卷宗号：Q80-1-3-21。
⑤ 《财政部会议中之军费问题》，《申报》1927 年 6 月 28 日。
⑥ [美]小科布尔：《上海资本家与国民政府》，杨希孟等译，中国社会科学出版社 1988 年版，第 48 页。
⑦ 上海市档案馆藏上海商业联合会档案，卷宗号：Q80-1-7。

合会"首鼠两端""眼光如豆","总脱不了市侩本色"。① 国民党按蒋介石的授意宣布:"在军政时代,宜用非常手段特别方法筹款,不能墨守成规。"②由于许多资本家住在租界,蒋介石无法直接下手,因此只好利用青帮去完成任务,所以青帮"成为压迫商界、扑灭劳工运动的鹰犬"③。1927 年 5 月 14 日,一位蓝靛商人的儿子以"反革命"的罪名被捕,5 月 19 日,捐赠 20 万元国家事业费后被释放。④ 5 月 15 日,由于华商纱厂联合会对认购所派的库券态度迟疑,只是象征性地认购了 12.5 万元库券,仅为联合会派认的三分之一,蒋介石即授意御用文人发表《江浙财界与三民主义》,编造"某一理事说,孙传芳又要来了,留些钱备孙传芳用吧"从而"拒绝借款",接着文章杀气腾腾地宣布工商界应"除掉害群之马,努力承销二五关税库券"。随后,蒋介石密令抄没荣宗敬在无锡老家的家产,又以"附逆孙传芳"的罪名通缉荣宗敬,直到荣宗敬答应认购 50 万元库券,通缉令才被取消。⑤ 5 月16 日,上海的一位酒商被捕,捐了 20 万元后才被释放。之后又有先施公司老板欧炳光的儿子被绑架,被勒索 10 万元;许宝箴的儿子以"通共"的罪名被捕,在捐赠 67 万元后获释。据估计,蒋介石政权依靠恐怖手段搜刮的钱财多达 5000 万美元,"现代以前的政权从未在上海有过如此恐怖的统治"⑥。蒋介石政权还利用全国人民的反帝浪

① 徐鼎新、钱小明:《上海总商会史(1902—1929)》,上海社会科学院出版社 1991年版,第 375 页。

② 巴图:《民国金融帝国》,群众出版社 2001 年版,第 34 页。

③ [美]小科布尔:《上海资本家与国民政府》,杨希孟等译,中国社会科学出版社1988 年版,第 43 页。

④ [美]小科布尔:《上海资本家与国民政府》,杨希孟等译,中国社会科学出版社1988 年版,第 39 页。

⑤ 上海社会科学院经济研究所经济史组:《荣家企业史料》(上),上海人民出版社1962 年版,第 198-199 页;《查封荣宗敬产业》,《申报》1927 年 5 月 16 日;严鄂声:《上海总商会与商界联合会的若干活动》,上海市工商业联合会档案史料,卷宗号:144。

⑥ [美]小科布尔:《上海资本家与国民政府》,杨希孟等译,中国社会科学出版社1988 年版,第 40 页。

潮来勒索资本家，其中抵制日货同盟成为国民党在上海商界榨取更多捐赠的一个利器，许多资本家以"依附帝国主义"的罪名被捕。如商人虞洪英被捕，被迫捐 15 万元；糖商的儿子黄振东被捕，被迫捐赠 15 万元。据美国驻上海领事称，几乎每天都有人被捕，他们被迫捐赠一定数目的现款后即被释放。① 据统计，仅 1927 年的 7 起绑架案，国民党当局勒索的赎金就高达 212 万元。② 经过一番折腾，上海资产阶级如梦初醒，发现自己支持蒋介石无异于喂了一条得志便猖狂的中山狼，双方的矛盾与冲突很快就出现了。

二、国民党名目繁多的摊派使资本家不堪重负

国民党政权虽然残酷地镇压了上海的工人运动，帮助上海资本家解除了心头之患，但是索要的酬金与各种摊派却压得上海资产阶级喘不过气来。1927 年 4 月 1 日，上海特别市党部要求联合会为孙中山逝世二周年纪念捐款 4000 元。③ 4 月底刚刚收到上海钱业公会两笔 600 万垫款的蒋介石，又伸手向上海资产阶级索款，催促上海商业联合会尽快把原先认捐的 500 万元军饷解往南京，被上海资产阶级拒绝后，又要联合会会员认购二五库券 400 万元，上海县商会、闸北商会、上海总商会合购 100 万元。但是直到 5 月 14 日，联合会认购的库券才 202.7 万元，至 5 月 21 日，各团体的缴款仅有 140 余万元。摊派二五库券之事尚未了结，7 月间，蒋介石又致电虞洽卿，要他利用上海商业联合会发动"房租助饷活动"，要求将 7 月、8 月两月的房租捐为军饷。8 月，南京国民政府组成的劝募盐余库券委员会

---

① ［美］小科布尔：《上海资本家与国民政府》，杨希孟等译，中国社会科学出版社 1988 年版，第 41 页。

② 虞宝棠：《国民政府与民国经济》，华东师范大学出版社 1998 年版，第 73 页。

③ 上海市档案馆藏上海商业联合会档案，卷宗号：Q80-1-1-1。

要求商业联合会向各业劝购库券，称"素仰贵会为上海各商业总绾枢机，登高一呼，众山皆应。况是项库券较诸二五库券，尤觉担保确实，利息犹厚，载以条例，无俟赘陈"①。与此同时，军队的额外索要更是名目繁多。如国民革命军总司令部特务处出面征抽 10 万元的警备队开办费。② 8 月 24 日，国民革命军东路军总指挥白崇禧致函上海总商会，要求上海工商界筹集 200 万元作为给养费用。③ 8 月 31 日，上海商业联合会、上海总商会、上海县商会、闸北商会联合召集各入会团体召开紧急会议，虽然经过交涉将费用由 200 万元减为 100 万元，最后除中国银行、交通银行两银行垫借 70 万元以外，其余的 30 万由银行业、钱业及各商会各认 10 万元。④ 1927 年 9 月间，蒋政权又颁发了发行海关二五附税库券的正式通告，总额为 2400 万元。为了劝募这笔为数不少的二五库券，蒋介石把上海商业联合会虞洽卿、王晓籁、秦润卿、胡孟嘉等列入"劝募二五库券委员会常务"的名单。⑤ 11 月 3 日，国民政府财政部又要求虞洽卿在商界再次筹款 50 万元。⑥ 仅 1927 年，国民党政权就三次发行库券，上海资本家苦不堪言。

蒋介石不断地向上海资本家索要"军饷""爱国捐"，发行二五库券，续发二五库券、盐余库券，垫款与借款越来越多，资本家对此极为不满。在筹集二五库券的过程中，上海商业联合会希望纱厂联合会认购 50 万元，1927 年 5 月纱厂联合会开会，决定共同认购 12.5 万元，并请荣宗敬、吴麟书向福源钱庄暂借支付。荣宗敬还另有打算，

---

① 上海市档案馆藏上海商业联合会档案，卷宗号：Q80-1-7-26。
② 《三商会讨论为白总指挥助饷》，《孙筹成日记》1927 年 3 月 28 日；上海工商业联合会档案史料，卷宗号：189-68。
③ 上海市档案馆藏上海商业联合会档案，卷宗号：Q80-1-7-196、Q80-1-7-197。
④ 上海市档案馆藏上海商业联合会档案，卷宗号：Q80-1-7-198；上海市工商业联合会：《上海总商会议事录》，上海古籍出版社 2006 年版，第 2474 页。
⑤ 徐鼎新、钱小明：《上海总商会史（1902—1929）》，上海社会科学院出版社 1991 年版，第 337 页。
⑥ 《财部电沪再筹五十万》，《申报》1927 年 11 月 4 日。

他想认捐10余万元了事，蒋介石听后暴跳如雷，他以荣宗敬"甘心依附孙传芳，平日拥资作恶多端，劣迹甚多"为借口，密令无锡县政府立即查封荣氏在无锡的产业和荣家家产，并通令各军侦缉逮捕。无锡县政府接到命令后，于5月15日查封了荣氏家族在无锡的产业。为此，上海金融界的显赫人物上海银行总经理陈光甫、中国银行总经理宋汉章、中国工商银行总经理傅筱庵来到荣宗敬的办公室议事，感叹："我们原把他当自己的救星，现在发现他原来是灾星。"①

当上海商业联合会二五库券款不能及时上缴时，蒋介石要求中国银行上海分行垫借给上海商业联合会100万元，沪行经理宋汉章只允许垫借30万元，后来同意借100万元，却要政府做担保人，使蒋介石大为恼怒，进一步加款至500万元，进而加至1000万元，这使江苏兼上海财政委员会的委员们也感到为难。张嘉璈责怪蒋介石"靡费过巨"，讽刺宋子文"少不更事"。② 他还在日记中批此为"南京政府压迫中行第一次"，批评蒋介石"军人不明财政，处处干涉财政，前途悲观在此"。③ 而身为江苏兼上海财政委员会主任的陈光甫也在其日记中多次表达了对国民党政权的愤懑与强烈不满：

> 国民党为人民之指导者，而一入政治舞台，贪钱卖法不顾廉耻，大言不惭自私自利，较之前人更坏。此无他，乃穷化恶化之出产品也。④

> 民国初元将大清银行改为中国银行，而即以中央银行国家银行视之。十余年来该行因受恶政治之影响，其资本

---

① 李占才、张凝：《著名实业家荣氏兄弟》，河南人民出版社1993年版，第79页；李国伟：《荣家经营纺织和制粉企业六十年概述》，见中国人民政协会议全国委员会文史资料研究委员会：《文史资料选辑》第七辑，文史资料出版社2000年版。
② 谟研：《"四·一二"反革命叛变与资产阶级》，《历史研究》1977年第2期。
③ 《张嘉璈日记》1927年6月10日，上海图书馆藏残本。
④ 上海市档案馆：《陈光甫日记》，上海书店出版社2002年版，第11页。

及钞票准备金时为政府提用，私人存款亦皆为政府所挪用，作为无聊军费，以致金融界工商界不获沾其余润，而国家银行乃成为一政府之筹款机关。①

南京政府用钱过于浪漫，前在军事时期月需千万，现在战事停止，每月仍需七百万，但苏、浙、皖三省收入每月平均仅三百万，所差过半，势须借款度日，一面不得不增加苛捐杂税，结果仍不脱离北京政府生涯之旧态。②

张嘉璈、荣宗敬、陈光甫等作为上海商界的典型代表，他们的心声可以说在资产阶级当中具有普遍性，他们对蒋介石的资助，与其说是自愿，不如说是无奈。更有署名"前溪"者以《借钱新解》对国民党这种强人所难的做法进行了辛辣的讽刺：

世知官借诚贤于盗夺赤共者万万，而不知官借端开，再普通殷贤者，固同一切肤之痛，在商工经营者，实无异凌迟之刑。何也，朝遇盗夺赤共，夕可闭市休业，商工经营者之苦痛，与普通殷实者同也，若夫官借，旦旦而伐，源源而至，商工经营者，迎无可迎，避无可避。欲以旧亏报罢，则债权依然，薄书固有积盈，将期新余弥补，则市野萧条，人民咸在涸辙。退不可能，进不可期。朝有红帖，夕有朱票。未补旧疮，又割新肉。③

1927 年 10 月 14 日，虞洽卿、叶惠钧等在上海商业联合会召开的会议上哀叹："商民最初希望国民政府者，未获达到相当程度，反受无

---

①　上海市档案馆：《陈光甫日记》，上海书店出版社 2002 年版，第 63 页。
②　上海市档案馆：《陈光甫日记》，上海书店出版社 2002 年版，第 50 页。
③　前溪：《借钱新解》，《国闻周报》1926 年第 3 卷第 36 期。

穷隐痛……近来失望太多，营业萧条，率相观望。"[①]

国民党为了获取上海资产阶级的经济支持，同时也为了消灭自身的政敌，发动"四一二"反革命政变扑灭了中国共产党领导的工人运动的烈火，解除了工人运动对资本家的威胁，基本上兑现了与上海资本家的交易条件。但是，上海资产阶级对先前做出的主动捐助500万元的承诺"淡然若忘"。[②] 在后来的400万元江海关二五附税库券的认购过程中，上海商业联合会会员以各种理由拒购少购，在交款的过程中也互相观望。在这一点上，上海资本家那种"落水求命，上水求财"的商人特性暴露无遗。

国民党政权与上海资产阶级合作与产生矛盾的过程，为我们判别国民党政权与上海资产阶级的关系提供了新的视角。1927年春，在政治局势飘摇不定之际，为了自身的利益，上海资本家在兑现交易的过程中，不仅赖掉了主动认捐的500万元，连400万元二五库券的认购也消极应对，不似有研究认为的那么积极主动。

---

① 上海市工商业联合会档案室史料，卷宗号：144。

② 据王晓籁所言，北伐军到上海时，上海几个大行业的商人听到打倒土豪劣绅、平均地权、节制资本等口号，都很惊慌，买办出身的陈炳谦、贝润生表示愿意捐助一些军饷，可是迟迟没有拿出来，因为他们还想观望观望，到了1928年，国民党派人要他们捐款，并恐吓他们，他们还想抵赖，但是又怕有危险，就请虞洽卿去疏通，结果还是捐了10万元了事。王晓籁：《陈炳谦、贝润生曾愿捐北伐军饷》1965年12月3日访谈，上海市工商业联合会档案史料，卷宗号：181-16。

第六章
由弱变强的劳资关系的话语权

国内外有些学者在研究 1927 年后的工人运动时,主要围绕劳资问题展开。[①] 上海第三次工人武装起义胜利以后,上海资本家不得不忍气吞声、委曲求全,与工人签订城下之盟。"四一二"反革命政变以后,上海资产阶级对遭到镇压的工人运动仍心有余悸,采取了诸多措施防止工人运动的复苏,并由此与国民党政权"党化"的工人运动产生矛盾,导致争夺店员风波的出现。从话语权的角度来讲,上海商界与工人阶层的关系体现了商界话语权的丧失与部分回归。

第一节 上海商业联合会在劳资纠纷中处于守势

一、上海资本家在五卅运动中支持工人运动

上海是中国工人阶级的摇篮、全国工人运动的发源地,也是中国共产党的诞生地。1919 年五四运动爆发,工人阶级以独立的姿态登

---

① 如徐思彦:《20 世纪 20 年代的劳资纠纷问题初探》,《历史研究》1992 年第 5 期;[美]裴宜理:《上海罢工:中国工人政治研究》,刘平译,江苏人民出版社 2001 年版;王奇生:《工人、资本家与国民党——20 世纪 30 年代一例劳资纠纷的个案分析》,《历史研究》2001 年第 5 期;张亦工:《商民协会初探》,《历史研究》1992 年 3 期;冯筱才:《劳资冲突与"四一二"前后江浙地区的党商关系》,《史林》2005 年第 1 期。

上政治舞台。1920 年，在上海共产主义小组的帮助下，第一个阶级工会——上海机器工会成立。1921 年，中国共产党在上海诞生，宣布"组织产业工会是我党基本任务"，并成立中国劳动组合书记部，组织工人建立产业工会，开办工人学校，开展工人运动。1925 年五卅运动中，在中国共产党领导下，上海总工会宣告成立，它从诞生起就是上海工人阶级的光辉旗帜。从此开始，在党的领导下，上海工人运动开启了波澜壮阔、永载史册的光辉历程。

自 1925 年五卅运动到北伐战争前夕，上海工人运动的主要目标是反对外国资本家，对此，上海资产阶级一度十分兴奋，因为他们从反帝运动中得到了不少好处。五卅运动及其后的几个月里，抵制外货之运动复趋白热化，这次运动对中国纺织业产生了巨大影响。是年，中国纱厂增至 58 家，至 1925 年复增至 65 家，纱锭增至 1832352 枚，织布机增至 10621 台。[①] 民族纺织业获得了极好的发展机会，棉纺织产品比较畅销，申新各厂大多在这一时期转亏为盈。[②]《银行周报》称："五卅案以后，抵制日英货甚盛，国纱市情乃大俏。"[③]《纺织时报》亦载："五卅惨剧发生，提倡国货，不遗余力，于是呆滞不动之本国布顿见活动……如能趁此机会，努力增加出产，平价推销，前途实大有希望也。"[④]上海资本家抓住这一千载难逢的机会，纷纷开足马力，千方百计开设新厂，增加生产。在五卅运动以后抵制英日货、经济绝交的反帝斗争中，外国贸易每天损失达 1000 万元。美

---

① 陈真：《中国近代工业史资料》第四辑，生活·读书·新知三联书店 1961 年版，第 211 页。

② 李占才、张凝：《著名实业家荣氏兄弟》，河南人民出版社 1993 年版，第 83 页。

③ 上海社会科学院经济研究所经济史组：《荣家企业史料》(上)，上海人民出版社 1962 年版，第 175 页。

④ 上海社会科学院经济研究所经济史组：《荣家企业史料》(上)，上海人民出版社 1962 年版，第 175 页。

英香烟市场的营业额暴跌，华商烟厂由原来的 10 家增加到 60 多家。①

五卅爱国运动也给上海金融业的发展带来新的生机。受爱国运动的影响，中国人民提出"不向外国银行存款，不用外国银行的钞票"的口号，特别是镇压中国人民斗争的英日两国的银行受到打击最大，如英国汇丰银行 1923 年的发行额为 4909 万港元，到 1928 年不仅没有增加，反而减少至 4826 万港元。日本横滨银行存款由 1921 年的 754.2 万元降至 1930 年的 367.3 万元。② 在外国银行存款不断减少的同时，上海华资银行的存款却大幅增加。1924 年，南三行北四行 7 家银行的存款为 1.4 亿元，1926 年增至 2.4 亿元。1925 年，外商银行、钱庄、华资银行在总资本中所占的比重分别为 36.7%、22.5% 和 40.8%，华资金融业开始活跃。③ 此时的上海资本家支持罢工工人，只不过是想利用工人运动来抵制外国的经济侵略。五卅运动时，上海总商会为罢工工人募集并捐赠了 220 万银圆。④ 不过，上海资产阶级对工人运动的支持是有一定限度的。他们的心理十分矛盾，华岗曾对资本家这种心态做过描述：

> 工人阶级在同帝国主义争斗时，他会加以赞助过，因为他很想利用工人阶级的力量打击一下帝国主义的势力，但是他们自己的工厂也有工人，这些工人与外国工厂的工人

---

① 朱华等：《上海一百年》，上海人民出版社 1999 年版，第 152 页。

② 《近代外国在华银行纸币的发行》，见洪葭管：《20 世纪的上海金融》，上海人民出版社 2004 年版。

③ 洪葭管：《论历史上的金融中心和当前重建上海金融中心》，见林克：《上海研究论丛》第十一辑，上海社会科学院出版社 1997 年版。

④ ［美］费正清：《剑桥中华民国史》（一），章建刚等译，上海人民出版社 1991 年版，第 852 页；姜维新：《从二月罢工到五卅运动》，见吴汉民：《20 世纪上海文史资料文库》第 1 辑，上海书店出版社 1999 年版。

一样要吃饭穿衣，一样要改善生活，他们看到外国工厂中工人的生活改善了，当然也会团结自己，并要求改良生活……但是民族资产阶级看自己要吃亏，而且看见工人阶级力量膨大于己不利。①

因此，华商资本家一方面希望借助汹涌的工潮打击帝国主义列强在华企业，从中渔利；一方面又希望工人运动见好即收，以免"城门失火，殃及池鱼"，危害自己的利益。尤其当工人纷纷建立工会组织加强联合时，资本家平息事态的心情愈发迫切。②

二、北伐战争时期上海工人运动的发展

1926 年，国共合作的北伐战争开始以后，一路势如破竹，直抵长江流域。在北伐军节节胜利的鼓舞下，上海的工人运动再次出现高潮，工人运动在总工会的领导下复兴。7 月，上海总工会发表拥护北伐的宣言，发动同盟罢工与单独罢工达 34 次。据统计，1926 年 6 月到 9 月，上海全市发生 112 次工潮，参加罢工的人数累计超过 20 万人。中国共产党区委根据上海的形势决定推动上海的自治运动，在上海积极举行民众暴动，响应北伐军。到 1927 年 1 月，总工会领导的工会组织已有 187 个，比 1926 年 9 月增加了 1 倍以上，会员人数增加了 50%。到 3 月中旬，工会会员已达 30 万人。为了配合上海工人阶级第三次武装起义，上海工人举行了第二次总同盟罢工，参加罢工的工人有 80 万人。上海工人第三次武装起义后，在总工会登记的

---

① 华岗：《中国大革命史》，见《民国丛书》第 66 册，上海书店出版社 1989 年影印本，第 416 页。
② 上海社会科学院经济研究所经济史组：《荣家企业史料》（上），上海人民出版社 1962 年版，第 189 页。

工会组织有 502 个,会员 82 万人。

在上海工会组织不断扩展的同时,中国共产党亦不断地建立工人武装,其中工人纠察队是最重要的组织形式。1926 年 10 月,上海工人纠察队已有 2000 余人。1926 年 11 月,中国共产党决定把工人纠察队分为武装工人和纠察队两种形式,其中武装工人为经常性的组织,主要由在职产业工人组成,它的主要任务是准备工人起义与保护工会组织。而纠察队是为罢工而设立的临时性的工人军事组织。这样一来,上海工人便具有了更强的战斗力。1927 年 3 月,第三次武装起义获得成功。工人以大无畏的革命精神殊死战斗,通过 30 小时的奋战,歼敌 5000 人,缴枪 4000 支,闸北、吴淞、南市等地的工人纠察队发展到 2700 多人。上海工人第三次武装起义,是"无产阶级英勇斗争中的大事"[①],为北伐军进入上海扫清了障碍,连国民党编的战史也不得不承认其功绩:

> 工人所组织之民兵,向上海北站之直鲁军赤手猛攻,死亡枕藉,未肯稍却,卒将直鲁军击退,为民众战胜驻军之最大光荣史。毕庶澄之所以退却,革命军之安然入上海者,民众之战斗与有力焉。[②]

随着上海第三次工人武装起义的胜利和工人运动的不断发展,中国共产党及其领导的工人组织成为上海重要的政治力量。上海许多地区实际上为中国共产党及工人纠察队所控制。《中国劳工运动史》称:

---

① 阿卡托娃:《民族因素在中国工人运动中的作用》,《国外中国近代史研究》第 6 辑,中国社会科学出版社 1984 年版。

② 陈训正:《国民革命军战史初稿》第 2 卷,国防部印制厂 1952 年重印版,第 343 页。

> 十六年，国民革命军尚未到达上海，而黄浦江上狂风暴雨，已成排山倒海之势，人心动摇，市场骚动，实上海开埠以来所仅见之恐怖现象也。此时官厅，已成军阀残余势力之夕照，故仓惶不知所措，益失其维系之力，其维然握住全市中心，指挥一切，控制一切者，则为上海总工会。①

3 月 28 日，李宗仁来到上海，发现上海的"情形极为严重"，"工人拥有纠察队千余人，终日游行示威，全市骚然，稍不如意，便集众要挟，动辄数万人，情势汹汹，不可终日"。②白崇禧在清党报告中指出："共产之大本营，即在上海，有工人数万人，有枪八千支以上，陈独秀、汪寿华、李立三均在上海指挥……""共产党不仅控制了工人纠察队，还使一部分国民军大受熏陶，他们不仅有自己的武装、独立的指挥系统，还准备攻进租界，赶走外国列强。"③李、白两人的言论，从反面证明此时的中国共产党及其领导下的工人阶级已经显示了不容忽视的政治力量，特别是工人武装的壮大，更令国民党反动派及其盟友惊惶不安。

三、工人阶级掌握劳资纠纷的话语权

在北伐战争胜利进军的影响下，全国的工人运动不断发展。北伐军占领杭州市后，杭州市工人纷纷建立工会组织，不断向资本家提出改善经济、政治待遇等要求，有一则报道称：

---

① 马超俊：《中国劳工运动史》，商务印书馆 1942 年版，第 113 页。
② 《清党与宁汉分裂》，见李宗仁：《李宗仁回忆录》，华东师范大学 1995 年版，第 335-341 页。
③ 黄绍竑：《四一二政变前的秘密反共会议》，见中国人民政协会议全国委员会文史资料研究委员会：《文史资料选辑》第四十五辑，文史资料出版社 2000 年版。

在二月下旬至四月初旬,杭州各界,殆陷于混乱状态,各业或因要求不遂而罢工,或因待遇不佳而歇业,或今日复工明日又罢工,小商店无法维持,大工厂亦难于应付,各业无不人人自危。①

随着北伐军占领上海,上海资本家对工人运动的态度很快由支持转为害怕,"群众运动已使上海的资产阶级团体处于守势"②。《钱业月报》一篇文章对此有过生动的描述:

今者春申江上,已有山雨欲来之势,覆霜坚冰,其来渐矣。吾人在商言商,对于政治上之主张,雅不愿有所论列,惟丁兹风摇雨撼之秋,诚有来日大难之感。③

上海工人以众多的工会组织和强大的工人武装为后盾,不断向资本家提出改善政治、经济待遇的要求。上海工人武装起义胜利以后,上海总工会提出如下要求:承认工会有代表工人之权;增加工人工资,规定最低工资额;限制物价高涨,保障工人生活;要求 8 小时工作制;废除包工制;修改厂规及雇用契约;星期日节日休息,工资照发,不休息工资加倍;恢复失业工人工资,雇主不得借罢工关厂,抵制工人;不准打骂工人,乱罚工资;不准任意开除工人,开除工人须得总工会同意;规定因工作而死伤的抚恤金;工人在疾病时,厂主须负责医治,并须发给半数以上之工资;男女同工同酬,改善女工及童工之待遇,女工在生产前后,休息六星期,工资照给,童工不得做过重的工

---

① 《杭州最近劳资间之交涉情形》,见彭泽益:《中国近代手工业史资料》第 3 卷,中华书局 1961 年版,第 347 页。

② [美]费正清:《剑桥中华民国史》(一),上海人民出版社 1990 年版,第 857 页。

③ 薇樵:《时局倏扰中之金融界》,《钱业月报》1927 年第 7 卷第 2 期。

作;改良工厂之设备,增加门窗、天窗、厕所等。①

在这一时期的劳资纠纷中,工人也依仗数量上的优势,使资本家节节退守。1927 年 3 月 26 日《申报》有这样一则关于典押业公会资本家与职工会工人冲突的报道:

> 上海典押业职工会,昨日下午二时,在城内侯家浜典质业公所内,开全体大会,集议该会一切革新事宜,并宣布反对派名单及要求条件等,到会人数约六百余人。正在会议时,忽得报告,有南市少数职员,被店主用压迫手段,禁闭店内,不许到会,以致激动众怒,群往各店交涉,各押店预先得讯,即将店门严闭,拒不出见,该职员等先拥至西门锦丰押店,正在门外喧扰间,店内之人,即在楼窗内抛掷砖石,击在职员身上,群众怒极,遂大喊打倒野蛮店主,破门而入,双方冲突之下,将该店器具捣毁一空,继复至小西门明和护军营湘兴南码头左近庆源公兴等,共计 5 家押店,均发生同样冲突,该职员等,即整队唱歌归会而散。②

经历了这一事件后,典押业公会感觉到自身受到强大的工人力量的"威胁",于第二天申请加入上海商业联合会,寻求保护。

饮片业亦不例外。自该业工人 3 月份成立工会组织以来,工人态度强硬地要求增加工资,该业资方连日开会研究对策,信义堂、和义堂两公所因"环境所迫,形势所趋",决定合并两公所以增强实力,而喻义堂也考虑加入。③ 三公所于 3 月 28 日加入上海商业联合会,

---

① 《全上海工人之总要求》,《申报》1927 年 3 月 26 日。
② 《典押业职员与店主冲突》,《申报》1927 年 3 月 26 日。
③ 金子肇:《上海资产阶级与上海商业联合会:围绕四一二政变》,《史学研究》1986 年第 168 号。

可以说是面对工人强大的攻势所采取的不得已的对抗措施。

面对强大的工人势力，资本家只好作临时屈服，不得不"忍辱负重"，裕孙的《实业界呻吟之声》便是资本家这种心声的流露：

> 当年来工潮澎湃之际，沪埠几全变为工人世界。唯同情于工人者可以存在，稍露反对，即锡以反动之佳名，或发生意外之危险。故厂方当局，虽极感压迫之苦，大率忍辱负重，三缄其口，偶于报端窥见一二，辄异常辛酸，读之不怡，举例以概其余。①

这一时期，上海工人的政治待遇出现有利于工人的一些变化。上海总商会曾多次召开会董会议，准备承认总工会。② 对于工人提出的一些政治要求，上海商业联合会也大多被迫接受。3月11日，上海永安公司职业会职工会致函该公司，要求公司让因参加上海总同盟罢工而被开除的工人复工，并提出复工条件与先决条件，主要内容包括：承认职工会、使被开除的职工复工、失业期内工资加倍发给、赔偿失业者每人损失费洋三百元等。

3月24日，当先施公司职工会也提出类似的复工条件后，上海商业联合会召开会员会议，听取了永安、先施两公司代表关于两大公司工潮经过的报告，决定先派虞洽卿、劳敬修、冯少山等四人至两公司调查情况。3月26日，经上海商业联合会会员大会决议，请劳敬修向两公司方面解劝"忍耐痛苦，暂先接受条件"。孙景西说："请告该两公司将来再有此种事情发生，归四位调停人负责，如犹有不满，由本会全体会员负责。该公司总可委曲求全也。"4月4日，经

---

① 裕孙：《实业界呻吟之声》，《银行周报》1927年第11卷第14号。
② 上海市工商业联合会：《上海总商会议事录》，上海古籍出版社2006年版，第2417页。

上海总工会与上海商业联合会协商,永安公司决定让离职职员一律复工。[①] 工人待遇提高的过程也是资本家利润减少的过程,据统计,1927 年是永安公司资本家获取利润最少的一年。"忍耐痛苦""委曲求全"体现了资本家迫不得已的心情,也为日后资本家反攻倒算埋下了伏笔。

纱厂是上海工业中比较重要的行业,在纱厂工作的工人全年每天的工作时间达 12 小时,而且待遇低下。起义胜利以后,纱厂工会分别向资方提出承认工会、增加工资、缩短工时、给予医疗条件、不得无故开除工人等几项条件,由于革命形势的高涨,纱厂工会提出的条件都为各厂主接受。[②] 一些失业和因参加罢工、起义等被开除的工人又重新被安排工作。申一厂工人施二宝起义胜利前失业在家,胜利以后同其他三四个工人进厂复工,并受到工人们的热烈欢迎。被捕的工人也被释放,工人还惩办了工厂里为非作歹、为工人所痛恨的工头或领班,把他们驱逐出工厂,资本家也只好忍气吞声。[③]

据申一厂工人施瑞生回忆,起义胜利以后,工人工资增加了10%,工作日由 10 个日工减少到 7 个夜工或 6 个日工,以 1924 年工作待遇为标准(分值 100),1925 年和 1927 年均有较大提高。

上海银行的职工运动在 1926 年下半年已经兴起,长沙、武汉两地分行的职工首先组织了职工会。1927 年 3 月 23 日,上海第三次工人武装起义胜利以后的第二天,上海银行的职工立即组织了职工会,又加入了上海银行业职工总会,这个职工会和职工总会除了要求改

---

① 《永安公司离职职员今日复工》,《申报》1927 年 4 月 4 日;上海社会科学院经济研究所:《上海永安公司的产生、发展和改造》,上海人民出版社 1981 年版,第 119 页。

② 朱邦兴、胡林阁、徐声:《上海产业与上海职工》,上海工人运动史料委员会校订,上海人民出版社 1984 年版,第 143 页。

③ 上海社会科学院经济研究所经济史组:《荣家企业史料》,上海人民出版社 1962 年版,第 326 页。

善经济待遇、提高职工在银行的地位,还在宣言中提出了取缔外商银行的口号和办成平民化的银行的主张。[①]

四、上海商界对工人运动的恐惧

上海工人第三次武装起义胜利以后,资产阶级已被上海的工人运动吓得胆战心惊,尤其是上海工人手中拥有具备相当实力的武装力量,更是资产阶级的心头之患。荣宗敬在 1927 年 3 月 23 日的上海资本家团体的联席会议上指出:"工潮不绝,纷扰无已,根本解决,须请白总指挥发统一命令解决工潮,乃可复工。工人手内一有枪械,闻者寒心,务须收回枪械以维治安。"[②]

工人运动也给资本家带来了无穷的噩梦与莫可名状的痛苦。电机业称工人"得陇望蜀""贪得无厌",该业"出境日艰,几经风波之险恶";面粉业也"厂方失其主权,营业归于停顿"。[③] 上海商业联合会在宣言中称:"（工人运动）利用时机,横施捣乱,以暴易暴,变本加厉。我商民危疑振撼,莫知所措,斯时苦痛,殆难言状。"[④]在 4 月 3 日上海商业联合会会员会议上,上海染织布厂请求上海商业联合会解决工潮,虞洽卿表示无能为力,请该厂回去自行磋商办法,要求他们答应为工人增加工资二成左右。

工人运动使资本家的工厂陷于进退维谷的境地。4 月 6 日,电机丝织同业公会致函上海商业联合会,称:"亦有加入工会谋以自卫者,

---

①　《上海商业储蓄银行的历史概述》,见洪葭管:《陈光甫与上海银行》,中国文史出版社 1991 年版。

②　上海社会科学院经济研究所经济史组:《荣家企业史料》(上),上海人民出版社 1962 年版,第 194 页。

③　《主要工业界之哀鸣》,《国闻周报》1927 年第 4 卷第 19 期。

④　上海市档案馆:《一九二七年的上海商业联合会》,上海人民出版社 1983 年版,第 14 页。

亦提出条件，向厂方要求条件之苛，骇人闻听。"①

在上海丝厂4月份发表的宣言中，该业也以创业之艰难，陈述资本家所受痛苦。②

电机厂也在其宣言中指出："……现在同业中，所有工人条件，将厂商内部行政各权，侵夺净尽。……同业暂时容忍，勉顾大局。"③

由于工人运动损害了资本家的切身利益，资本家对工人罢工多有指责，认为"罢工是一种至悲愤至消极的表示"。④

但是由于力量对比悬殊，资本家只能从资本家与工人的利害关系出发来告诫工人："职工与资本家，既有休戚之关系，应存互助之心，则遇事能相见以诚，不难得双方之谅解。"⑤

电机丝织业也称工人如果一意孤行，则会"船到江心，补漏嫌迟"⑥。

也有一些评论认为虽然资本家苛待工人，遭遇反抗是必然的，但是工人所提的要求过高，"考其内容，实属失当"。皆不可取，双方应当"形影相依"，"互守其界，始能成两利之局"。⑦

资本家一方面勉强接受工会条件，一方面紧急寻求对策，但工人运动的熊熊烈火使资本家不得不有所顾忌。面对声势浩大的工人运动与相当数量的工人武装，上海商业联合会一度寻求妥协的办法。在3月30日的会员会议上，主席虞洽卿指出："对于工会无理要求，或因此发出暴动等行为，本会当设法抵制。"⑧1927年4月1日，无锡工厂的李耀东被总工会捕去游行示众以后，荣宗敬分别写信给上海

---

① 上海市档案馆藏上海商业联合会档案，卷宗号：Q80-1-17-15、Q80-1-17-16。
② 裕孙：《实业界呻吟之声》，《银行周报》1927年第11卷第14号。
③ 《主要工业界之哀鸣》，《国闻周报》1927年第4卷第19期。
④ 叔仁：《罢工》，《钱业月报》1927年第7卷第2期。
⑤ 楚声：《罢工感言》，《钱业月报》1927年第7卷第1期。
⑥ 《主要工业界之哀鸣》，《国闻周报》1927年第4卷第19期。
⑦ 渊泉：《武汉工潮感想》，《晨报》1926年11月28日。
⑧ 上海市档案馆：《一九二七年的上海商业联合会》，上海人民出版社1983年版，第217页。

商业联合会与该会主席虞洽卿,指出李君"此次无端被辱,同人咸有戒心"①。1927 年 4 月 2 日,在上海商业联合会会员会议上,荣宗敬报告无锡工厂暴动,请大家讨论办法。穆藕初建议请第二十六军军长帮忙,出兵镇压工人运动,但是这一方案遭到王晓籁的反对。王晓籁认为:"现在民气之盛,远非昔日,恐压力愈重,反抗力越大,此事只能与工会磋商。"潘旭升报告染织业工人提出增加工资条件数倍以上,"现正相持不能复工,上海各大厂家甚多,相率而行,商界之幸福何存"。徐静仁认为:"凡厂中工人十九里良善,不过极少数分子在内煽惑搬弄,良者不敢不从,故而如是。故两方磋商得一妥当办法,自可解决,不可各走极端。"②

上海商业联合会不得不寻求与工人合作的途径,并试图将工人运动的烈火与劳资纠纷的主要原因导向外国侵略者,"希望工商相互谅解,抵外货于无形"。3 月 31 日,上海商业联合会拟请国民政府颁布劳工争议调解仲裁法规呈稿中称:"本会为商业集合机关,愿与各业工人共同对外奋斗,首图收回关税自主之权,实施保护政策,以促国内实业之发展;次谋外商在华营业,一律与华商同遵国民政府法令,以除外商免纳税项种种之特殊条件。迨至帝国主义经济侵略政策排除之后,各地产业日见兴盛,劳资两方均受同等利益,始收彻底补救之效;否则,各地产业内外交困,日处于奔涛骇浪之中,耗折愈盛,势将纷纷闭歇。劳工无事可做,亦必流离失所。"③王晓籁也曾指出:"现在中国实业只可谓一线曙光,弥望工商方面相互谅解,并相互牺牲,以冀国货之生产力增加,而抵制外货于无形,俾一线之中国实

---

① 上海社会科学院经济研究所经济史组:《荣家企业史料》(上),上海人民出版社 1962 年版,第 327 页。

② 上海市档案馆藏上海商业联合会档案,卷宗号:Q80-1-1-1、Q80-1-1-2、Q80-1-1-3、Q80-1-1-3、Q80-1-1-4。

③ 上海市档案馆藏上海商业联合会档案,卷宗号:Q80-1-23-1、Q80-1-23-2、Q80-1-23-3、Q80-1-23-4、Q80-1-23-5。

业不致受风雨之摧残，则幸甚矣。"①

与上述各种论调异曲同工，有人展示了罢工与工人的利害关系，希望工人保持镇定，以防帝国主义列强乘虚而入，他们不失时机地劝导工人："我国产业之能勉强支持者，寥寥可数。外受列强之侵占，内感资料之缺乏及技术之拙劣，劳资通力合作，奋战苦斗，犹恐不易防守国内之市场。若劳资更立于敌对地位，则任何事业皆将立见败坏，而充斥吾市场，吸收吾骨髓者，悉为外货矣。""故居今日而谈劳资问题，只可合作，不可敌对。""劳资宜联立于一方以对抗外国资本家，不宜分立于两方以分散吾一致对外之实力。"②

资本家还告诫工人："若不工商合作，以求发达于国外，仅争权于国内，酿成工商辍业，造成经济竭蹶，必同归于厄境。"③

当然，长期以来，列强在华企业凭借 19 世纪中后期强加给中国的不平等条约，使我国的民族工业一直处于不利的竞争地位。因此，华商企业为了自身的生存与达到资本增值的目的，只有加强对工人的剥削，延长工人的劳动时间，或减少工人的工资，以减少生产成本，增加与列强在华企业的竞争优势。在 4 月 3 日的上海商业联合会会员会议上，汪寿华在谈到劳资问题时，就曾批评资本家"不从关税自主与外国竞争，而注意于减少工资，实为非计。以前对于工人都觉恐怖，而现在不然。资本家对之常怀鄙视，每有工人条件提出，未容纳而排斥，致有先罢工后提出要求，盖恐资本家不纳也。今国民军到沪，工人手段不同矣。与以前相反，此乃劳资间不能融洽之故也"④。

---

① 上海市档案馆藏上海商业联合会档案，卷宗号：Q80-1-1-46。
② 渊泉：《武汉工潮感想》，《晨报》1926 年 11 月 28 日。
③ 裕孙：《实业界呻吟之声》，《银行周报》1927 年第 11 卷第 14 号。
④ 上海市档案馆藏上海商业联合会档案，卷宗号：Q80-1-1-5、Q80-1-1-6、Q80-1-1-7、Q80-1-1-8。

第二节　上海商业联合会重新夺回劳资关系话语权

一、"四一二"反革命政变以后的劳资纠纷

"四一二"反革命政变以后,政治局势逆转,上海中外资本家趁机反扑,推翻大革命时期答应工人的条件,重新夺回话语权。而工人之前取得的政治、经济权利丧失殆尽,生活陷入极度痛苦之中。"一种势力压迫另一种势力,本来翻身变正,一下子变动又转反了。"[①]而这一时期的劳资纠纷,从大体来看,其原因主要是雇主降低工资、增加工作时间、取消从前的种种待遇、开除工人等方面,各业工人罢工,"十分之八九为不得已的防御战"[②]。中日英三国纱厂厂主成立了上海纱厂业联合委员会,联合对付工人的反抗,纱厂在工人武装起义以后应允的半小时吃饭并休息半小时,热水泡饭,每个月有 4 天的赏工,星期日、节日休息且工资照发,生病给医疗费,死亡给抚恤金等待遇都被取消。[③] 庄得之和陈光甫对上海中国银行的职工运动非常害怕,表面上未公开反对,暗地里却在商讨对策,"四一二"反革命政变以后,上海银行就立即开除职工会的代表和积极分子 20 余人,其中个别有父兄辈为他们说情,但最终还是被开除了。[④] 在北伐军到达上

---

① 朱邦兴、胡林阁、徐声:《上海产业与上海职工》,上海人民出版社 1984 年版,第 148 页。

② 朱邦兴、胡林阁、徐声:《上海产业与上海职工》,上海人民出版社 1984 年版,第 8 页。

③ 中共上海市委党史研究室:《中国共产党在上海(1921—1991)》,上海人民出版社 1991 年版,第 100 页。

④ 《上海商业储蓄银行的历史概述》,见洪葭管:《陈光甫与上海银行》,中国文史出版社 1991 年版。

海以后,面对持续高涨的工人运动,面粉业的资本家惶惶不可终日,"四一二"反革命政变以后,阜丰面粉厂资本家孙景西立即开除工人,他还联合其他各面粉厂对工人一起动手。① 1927 年 4 月 14 日至 18日,永安公司等资本家先后写信给香港、天津等处说:"本厂一二三厂一个个恢复原状,如常工作,足慰远注,料政局经此一番政变,不但于实业有益,即北伐前途亦可日有进步也。"②

在"四一二"反革命政变发生一段时间后,资本家开除工人的消息仍时有耳闻。法电公司开除 46 名参加纠察队的工人;7 月,中华书局一次就开除工人 360 人;8 月,沪西内外棉五厂开除有发动工潮嫌疑的工人 120 人;12 月,先施、永安、欣欣三公司开除工人 300 人,药业与米业也开除 100 人;有的工厂还规定不雇用参加过工会的工人。③

对于资本家纷纷毁约,致使劳资关系紧张这一事实,国民党上海市农工商局也不得不承认,其在《上海工人运动史》中指出:

> 因了清党的关系,发生工人组织的改组,但在这里,一般资本家,竟因之以前对工人所承认的条件,加以否认。其中最痛苦的莫过于纱厂工人了,过去的条件,完全被厂主取消,而对于童工,更是要受尽工头的任意打骂,工资也由大洋而改为小洋。以前曾经参加过工会的,更为厂方所厌恶,逐渐地加开除……至于在厂内作工时所受的种种的痛苦与限制,更是笔难尽述。……印刷工人与店员等遭受厂主、店主的压迫剥削,更是无孔不入,无微不至。④

---

① 孙仲立:《四一二阜丰开除职工》,上海市工商业联合会档案史料,卷宗号:181-102。

② 《邓金友史料座谈记录》,上海市工商业联合会档案史料,卷宗号:191-34。

③ 中共上海市委党史研究室:《中国共产党在上海(1921—1991)》,上海人民出版社 1991 年版,第 100 页。

④ 国民党中央民众运动指导委员会:《上海工人运动史》1935 年版,第 182 页。

与国民党达成秘密交易后，上海商业联合会就经常请求国民党军队镇压工人运动，逼迫工人就范。4 月 15 日，上海染织业发生工潮，该业立刻请求上海商业联合会借用军警镇压工人运动。该业在致上海商业联合会的信函中称"近来时有无业游民到厂滋扰或强迫工人罢工或不准工厂停业，复有假借工厂名义向工人索费敛财，往往恃强横行不法，商民受累重大"，请求上海商业联合会转呈警察厅"对敝业工厂八十家概行给与保护以维商业而保治安"。①

1927 年 6 月 17 日，上海药业饮片公会发生工潮，工人不服从国民党商民部、商民协会、工会统一委员会及药业工会的决定，要求必须全体复工。事后上海药业饮片公会称工人"因思解职问题，既经商决于前得有办法，奚能旋即反悔，集众要挟，无法妄为，私擅监禁，不独敝会同人咸深自危之心，抑且全埠商人能无闻之胆寒俱生疑惧"，请求联合会与工统会"交涉办法"。6 月 18 日上海商业联合会致函统一委员会称："伙友进退，业主有权，何得又生异议，该工会本不应伙友被歇而起反抗；且既经贵会调解，由公会给资了结，何得又生异议，至纠众持械监禁多人，尤属不法，贵会有指导监督之权，应请派员查明，予以相当处分，用儆将来。"②8 月 31 日，为了防止工潮的再度发生，上海商业联合会纠集上海县商会、闸北商会、上海总商会在总商会召开紧急会议。③

10 月间，苏州铁机工人不堪资本家压迫，将商会捣毁，割断了电话线，并将商会会长捆绑游行示众，苏州市公安局去拘捕工人领袖张春山，也遭到工人的强烈反抗。10 月 26 日，上海商业联合会等四团体致电国民党中央党部，称工人"蔑弃法纪，抗违公会，凶横之极，显

---

① 上海市档案馆藏上海商业联合会档案，卷宗号：Q80-1-17-22、Q80-1-17-8。
② 上海市档案馆藏上海商业联合会档案，卷宗号：Q80-1-17-12、Q80-1-17-11。
③ 《四团体今开重要会议》，《申报》1927 年 8 月 31 日；上海市档案馆藏上海商业联合会档案，卷宗号 Q80-1-18-3。

系莠工害群,操纵利用。试思青天白日之下,法律失效至此,尚复成何世界,党国前途危险万分。试思商长、警察等公私法团,均失安全保障,则民众人人自危,更无立足地步","群性愤激,人心恐慌,切盼官厅破除情面,尽法制裁"。他们害怕苏州工潮蔓延到上海,指出:"苏沪咫尺,谊在唇齿,横暴所恣,尤切婴冠,应请钧座将此案提先惩治,以平公愤。"在上海商业联合会的催促下,国民党逮捕了苏州工人运动领袖。①

二、组织商民协会

在北伐军占领区,工人运动蓬勃发展,工会组织纷纷成立。这些地区的商人为了保护自身的利益,往往也建立商人组织与之对抗,国民革命军占领下的武汉就曾出现过商人组织的商民大会,该会与工会对抗时取得了一定的成效,时人对此不无褒奖:"武汉工潮勃发之后,继之以商民大会,就中国国民前途言之,此皆必至之趋势,且为进步之象征。"②

上海商业联合会成立以后,为了对付工人运动,也企图把工人与资本家组织在同一个团体中,以模糊阶级界限,篡夺工人运动的领导权。4月1日,在上海商业联合会会员会议上,虞洽卿说:"现在各店职员组织职工会,工人组织工会,则我等此会地位非资本家而似资本家矣。其实厂店为股东所有,我等受聘亦职员耳,故宜企谋使职工会与本会并为一体。"③王晓籁说:"广东商会等等外有商民协会之设,即虞先生之旨意,故宜使职员等组织本会,诸君可以在各本业发起或领

---

① 上海市档案馆藏上海商业联合会档案,卷宗号:Q80-1-19-3、Q80-1-19-4。
② 《武汉商民大会的感言》,《国闻周报》1927年第3卷第48期。
③ 上海市档案馆藏上海商业联合会档案,卷宗号:Q80-1-1-4。

袖,本会则总其成,此亦为扶持商人之一法。"①为了筹备组建商民协会,4月11日,上海商业联合会请求政治部赐商民协会章程以备讨论。②"四一二"反革命政变以后,为了进一步抵制工会势力,上海商业联合会于4月13日召开委员会会议讨论组织商民协会,不过,在争取商民协会会员的问题上,上海商业联合会的领导层存在一些分歧。虞洽卿认为:"各职工会相继加入总工会,则殊非商界之乐观,按党章,商民本有商民协会之组织,故请各位注意各业组织商民协会分会,劝各职员加入。"而穆藕初和姚公鹤则认为,各职员是否加入商民协会听其自然,不必另行劝告。而黄振东却认为,下级职工智识极简单,听其自然恐必行入歧途,他认为各业领袖与上级职员应该对下级职员加以指导,发起并组织商民协会。他的提议得到了与会会员的一致赞同。③4月14日,上海商业联合会通函各会员称:"以近日工潮澎湃之中,各业工会亦随之风起云涌,良因潮流所趋,难以自抑,吾各业商民似应组织法定之商民协会,以互助之精神,作自卫之团结,工会势力愈大,而我商界殊多自危,值兹工会纠察队之枪械被缴,工会势力稍杀之时,各店员、职员正有遑遑歧途、无所依归之际,急宜遵党部定章,组织合法之商民协会。所有店员、职员有正当之团结,不致引入歧途,则工界势力亦不致力益扩张,而商界始有存立之余地。"④4月15日,上海特别市商民协会筹备委员会致函上海商业联合会,希望联合会全体委员加入商民协会筹备委员会。⑤4月17日,上海商业联合会召开委员会会议,决定致函该会所属各团体推举代

① 上海市档案馆藏上海商业联合会档案,卷宗号:Q80-1-1-4。
② 上海市档案馆藏上海商业联合会档案,卷宗号:Q80-1-3-15。
③ 上海市档案馆藏上海商业联合会档案,卷宗号:Q80-1-1-13、Q80-1-1-14。
④ 上海市档案馆藏上海商业联合会档案,卷宗号:Q80-1-3-16;《商业联合会促组商民协会》,《申报》1927年4月18日。
⑤ 上海市档案馆藏上海商业联合会档案,卷宗号:Q80-1-24-19。

表二人组织商民协会，而后再行加入商民协会。① 4月20日，上海商业联合会召开委员会会议，推定胡孟嘉、徐静仁、冯少山、穆藕初、秦润卿5人为商民协会研究委员会委员，研究商民协会章程。② 4月21日，上海商业联合会致函各会员，要求他们推举二人，组织各业商民协会分会，于4月27日以前呈报联合会，以便研究商民协会。③ 4月25日，上海商业联合会所属各会员仍有三分之二的团体未呈报商民协会的分会名单，联合会召开临时紧急委员会会议，再次催促各团体。④ 在上海商业联合会的催促下，该会的会员纷纷组建商民协会，并推举该业商民协会的代表。

　　然而，上海商业联合会组织商民协会的目的似乎与国民政府的意愿背道而驰。为了迅速成立商民协会，上海商业联合会致函政治会议上海分会，就组织商民协会要求该会给予指导。⑤ 然而，5月9日，国民党上海市党部商民部通知上海商业联合会，称："该党部为郑重起见，刻正修订关于商民协会一切组织法，不日即可明白公布，俾商民有所遵循。"又称："一俟本党部委任指导员出席上海特别市商民协会筹备处时，先将该会筹备员加以严密之审查，不及格之筹备员一律检举剔除。"⑥还要求上海商业联合会与商民协会合并组织，共同筹备上海市商民协会。这无疑是想利用商民协会控制上海商业联合会，或者是利用商民协会合并上海商业联合会，将上海商业联合会变成上海商民协会的一个分支机构。7月1日，商民协会要求上海商业联合会分发商民协会就职典礼券100张。⑦ 8月2日，商民协会筹备

---

① 《商业联合会促组商民协会》，《申报》1927年4月18日。
② 上海市档案馆藏上海商业联合会档案，卷宗号：Q80-1-1-17。
③ 《商业联合会请各推代表》，《时报》1927年4月23日。
④ 上海市档案馆藏上海商业联合会档案，卷宗号：Q80-1-1-19。
⑤ 上海市档案馆藏上海商业联合会档案，卷宗号：Q80-1-3-23，Q80-1-24-96。
⑥ 上海市档案馆藏上海商业联合会档案，卷宗号：Q80-1-24-28。
⑦ 上海市档案馆藏上海商业联合会档案，卷宗号：Q80-1-17-32。

处要求上海商业联合会推选代表 2 人参加由商民协会主办的关税自
主大会。① 10 月 12 日,商民协会筹备处要求联合会通知下属团体
"双十"期间职工休息,工资照发。② 俨然是上级向下级传达指令。当
然,对上海商民协会合并上海商业联合会的企图,上海商业联合会会
内人士并非没有意识到。5 月 25 日,上海商业联合会召开会员会议
讨论如何组建商民协会时③,方椒伯认为商民协会应该以各业为单
位,而不是以区域为单位组成④,其目的就是防止商民协会以区域为
单位瓦解上海商业联合会。此外,为了审查上海商业联合会参加商
民协会筹备会的委员,商民协会和商民部多次要求上海商业联合会
填交这些参加人的履历表,上海商业联合会对此持非常消极的态度。
5 月 14 日,商民协会派王汉良、王汉强、成燮春、邬志豪向上海商业联
合会说明商民协会章程修正过程,并要求上海商业联合会递交商民
协会委员会委员名单。⑤ 5 月 15 日,商民部又要求上海商业联合会
填交商民协会筹备会委员的履历表。⑥ 5 月 28 日,商民部再次要求
填写各筹备委员的履历表。⑦ 国民党商民部这一做法令上海商业联
合会感到不满。基于上述原因,虽然上海县商会等团体早在 5 月 10
日就将顾馨一、姚紫若、朱吟江等人的履历表交到了上海商业联合
会⑧,可是,当商民协会和商民部向上海商业联合会索要商民协会筹
备会委员履历表时,上海商业联合会却一再拖延。5 月 29 日,上海商
业联合会以递交各委员的履历表应该征得委员的同意为托词继续拖

---

① 上海市档案馆藏上海商业联合会档案,卷宗号:Q80-1-12-60。
② 上海市档案馆藏上海商业联合会档案,卷宗号:Q80-1-12-59。
③ 上海市档案馆藏上海商业联合会档案,卷宗号:Q80-1-24-96。
④ 上海市档案馆藏上海商业联合会档案,卷宗号:Q80-1-24-24。
⑤ 上海市档案馆藏上海商业联合会档案,卷宗号:Q80-1-24-6。
⑥ 上海市档案馆藏上海商业联合会档案,卷宗号:Q80-1-24-87。
⑦ 上海市档案馆藏上海商业联合会档案,卷宗号:Q80-1-24-93。
⑧ 上海市档案馆藏上海商业联合会档案,卷宗号:Q80-1-24-95。

延。① 为了缓和紧张气氛，5 月 30 日，商民部向上海商业联合会解释索要履历表是为了方便商民协会筹备会出示书面通知，以资备案属于误会。② 即使这样，过了很长一段时间，直到 6 月 17 日，上海商业联合会才将委员的履历表送交商民部。③ 经国民党商民部审查，6 月 25 日，中央党部委定虞洽卿、吴蕴斋、王晓籁、冯少山、叶惠钧、朱吟江为商民协会筹备会委员。④ 上海商业联合会组织商民协会的行动也就到此为止，再无下文。

三、与工统会等争夺会员

国民党在"四一二"反革命政变以后，为了有效整合工人运动这一政治资源，曾利用多种手段插手与控制工人运动和商民运动，为此成立了专门的机构——工统会，由此引发了工统会与上海商业联合会争夺会员的纠纷。其实，早在 1926 年 9 月，国民党中央常务委员会就决议将店员工会划归总工会之下，由工人部管辖。⑤ 1927 年又规定"与资本有关系者"为商人，应加入商民协会，反之，则加入工会。1927 年 5 月 1 日，上海商业联合会致函国民党商民部，认为："厂店职员，其职即系经营商人之买卖，当然属于商人范围，本不问于资本之有无，故应得入商民协会，凡属制造货物之人即系劳工，与商人迥然各别，该劳工自应加入工会。"⑥ 为了厘定工商界限，5 月 25 日，上海商业联合会召开会员大会，在这次会议上，上海商业联合会的主要领

① 上海市档案馆藏上海商业联合会档案，卷宗号：Q80-1-24-92。
② 上海市档案馆藏上海商业联合会档案，卷宗号：Q80-1-24-91。
③ 上海市档案馆藏上海商业联合会档案，卷宗号：Q80-1-24-102。
④ 《中央委定商民协会筹备员》，《申报》1927 年 6 月 26 日。
⑤ 中国第二历史档案馆：《中国国民党第一、二次全国代表大会会议史料》（下），江苏古籍出版社 1986 年版，第 682 页。
⑥ 上海市档案馆藏上海商业联合会档案，卷宗号：Q80-1-28-12。

导人吴蕴斋、王一亭、闻兰亭等同国民党商民部部长张振远就工商问题发生了激烈的争执。吴蕴斋指出："工商会员问题迄今未有相当之解决,见今报载中央执行委员会消息对于工商界略谓凡店员非与资本有关系者不得谓之商,似此天下皆工,商业前途堪危,不得不开会郑重讨论,日前特别市商民部张振远先生曾为工商界限解说事特前往南京接洽,今请其报告,幸诸君注意。"而张振远却认为:"鄙人前为特别是商民协会章程经敝部审查并送至南京请中央批准,并为工商界限说纠纷……意使有工之资本关系即可谓之商人,凡受雇者皆谓之工人,有虽为一公司之经理而对公司之资本无关系即为工人,虽为小贩因为资本即为商人,则工商之界限愈加混乱,而工商之纠纷更将增多,殊非工商前途之福利,此次往宁为特别市商民协会筹备事,已将贵会委员及现在商民协会筹备委员名单呈请中央常务委员会为正式之商民协会筹备员。"吴蕴斋指出:"依中央之解释则店员等人皆大半属工应加入工会,则商业前途殊难逆料,请诸君不可轻视而忍之。"闻兰亭表示:"中央即已发表绝不能收回成命,只有本会陈述意见请之重新审查,至不能容纳再推举专员至宁作破釜沉舟之力争。"冯少山表示:"现中央政治会议起草商民协会工会条例,最好吾人送呈草案备参考。"吴蕴斋认为:"现在可双方陈述意见请中央重新审查,请冯先生重新召集研究商民协会章程,将讨论意见致起草委员会,再通告各团体如有何意见可开陈本会以收集思广益之效。"① 为此,5 月 26 日,上海商业联合会致函各会员,要求他们研究商民协会章程,讨论工商界限。② 同时,上海商业联合会再次呈请国民政府核定工商标准。③

　　5 月 31 日,上海商业联合会又呈文给中国国民党中央执行委员会,指出:"就工商性质而论,凡用技艺从事制作者为工,用知识从事

---

① 上海市档案馆藏上海商业联合会档案,卷宗号:Q80-1-1-35。
② 上海市档案馆藏上海商业联合会档案,卷宗号:Q80-1-28-26。
③ 《商界请再审核工商标准》,《申报》1927 年 5 月 26 日。

买卖者为商，其义甚明，不难判别。"①

上海商业联合会所持的"工商界限应以职业为标准，而不应以资本的有无为标准"的观点得到广大会员的声援与商界同仁的支持。为了自身的利益，闸北商会、商民协会、上海总商会等团体纷纷致函上海商业联合会表示支持，同时要求国民政府对以资本有无为工商标准予以修正。闸北商会致函上海商业联合会，称："凡有商界之职业者皆为商人，此义极为明晰，致未能以资本有无为标准，若以劳资阶级关系认为工商界之区别似未免有所误解，尊示以工商界限应以职业为标准。"②

商民协会也致函上海商业联合会，称："希一致力争，务达使店员加入商民协会之目的。"③

上海总商会致函国民政府商民部："因有的既有资本又有自己的工作，必致工与商争，商与工争，子矛子盾纷扰，转无已时，不如各就其职业以为区别，贵会所定之标准必致此等商店见屏于商人之外，无从根据章程保障其应得之权利，此窒碍之大也。"④除了闸北商会、商民协会等对上海商业联合会表示声援，上海商业联合会的会员参业公会、上海绸缎业绪纶公所、电机丝织业公会也致函上海商业联合会，对上海商业联合会的工商标准表示赞同，同时对国民政府商民部等部门所制定的工商标准提出批评。5月31日，参业公会致函上海商业联合会称："贵会持论正当，查工商界限由职业划分，而工商标准由职业而定。在工厂或作坊工作者系劳动性质谓之工，有商店批发行为之职员者系买卖性质者谓之商，各专门技艺即应用苦力者谓之工，其他管理或销售农业品、工业品及帮同办事之职员谓之商……请

---

① 《上海商业联合会呈中央文》，《申报》1927年6月1日。
② 上海市档案馆藏上海商业联合会档案，卷宗号：Q80-1-28-22。
③ 上海市档案馆藏上海商业联合会档案，卷宗号：Q80-1-28-22。
④ 上海市档案馆藏上海商业联合会档案，卷宗号：Q80-1-28-17。

贵会据理力争,俾工商界限各有标准,各得保障。"①6 月 2 日,上海绸缎业绪纶公所致函上海商业联合会,认为以资本为界限,店员与经理之纠纷将层出无穷:"多一次纠纷则多一份感情交恶,愈演愈烈,卒之两败俱伤,同归于尽。"②6 月 6 日,电机丝织业公会致函上海商业联合会:"夫工商界限之说纯系以职业为标准,当然不能以劳资为判别,象形造器谓之,货殖或相会交换货物,扶佐买卖营利者都谓之商,比如商店经理、协理、店员均包含在此。"③

6 月 7 日,上海县商会也呈文给国民党中央执行委员会,称:"呈为工商各有职业,界限分明,无可牵混,请妥易以息争端事。"④

经过上海商业联合会、上海商民协会等一致抗争和反复交涉,国民政府不得不做出让步。6 月 13 日,上海特别市党部决议,商店店员为商民协会会员。对此,商民协会希望上海商业联合会广为宣传。⑤6 月 30 日,商民协会函告上海商业联合会,商店店员为职工会会员,不必再行抗争。⑥

但是过了不久,国民党中央政治委员会会议决议,将商店职工会改为店员总会,划归商民部管辖。⑦

上海商业联合会与国民政府商民部、党部等部门关于工商标准的争论焦点是商店店员究竟属于"商"还是属于"工",即商店店员的归属问题。其实质是国民党控制的工统会与上海商业联合会、上海商民协会等商业团体争夺会员资源的问题。据土布业向上海商业联合会诉苦:"各职员原入商民协会者多,乃近由工会统一委员会忽派

①　上海市档案馆藏上海商业联合会档案,卷宗号:Q80-1-28-10。
②　上海市档案馆藏上海商业联合会档案,卷宗号:Q80-1-28-44。
③　上海市档案馆藏上海商业联合会档案,卷宗号:Q80-1-28-4,5。
④　《县商会对工商界限之意见》,《申报》1927 年 6 月 7 日。
⑤　上海市档案馆藏上海商业联合会档案,卷宗号:Q80-1-28-37。
⑥　上海市档案馆藏上海商业联合会档案,卷宗号:Q80-1-28-38。
⑦　《中央商人部告店友书》,《申报》1927 年 11 月 2 日。

专员至各号劝令已入协会之会员改入工会，殊觉难于应付。"①上海商业联合会在得知这一情况后，很快致函工统会，要求其对劝告商民协会会员改入工统会的做法予以纠正，"在工商会员资格未界定以前，商店店员应何属等各会条例修正公布后再行遵照"②。

四、参加劳资调解委员会与组织商团

为了使资本家拥有话语权，在劳资纠纷中处于有利的地位，上海商业联合会多次派人参加由工统会、商民协会等团体组织的于 6 月 17 日在上海总商会成立的劳资调解委员会。③ 应商民协会请求，上海商业联合会派 3 人参加劳资调解委员会代表大会。④ 上海商业联合会于 6 月 27 日召开委员会会议，讨论是否参加工统会与商民协会的劳资纠纷调解会，⑤会议决议推举徐庆云、孙景西、倪文卿为出席劳资调解委员会代表。⑥ 7 月 7 日，联合会通知工统会徐庆云、倪文卿为劳资调解委员会代表。⑦ 上海商业联合会在致劳资调解委员会代表孙景西、徐庆云等的信函中称："以工商代表合作调解委员会，而谋双方妥协，自是解决工商纠纷的最好办法。"⑧7 月 11 日，商民协会请上海商业联合会推派代表参加 7 月 14 日工统会主持召开的劳资调解委员会。⑨ 7 月 15 日，上海商业联合会派徐庆云参加上海劳资调解临时

---

① 上海市档案馆藏上海商业联合会档案，卷宗号：Q80-1-28-46。
② 上海市档案馆藏上海商业联合会档案，卷宗号：Q80-1-28-57。
③ 《劳资调解委员会明日成立》，《申报》1927 年 6 月 16 日。
④ 上海市档案馆藏上海商业联合会档案，卷宗号：Q80-1-17-29、30。
⑤ 上海市档案馆藏上海商业联合会档案，卷宗号：Q80-1-3-30。
⑥ 上海市档案馆藏上海商业联合会档案，卷宗号：Q80-1-3-23、Q80-1-22-5。
⑦ 上海市档案馆藏上海商业联合会档案，卷宗号：Q80-1-3-37。
⑧ 上海市档案馆藏上海商业联合会档案，卷宗号：Q80-1-3-33、Q80-1-22-5。
⑨ 上海市档案馆藏上海商业联合会档案，卷宗号：Q80-1-17-31。

委员会。① 7 月 26 日,上海商业联合会函告工统会徐庆云为劳资调解委员会委员,以后该会的事务交由徐庆云处理即可。② 根据有关方面商定,劳资调解委员会每月需要经费 500 元,其中商民协会分摊 100元,上海商业联合会及其他四商会各分摊 80 元。③ 虽然上海商业联合会多次参加劳资调解委员会的活动,但是对于分摊经费一节却一再拖延,以致劳资调解委员会先后于 7 月 29 日、8 月 12 日、8 月 18 日三次分别致函上海商业联合会和徐庆云,要求支付分摊的 80 元经费。④

此外,上海商业联合会还准备组织商团武装,随时应对工人的反抗。在 4 月 16 日召开的委员会会议上,虞洽卿认为:"工人纠察队枪械被缴,但未完全,以后危险殊多,吾商界亦亟自谋,劳资问题因应酌量办法,然自卫之计亦所不可缓,故鄙意商界应急组织商团以自卫。"⑤4 月 17 日,上海商业联合会会员大会就组织商团一事展开详细讨论,最后,大会拟定商团组织的大纲,交付虞洽卿指定的荣宗敬、徐庆云、王晓籁、叶惠钧、王一亭、冯少山等 11 人组成的审查委员会审查。⑥ 后来商团审查委员会认为"兹事体大,在各工厂方面,际兹时局俶扰,自以得有实力之保护为根本解决方法,但应否筹措具体办法,似非本会单方所能悬拟",组织商团之事只好不了了之。⑦

① 《工商联席会决组劳资调解委员会》,《申报》1927 年 7 月 16 日。
② 上海市档案馆藏上海商业联合会档案,卷宗号:Q80-1-3-44。
③ 《劳资调解委员会代表推定》,《申报》1927 年 8 月 1 日。
④ 上海市档案馆藏上海商业联合会档案,卷宗号:Q80-1-21-12、Q80-1-21-13、Q80-1-21-14。
⑤ 上海市档案馆藏上海商业联合会档案,卷宗号:Q80-1-1-15。
⑥ 上海市档案馆藏上海商业联合会档案,卷宗号:Q80-1-1-16。
⑦ 上海市档案馆:《一九二七年的上海商业联合会》,上海人民出版社 1983 年版,第 237 页。

第七章
上海商界理想与现实的疏离

1927 年 11 月 21 日,上海商业联合会主席虞洽卿认为:"本会前为闸北军事,革命军到沪,维护大局起见,各商业团体联合组织,现军事已了,大局已定,无存在之必要。"[1]他在征得联合会主席王一亭同意的情况下,要求联合会发布通告,邀请各会员开会决定上海商业联合会解散事宜。[2] 11 月 23 日,上海商业联合会召开会员大会,虞洽卿提出联合会解散的议案,称:"本会成立以来,业已八月,兹因大局已固定,会费之将罄,事实上无存在之必要。"[3]

上海商业联合会的解散,从表面上看,其领导人罗列了军事大局已定、会费将罄等一连串理由,然而只要对联合会存在的社会环境以及联合会自身的一些因素加以分析,即可知事实远不止这些。关于这一点,虞洽卿曾提议发表一宣言"痛陈之",闻兰亭认为"措词重则有碍当局体面,轻则不如不说……不必发表宣言",吴蕴斋则建议发表于双方无碍的宣言。[4] 从这些人的言论中,我们不难体会到上海商业联合会解散背后的难言之隐。

---

① 上海市档案馆藏上海商业联合会档案,卷宗号:Q80-1-5-29。
② 上海市档案馆:《一九二七年的上海商业联合会》,上海人民出版社 1983 年版,第 25-26 页。
③ 上海市档案馆藏上海商业联合会档案,卷宗号:Q80-1-1-52。
④ 上海市档案馆藏上海商业联合会档案,卷宗号:Q80-1-1-52。

第一节　国民党的商民政策与商界追逐话语权的愿意背道而驰

首先,从当时的社会政治环境来看,1926—1927 年的中国正处于新旧势力交替的时期。南方的革命军政府以迅雷不及掩耳之势席卷中国长江以南的地区,眼看军阀割据、一盘散沙的局面就要结束,统一指日可待。伴随着国家统一的是国家机构的不断扩充完备,国家各级地方机构的完备以及对地方控制的加强,为新政权在新的形势下重建国家权威创造了条件。这就意味着晚清以来中央政权虚弱无力导致的地方势力强大、自治势力兴盛的状况将被大大改变,国民政府中央权威的重建势必导致地方势力弱化。汇集上海资产阶级的上海商业联合会正是在这一转变过程中成立的。因此,在国民党政权逐步走向巩固、地方各级政权日趋完善的形势下,与以往的资产阶级自治组织,诸如上海商业联合会之类的民间团体相比,发挥作用的空间将大为缩小,在某些时候甚至为当局所嫉恨。国民党政权为了加强对地方各级的控制,对一切可能危及自身的社会集团都要加以孤立、分解或取缔,不管是地主、资本家、工人、农民还是学生,都是政府潜在的挑战势力,南京政府压制了代表这些成分的一切组织或团体,竭尽所能地将其置于政府的控制之下。①

大革命期间,各地商会为了维护眼前利益,害怕甚至反对革命,这一情况使国民党对资产阶级表现出相当程度的不信任。国民党在

---

① ［美］小科布尔:《上海资本家与国民政府》,杨希孟等译,中国社会科学出版社1988 年版,第 370 页。

商民运动决议案中明确表示，"此种商会已处于不革命、反革命的地位，故本党当决毅然号召全国商民打倒一切旧商会"，同时命令各地组织商民协会监督其行动、分散其势力，并整顿其规模。①

1927 年 4 月 13 日，国民党政权虽然同意上海商业联合会组织备案，但无论如何也不允许上海商业联合会像以往的商会组织一样免受政府的控制，要求它随时接受国民党中央政治委员会的指导。国民党为了控制上海商业联合会，曾多次要求上海商业联合会将其成立的时间、地点、人物、组织与会员资格、内部纠纷、大纲与会费、对国民党的信仰与了解程度、对国民党的意见进行填表汇报。② 上海特别市训令联合会，"凡属本市范围以内的各机关团体，其受本府及各局指挥监督"③。6 月 14 日，上海市党部又通知上海商业联合会，"凡关于本市的民众运动事宜须征得本党部同意"④。国民党这种企图控制商会的做法是上海资产阶级所不能容忍的。国民党一计不成，又生一计，便支持与组织受党部直接控制操纵的商民协会来对抗与吸附上海商业联合会等资产阶级团体，以达到控制这些团体的目的。商民协会是"国民党领导辅助国民革命的外围组织"⑤，它的活动较多地受到国民党政权的支持。国民党在《商民运动的决议案》中指出："我们商民运动的方法，乃是用商民协会等形式，组织中小商人群众，以图改造现有的商会。"⑥

商民协会多次致函上海商业联合会，称自己是"国民政府法定团

---

① 中国第二历史档案馆：《中国国民党第一、二次全国代表大会会议史料》（上），江苏古籍出版社 1986 年版，第 389、392 页。
② 上海市档案馆藏上海商业联合会档案，卷宗号：Q80-1-8-23。
③ 上海市档案馆藏上海商业联合会档案，卷宗号：Q80-1-8-36、37。
④ 上海市档案馆藏上海商业联合会档案，卷宗号：Q80-1-8-5。
⑤ 张亦工：《商民协会初探》，《历史研究》1992 年第 3 期。
⑥ 《商民运动的决议案》，见中国第二历史档案馆：《中国国民党第一、二次全国代表大会会议史料》（上），江苏古籍出版社 1986 年版，第 391 页。

体",上海商业联合会在协助组织商民协会的时候,必须按照中央党部所颁布的程序,而组织商民协会的筹备员应由国民党上海市党部委任的指导员"加以严密审查,不及格的筹备员一律检举剔除,同时并拟聘任相当之筹备员共同筹备"。① 这样一来,上海商业联合会加入商民协会,无疑要受到国民党更加严密的控制。因此,尽管上海商业联合会领导人与商民协会一再催促,联合会会员加入商民协会并不积极。更有一位叫陈则武的商民劝诫联合会不要加入商民协会,认为上海商业联合会应设法推翻商民协会,以免"时机一失,任人宰割"②。

陈则武对时局以及商人地位的认识很有先见之明,对商民协会的分析也入木三分,因此引起了上海商业联合会领导人的警觉。当上海商民协会与上海市党部要求全体委员加入商民协会以及与商民协会合并组织时,上海商业联合会并未照办,而只是派了几个代表参加商民协会,致使国民党利用商民协会来控制上海商业联合会的阴谋未能得逞。1927 年 8 月 1 日,国民政府规定了党部与地方团体的关系,称:"凡民众团体之组织与活动,应按性质与范围受各级党部之监督与指导;各民众团体之活动,当地党部认为不适当时,得由执行委员会议决,加以警告或纠正之;各级党部对于民众团体不服警告或纠正时,得呈请上级党部核办;各民众团体如发生重大事故,当地党部认为应紧急处置时,得由党部知会当地军警制止;同时呈报上级党部核办;各团体对于党部的警告或纠正认为不适当时,亦得提出意见于上级国性质之民众团体,转请上级党部核办。"③1927 年 8 月 2 日,江苏省政府再次指出,"商民协会乃参加国民革命,代表大多数商民利益之团体,性质与旧式商会大异"④。1927 年 11 月 17 日,国民党

---

① 上海市档案馆藏上海商业联合会档案,卷宗号:Q80-1-24-28。
② 上海市档案馆藏上海商业联合会档案,卷宗号:Q80--1-24-16。
③ 《中央规定党部与团体之关系》,《申报》1927 年 8 月 1 日。
④ 《商会与商民协会关系之解释》,《银行周报》1927 年第 11 卷第 29 号。

上海特别市党部转发国民党中央商民部通告，宣称："旧有的商会组织不良，失却领导商人之地位，本部拟于第三次全国代表大会时提出议案，请求撤销全国旧商会，以商民协会为领导之机关。"[①]至此，国民党利用商民协会控制其他商会的企图昭然若揭，在这种情况下，解散上海商业联合会不失为一个明智之举。

第二节　上海商业联合会实力与宗旨相差悬殊

1927 年 11 月底，上海商业联合会发表解散宣言，"借作当头之棒喝"[②]。宣言列举了上海商业联合会成立的主要目的与作用，以及上海资本家理想与现实背离的无可奈何的心态。宣言指出，因"上海总商会正在交替廓清之际"，"商民协会尚在产生的胚胎之中"；上海商业联合会"外应需要，内谋保障"而发起，它幻想"竭商人之全力，促政治之改良"，实行"政商合作"而"维各业安全"，然而事实证明，上海商业联合会的行为只不过是"以绞脑沥血之有数金钱，供断头绝顶之武装同志"，"车薪杯水，无济时艰，箪食壶浆，徒烦供亿"。最后，宣言不得不哀叹："事与愿违，心余力绌，痛定思痛，危乎其危，与其多一赘疣，留待天然之淘汰，何如早知匿迹，免随腐化以同归。"[③]

上海商业联合会自身亦存在无法克服的弱点，使其最终不得不解散。

---

① 徐鼎新、钱小明：《上海总商会史（1902—1929）》，上海社会科学院出版社 1991 年版，第 390 页。

② 上海市档案馆藏上海商业联合会档案，卷宗号：Q80-1-5-33；上海市档案馆藏上海商业联合会档案，卷宗号：Q80-1-34-5。

③ 上海市档案馆藏上海商业联合会档案，卷宗号：Q80-1-5-34。

一、政治倾向加大,商会功能衰退

从上海商业联合会的主要活动来看,上海商业联合会摒弃了以往"在商言商"的宗旨,商业事务只占其活动的一小部分,而积极反共拥蒋、为国民党政权服务等政治行为占其中绝大部分。这些行为表明,同以往的上海总商会相比,上海商业联合会处理商业事务的职能大大削弱,参与国家政治事务的倾向性大大增强。上海商业联合会这种强烈的政治倾向反映了上海资产阶级在新的社会形势下依靠国家政权,保护与发展实业的强烈愿望。穆藕初在《花贵纱贱的原因》中曾疾呼:

> 是以在商言商之旧习,已不复适用于今日,吾商民对于政治,必须进而尽其应尽之责任,急起联合商界之重要分子,用各种方法,逼迫政府改良内政,则商业庶有恢复之望,否则商业愈衰,生计愈艰,非至全国论之不止,纱业不振,犹甚不焉者也。[1]

上海商业联合会在其解散宣言中称"顾外应需要,需要何在,无非竭商人之全力,促政治之改良……但自清党以来,我民众本不敢作过度之奢望,惟时局似应现比较之较清明,而前辙依然,故吾犹是"[2],说出了上海资产阶级的哀怨与呻吟。

---

① 穆藕初:《花贵纱贱的原因》,见《民国丛书》第 74 册,上海书店出版社 1989 年影印本。
② 上海市档案馆藏上海商业联合会档案,卷宗号:Q80-1-5-34。

二、组织结构松散，缺乏号召力

从上海商业联合会的组织与机构来看，它虽然继承了上海总商会的一些结构、特点，但如前所述，我们很难说联合会较之以往的总商会有多大的优越性。相反，由于联合会为一小帮江浙资产阶级所利用和操纵，它基本上成为大资本家与国民党政权交易的工具。在体制上，上海商业联合会虽然过渡到了现代的委员会制，实行分科处理事务。但是从整体来看，上海商业联合会仍然是一个松散的商业组织，因而也就不能真正起到领袖众商的作用。第一，从上海商业联合会的章程来看，它对会员入会并无严格的规定与限制，对违反联合会规章的会员也没有处罚措施。这样一来，联合会的会员加入该组织便不可避免地具有很大的随意性，上海商业联合会成立后不久众会员蜂拥般加入即是很好的例子。第二，上海商业联合会本身行为的随意性。上海商业联合会会章规定，会员大会一月一次，委员会一周一次，但从联合会的活动来看，在联合会存在的前期，无论是会员大会还是委员会会议，进行得比较频繁，然而自1927年8月份以后，联合会的会议便日益稀少，可谓是虎头蛇尾。第三，一些势力较强的会员如上海银行公会、上海钱业公会、闸北商会等有时单独行事，自立门户，将联合会晾在一边，到了1927年下半年，更有与联合会平起平坐处理事务的地位。此外，许多联合会的会员"脚踩两只船"，既是联合会会员，又是总商会会员，这种状况有利于他们见风使舵，应对时局的变化，同时也为上海商业联合会的解散埋下了伏笔。

三、难以实现对上海总商会的超越

由于上海总商会会长选举纠纷，其声望一度受到影响，于是，一些资本家便组织上海商业联合会取代名存实亡的上海总商会行使职权，处理商界事务，联络官商。冯少山在召开 1927 年 6 月 14 日会议时称："本会前因非法产生会长后，对于应做之事大都放弃，致为各界所轻视。前次各团体欢迎汪精卫时，甚至不许本会加入，经叶惠钧君等说项，始得加入。于是，会员中以为当此多事之秋，商会地位若不站稳，于商业前途颇有关系，故起而合组商业联合会，以与各界周旋。"[①]上海商业联合会致会员函中称："前为国民军到沪，在兹军事时期，一切未暇部署，爰由各商业团体联合组织本会，以维持大局。现上海军事已告结束，东南大局业已底定，本会似无存在之必要。"[②]其实，从上海商业联合会的活动来看，自 1927 年 9 月份起就已鲜有作为。然而，当上海商业联合会气息奄奄、暮向垂死的时候，上海总商会却慢慢复苏了。上海总商会自 1927 年 4 月被国民党指派由上海商业联合会接收，在此后的一段时间里，它仿佛成了被人遗忘的角落。在此期间，上海商业联合会包揽一切活动，上海总商会则处于瘫痪状态。[③] 到了 1927 年的下半年，上海总商会的功能慢慢得到恢复，其活动亦日渐频繁，经常受邀与上海商业联合会、闸北商会、上海县商会等团体一起处理一些社会事务，到后来更发起或主持处理一些活动。这说明上海总商会的功能不但得到恢复，而且要崭露头角了。

---

① 上海市档案馆：《一九二七年的上海商业联合会》，上海人民出版社 1983 年版，第 23、24 页。

② 上海市档案馆：《一九二七年的上海商业联合会》，上海人民出版社 1983 年版，第 25 页；上海市档案馆藏上海商业联合会档案，卷宗号：Q80-1-5-30。

③ 黄逸峰等：《旧中国民族资产阶级》，江苏古籍出版社 1990 年版，第 322 页。

自 1927 年 9 月起，续发二五库券的"接力棒"就由上海总商会承担。10 月 15 日，江苏财政厅厅长到上海总商会参加四商会的续募库券会议。[①] 10 月 23 日，上海总商会就续发二五库券邀请上海商业联合会举行四商会联席会议。[②] 这说明上海总商会又重新受到当局与上海商界的重视，也表明上海资产阶级对上海商业联合会的失望，失望之余，他们又不免对往昔的上海总商会产生怀念之情。这种上海总商会与上海商业联合会之间的兴衰关系同样从另一个侧面说明上海资产阶级见风使舵、左右逢源的处世态度。上海总商会崩析之际，正是他们蜂拥般加入上海商业联合会之时。而今，眼看上海商业联合会又维持不下去了，他们又转而会集在上海总商会的麾下。上海商业联合会在结束宣言中称："兹幸上海总商会正式改选，本会倘仍存在，殊属骈枝。"总之，随着上海总商会的复苏，上海商业联合会的地位也就江河日下了。

第三节　上海商界掌握劳资关系
话语权幻想的破灭

1927 年，上海资产阶级为了维护本阶级的利益组织而成立了上海商业联合会，"对内谋自身之保障，对外应时势之需要"，其根本目的就是以蒋介石政权为政治靠山，保障资本家的生产秩序与商业利润。为了达到这个目的，上海资产阶级需要解决的首要问题是劳资问题。6 月 13 日，上海商业联合会召开会员会议。王晓籁指出："自

---

① 《四商会今日讨论续发库券案》，《申报》1927 年 10 月 14、15 日。
② 上海市档案馆藏上海商业联合会档案，卷宗号：Q80-1-7-28。

北伐军克服上海以来,商人所最引以为虑者,即劳资问题。"①然而资产阶级的梦想很快破灭了。在劳资问题上,虽然蒋介石答应把劳资关系纳入资产阶级的正轨,在"四一二"反革命政变后疯狂地镇压工人运动,但是国民党为了自身的利益,巩固刚刚建立的政权,扩大自身的统治基础,并未一味地镇压工人以完全满足资产阶级的要求。②其实,国民党为了最大限度地获取合法性政治资源,巩固自身的统治,在镇压工人运动、捕杀共产党员与工人运动领袖的同时,也在一定程度上继续坚持孙中山的"扶助农工"政策。因为工人毕竟是一支强大的政治力量,是故工人运动就不能不受到国民党政府的重视。③1924年11月孙中山发布的《工会条例》规定:凡集合同一职业或产业之脑力或体力劳动者50人以上者,得适用于本法组织工会,工会与雇主团体立于对等之地位,工会有言论、出版及办理教育事业之自由,工会有权与雇主缔结团体契约,工会与雇主发生争议,有要求雇主开联席会议仲裁之权,并请求主管行政官员派员调查及仲裁,工会在必要时,得根据会员制多数决议宣告罢工,工会享有参与雇主方面规定的工作时间、改良工作状况及工厂卫生之权等。可以看出,《工会条例》在会员范围、组织形式、职责权利等方面赋予工会较多的自由与权利。④ 在北伐战争过程中,国民政府多次重申"保护农工"的政策,宣称"保护劳工,改良劳工的生活,尽劳工应得组织自由权"⑤,"生

---

① 上海市档案馆藏上海商业联合会档案,卷宗号:Q80-1-1-37。
② 学界一般认为,"四一二"反革命政变以后,受到国民党的压制,工人运动进入低潮。刘立凯、王真:《1919—1927年的中国工人运动》,工人出版社1957年版;沈以行、姜沛南、郑庆声:《上海工人运动史》,辽宁人民出版社1991年版;刘明逵、唐玉良:《中国工人运动史》第四卷,广东人民出版社1999年版。
③ 当然,国民党内部矛盾重重,并非铁板一块,插手工人运动的即有工统会和工总会。工统会以桂系军阀为靠山,而工总会以国民党上海市党部为靠山。详见沈以行、姜沛南、郑庆声:《上海工人运动史》,辽宁人民出版社1991年版,第404、405页。
④ 饶东辉:《南京国民政府劳动立法研究》,华中师范大学博士论文,1997年。
⑤ 罗家伦:《革命文献》第13辑,1978年影印本,第238页。

产力之充分发展,使工人阶级之生活状况得因其团结力之增长而有改善机会"[1]。1927 年 3 月 26 日,蒋介石同上海商业联合会主席虞洽卿见面时称:"本人亦抱维持资本家之主张,但望资本家对劳工界之生活问题,亦应深加注意。"[2]4 月 16 日,国民革命军东路军政治部致函上海商业联合会称:"真正拥护国民革命者,应遵照总理扶助农工的政策,悉力保障。"[3]

1927 年 4 月 18 日,蒋介石亲自签发劳资调解条例共 15 条,为了笼络工人,蒋介石在某些方面借鉴了上海总工会的要求,包括:承认工会为代表工人利益之集团;按照生活品物价指数规定一般最低工资;星期日节日工资照给,不休息工资加倍;雇主不得因罢工开除工人;工人因工作受身体之损害时,厂主须负责医疗并发给半数以上工资;男女工人同工同酬,改良女工和童工之待遇,女工在生产前后休息六星期,工资照给,童工不得做过重的工作;等等。[4]

从客观上来讲,该劳资调解条例应该算是一个比较公正的劳动法规。因此,此项条例一公布,上海各工会"表示非常之赞成,因为这个条例如果实行,即能够保障全上海工人的利益"[5]。同时,此条例一出台就遭到了资本家的反对,其中以上海商业联合会的会员上海电机丝织业公会反应最为强烈。4 月 22 日,上海电机丝织业公会给上海商业联合会写信,内称:"若照前项第七条办法,每月节日两天,星期四天,除循例休息两天工资照给,其余工资加倍,是依原有工资计

---

① 罗家伦:《革命文献》第 10 辑,1978 年影印本,第 62 页。

② 上海市档案馆藏上海商业联合会档案,卷宗号:Q80-1-2-11。

③ 上海市档案馆藏上海商业联合会档案,卷宗号:Q80-1-25-1、Q80-1-25-2。

④ 上海市档案馆藏上海商业联合会档案,卷宗号:Q80-1-17-26;《上海劳资调解条例》,《银行周报》1927 年第 11 卷第 15 号;万仁元、方庆秋:《中华民国史史料长编》,南京大学出版社 1993 年版,第 494 页。《上海总工会工作进行方针》,见中华全国总工会中国职工运动史研究室:《中国工会历史文献》,工人出版社 1981 年版,第 378-379 页。

⑤ 《各工会赞成劳资调节条例宣言》,《申报》1927 年 4 月 21 日。

算,每厂负担均约增加八成以上矣。"①

当资本家任意裁撤工人、停工等引起工潮时,国民政府对此也给予了比较严厉的惩处,染织业资本家因"压迫工人,停止饭食"而受到国民党政权的惩罚。②

1927年5月,蒋介石呼吁商人以经济力量援助国民革命,同时,也要求商人扶助农工,使工人得到良好的生活条件。他说:

> 商友们,赶快组织起来,以经济的力量援助国民革命,不要目光短浅,以为现在还是和从前一样,可以不问社会政治环境,关门做生意,就可以完事的,不可以有更短浅的目光,以为工人的痛苦可以不问,工人的生活不须改良提高,便能长治久安的,赶快要自动扶助工人,使工人得到良好的生活。③

后来,蒋介石在《中央半月刊》中亦告诫资本家"吾人固不高唱打倒资本家之呼声,然若资本家误认为共产党打倒之后,本党不复为工人保障利益,彼等可任意虐待工人,则此等为富不仁者,亦非打倒不可"④。

国民党政权在"四一二"政变后镇压工人运动的主要目的是清除中国共产党在工人运动中的影响,并将工人运动控制在自己手中,而不是压制或取缔工人运动。国民党从1924年改组后,即"已注意于工人运动,一方面唤醒工人,以巩固民众的基础,一方面以深表同情

---

① 上海市档案馆藏上海商业联合会档案,卷宗号:Q80-1-17-18。
② 上海市档案馆藏上海商业联合会档案,卷宗号:Q80-1-17-24、Q80-1-17-25。
③ 上海银行公会档案,卷宗号:Q276-1-600-10。
④ 蒋介石:《对于第二期清党之意见》,见王奇生:《工人、资本家与国民党》,《历史研究》2001年第5期。

于工人，使革命性最强大的工人群众，得着充实的力量和组织，不单自求解放，并且要他们来参加革命，树立伟大的革命基础"。① 不仅如此，国民党对于工人运动也是"以全力助其开展，辅助其经济组织，使日趋于发达"，以便"增进国民革命之实力"。② 6 月 15 日，在上海商业联合会会员会议上，上海工会统计委员会调节部部长吴苍敬将这一点表述得再明白不过。他称："工人要求之惟一目的，不过欲加点工资，鄙人亦希望各业主，如力所能及，不妨酌加。待遇方面，不妨酌改。"③

1927 年 9 月 17 日，上海特别市农工商局致函上海商业联合会，称："查本市内劳资纠纷层见叠出，其由劳工方面发生者固多，而资方任意变更已订条件，即裁减打骂人员，因此引起工潮者，事亦非少。"④ 为此，农工商局发布第九号布告，对上海资本家进行警示。

由于在一定程度上受到国民政府"扶助农工""劳资合作"政策的保护，在"四一二"反革命政变以后，上海工人仍然能够继续与资本家进行斗争，工人仍然是一支能够同资本家抗衡的势力。6 月 14 日，上海总商会与上海商业联合会召开会议讨论工潮时，冯少山说："最近时局发生变化后，打倒资本家，拥护农工之说，甚嚣尘上。照现在局面，工界势力膨胀，商与工相较，商之势力远不如工。"⑤

一些工厂的工人往往也提出某些不合理或者比较高的要求，使资本家疲于应付。6 月 13 日，上海机器面粉公司公会致函上海商业联合会称："上海面粉公会要求各厂集议，以工人生活程度加增，不得

---

① 米寅宾：《工运之回顾与前瞻》，南华图书局 1929 年版。
② 中国第二历史档案馆：《中国国民党第一、二次全国代表大会会议史料》（上），江苏古籍出版社 1985 年版，第 87-88 页。
③ 上海市档案馆藏上海商业联合会档案，卷宗号：Q80-1-39、Q80-1-39-46。
④ 上海市档案馆藏上海商业联合会档案，卷宗号：Q80-1-17-33。
⑤ 上海市工商业联合会：《上海总商会议事录》，上海古籍出版社 2006 年版，第 23 页。

不自动按码头工人原有之数加十分之二,以资补助。"①

　　该公会还抄录码头工会未成立草约三条,即:工人有病,厂方负责医治,因工致残,厂方给洋三十至五十元,因工死亡,厂方给洋二百元;国庆节、端午节、中秋节、阳历元日放假一天;上下货物之力资应按原有之数增加十分之三。②

　　资本家所希望的生产秩序是回到他们理想中的状态,但是形势的发展在客观上也不允许劳资纠纷按照资本家一厢情愿的轨道发展,更不允许资本家完全推翻大革命时接受的所有条件。刘公畏称:"故自总工会解散以后,业主稍稍舒气。要知总工会既已打倒,但共产党遗毒尚未消尽,工人心中尚留有打倒资本之影痕。"③因此,资本家开始抨击国民政府的劳资合作政策。6月13日,染织业商民协会致函上海商业联合会称:"工人不察,只图自利,不顾大局,近复提到增加工资等条件十六条④,核与共产党把持工会时条件无异。设或贸然承认,必致同归于尽,所谓劳资合作者何在?"⑤

　　当然,也有一些资本家充分利用了上海"一市三政"的特殊的政治条件,无视国民政府相关规定,任意开除工人,榨取超额的利润。正如上海商民协会所揭露的:"遂不惜借外力为护符,视条约于无睹,对于工友偶有要求,即动予开除,少所谅解。"⑥

　　国民党不仅在华商企业中贯彻劳资合作的精神,也支持在华外

　　①　上海市档案馆藏上海商业联合会档案,卷宗号:Q80-1-17-5、Q80-1-17-6。
　　②　上海市档案馆藏上海商业联合会档案,卷宗号:Q80-1-17-7。
　　③　上海市档案馆藏上海商业联合会档案,卷宗号:Q80-1-17-7。
　　④　"十六条"中有六条指出:承认工会有代表工人之权,工作时间由厂方与本会议定;增加工资五成;厂房每月须贴饭金洋一元;纪念日、星期天、节假日休息一天,工资饭金照给;工友有病,厂方须给医药费与平均工资,饭金半数;女工生产前后,厂方须给假六星期,工资半数。
　　⑤　上海市档案馆藏上海商业联合会档案,卷宗号:Q80-1-17-27、28。
　　⑥　《上海商民协会筹备处关于转达劳资纠纷协调意见函》,上海市档案馆藏上海商业联合会档案,卷宗号:Q80-21-4、Q80-21-5。

国企业的工人提出改善待遇的要求。1927 年年底,上海浦东美英烟厂工人向资本家提出:工会有代表工人之权;厂方增加工人须经工人同意;每年增加工资两次;实行 8 小时工作制;周日工资应该双倍发给;女工给予 6 周的产假;生病负责治疗;如有死亡须发给一年的工资作为抚恤金等。经过斗争,资本家不得不接受:工会为工人机关,女工有 6 周的产假,生病治疗,工资照给,死亡发给 1500 元的抚恤金。《北华捷报》为此评论说:"这个原则是共产主义的,要求的每一句话都别有用心。"①

---

① 上海社会科学院经济研究所:《英美烟公司在华企业资料汇编》,中华书局 1983 年版,第 1197、1212、1213 页。

结　语

　　上海商业联合会是 1927 年前后中国政治变局中的产物。1926
年开始的北伐战争时期是中国结束分裂、走向统一的重要阶段,也是
军阀割据逐步消除、政府与中央权威重建的过渡阶段。在这个过程
中,政党必须强化国家机构,加强社会控制和社会资源整合、汲取能
力,进行经济建设与社会改革,加强国家与政府的话语权,完成传统
社会向现代社会的转型与变迁。上海商业联合会正处于这一过程当
中。因此,同以往商会相比,它将不可避免地受到更多的来自国家与
政府的控制。上海商业联合会是取代上海总商会的一个临时性组
织,是上海商民社会在变局下分化的产物。而经过近一年的实践,上
海商民社会又将进行新的整合。

一、上海商业联合会对蒋介石政权的经济支持有限

　　对于国民党政权来讲,通过上海商业联合会从上海获得了一定
的资金,使蒋介石在与其他政治力量的较量中处于有利地位,也有
利于其统治的初步巩固。在国民党政权成立的初期,上海为其打
败异己、完成北伐战争在形式上统一全国起了一定的作用。1927
年 4 月 18 日,上海银行公会在致蒋介石电稿中称:"今武汉当局查
封各行库存,停止兑现,推其用意,无非强迫吸收各行现金,供给政

府需用。"①

上海银行公会还向北京、天津等地银行特别声明，上海银行公会与汉口各行暂行停止往来，5月3日，国民革命军第二十六军司令部致函银行公会，要求"禁止现金运往武汉，并禁止汉票在该地行使，以杜阴谋"，银行公会马上积极配合。5月12日，蒋介石对银行公会的行为表示了赞赏。

中国共产党及其领导的上海工人运动，使上海资产阶级寝食难安，在他们的认知中，必须清除共产党、扑灭工人运动，使上海这个具有全局影响的城市从共产党的手中转移到国民党政权下。已有的研究表明，蒋介石在镇压上海的中国共产党及其领导的工人运动以后很快就控制了上海，通过对上海的控制，使国民党政权获得了稳固的后方。它使蒋介石能够顺利地战胜异己，在国民党派系斗争中处于有利地位。上海是蒋介石政权最重要的财政来源，是它能够战胜武汉方面的"决定性关键"。此时蒋介石政权能够从上海摄取大批资金，而武汉政府却因四面封锁陷入严重的经济恐慌。美国驻汉口领事认为："汉口政府之所以瓦解，除了它的财政崩溃之外，没有其他任何因素。"②国民党政权在蒋介石下野后组成了孙科联合政府，由于孙科政府只能在上海筹集到有限的军费，因此它不但不能有效地推进北伐战争，而且很快陷入了政治与经济的双重危机之中。蒋介石的对手不能利用上海战胜蒋介石，蒋介石却利用他对该城市的控制战胜了他的政治对手。

虽然上海商业联合会通过派认库券等途径为蒋介石政权募集军费，但是，该会被分配的二五库券的任务是400万元，而5月21日二

---

① 上海市档案馆：《一九二七年的上海商业联合会》，上海人民出版社1983年版，第78页。

② ［美］小科布尔：《上海资本家与国民政府》，杨希孟等译，中国社会科学出版社1988年版，第52-53页。

五库券的缴款只有 144 万元。4 月 29 日,在上海商业联合会讨论筹款时,虞洽卿称:"现在浦口、江北及九江三处进兵,月需 1700 万元,情形至为紧急。倘军饷不继,军事不能顺手。"①据统计,截至 1927 年 9 月,二五附税库券的收入是 20514380.67 元②,来自上海商业联合会的仅有 144 万元。可见,上海商业联合会对国民党的经济支持,无论是资金垫款还是库券认购,都是非常有限的。

二、上海商业联合会未能实现商界发展经济的愿望

上海商业联合会在某种程度上只是充当大资本家、大资产阶级与蒋介石政权交易的工具,由于库券的发行,对金融业的发展起了一定的推动作用,但广大民族资产发展实业的愿望未能实现。

在上海资产阶级购买库券与垫款时,上海的金融业资本家出力最大,先后垫款 1400 余万元,后来又认购二五库券、盐余库券 700 万元,可以说是上海资产阶级中较为慷慨的群体。银行家也因此与南京政权形成了亲密的关系,南京政府有 1/5 的政府收入来自政府公债与银行透支。③ 这主要是因为国民政府承认北洋政府时期发行的公债(1912—1926 年北洋政府共发行 27 种,总额为 876792228 元,到 1925 年,欠利息共 59114384.16 元),而银行家则认购国民政府的库券,在双方交易的过程中,形成了利益共同体。齐燮元在齐卢战争时曾经发行公债 700 万元,张寿镛称这是个好办法,等于绑票,不仅能够得到一笔巨款,而且他必须打胜仗,公债才有还本付

---

① 上海市档案馆:《一九二七年的上海商业联合会》,上海人民出版社 1983 年版,第 69 页。

② 《国府财政部之收支账目》,《申报》1927 年 9 月 19 日。

③ [美]费正清:《剑桥中华民国史》(二),章建刚等译,上海人民出版社 1992 年版,第 155 页。

息的希望。① 因此,当国民党政权财政不济时,张寿镛便向蒋介石献上了类似的锦囊妙计:发行二五库券。南京政府的二五库券等公债大多数都掌握在上海比较大的 27 家银行手中,使之命运相连,金融资本家为了保证这部分投资的安全,就必须全力拥护发行这个公债的政权,假如南京政府垮台了,这些债券也就要变成废纸。②

而金融资本家在这个交易过程中亦获取了暴利。江海关二五库券发行时,经过讨价还价,最后商定六折抵押,七折上市,续发的二五库券竟然以五五折抵押,六五折上市。③ 南京政府发行的公债,月息在 6 至 8 厘之间,二五库券与续发二五库券的利息 1932 年改为月息 5 厘,④年利息在 3 至 4 分之间,1927—1931 年发行公债共 10.058 亿万,而实际收入只有 5.3870717 亿万,为发行总额的一半,⑤其余的都成为银行的利润。由于可观的利润的刺激,国民党政府成立以后的几年,几家大型银行的发展确实相当迅速。1926 年,全国重要银行的存款合计为 9.3 亿元,1931 年增加为 18.6 亿元。⑥ 1914 年共有银行 42 家,1927—1931 年新创即有 60 多家。1931 年,29 家主要银行的资产总计比 1921 年增加 2 倍多,银行实收股本和本年的纯利分别增加三分之二和二分之一。⑦

对于广大民族资本家来说,库券的发行导致生产资金短缺、商业利润下降。在一定的社会时期,社会总产值是一个既定的量。这个

---

① 俞莱山:《张寿镛与上海的渊源》,见上海市政协文史资料委员会:《上海文史资料存稿汇编》(4),上海古籍出版社 2001 年版。
② 千家驹:《旧中国公债史资料》,中华书局 1984 年版,第 24 页。
③ 陈炳章:《南京国民政府发行公债的回忆》,见上海市政协文史资料委员会:《上海文史资料存稿汇编》(4),上海古籍出版社 2001 年版。
④ 千家驹:《旧中国公债史资料》,中华书局 1984 年版,第 370 页。
⑤ 千家驹:《旧中国公债史资料》,中华书局 1984 年版,第 26 页。
⑥ 《民国时期上海金融机构在社会变迁中的作用》,见洪葭管:《20 世纪的上海金融》,上海人民出版社 2004 年版。
⑦ 巴图:《民国金融帝国》,群众出版社 2001 年版,第 32 页。

总量可分为积累基金与消费基金。当代经济学家诺思认为,在使统治者及其所在集团的租金最大化的所有权结构与降低交易费用和促进经济增长的有效率的制度之间,存在着持久的冲突。这种冲突是使社会不能持续实现经济增长的根源。也就是说,统治者可能会利用国家政权这一工具,制定规则,或通过其他手段,将资源导向非生产领域,以便防止国内或国外的竞争对手取而代之。[①] 而中国经济政策思想所延续的传统特征,是以国家为本位,以财政为中心,国家财政是经济政策思想的轴心,凡地赋、工商、货币等方面的政策思想,都以国家财政为出发点、归结点和立足点,这种财政本位倾向的形成,是由政策思想的主体即封建国家的性质决定的。[②] 当以发行公债作为填补财政亏空的专门工具时,破坏作用便肆虐无阻了。就社会经济而言,中央政府稍有权威时,经济政策中积极的一面尚能萌生乃至成形,能够产生有限的规范和引导作用,否则便乏善可陈。所以,控制固然有阻碍和破坏作用,一旦失控又会出现其他方式的阻碍和破坏,失控时各级军阀政权的反动性恶性蔓延,变本加厉,由兴实业养税源变成剜肉补疮、涸泽而渔,由有心无力的控制聚敛变为不加掩饰的压榨和抢掠。[③] 1927 年,上海商业联合会为蒋介石政权筹款主要用于军事目的,"蒋介石把征收庞大的军事费用问题,看作高于一切"[④]。将大量的社会基金用于军事开支,势必影响社会生产,这一点是毫无疑问的,也是上海资产阶级不愿慷慨解囊的原因之一。

---

① [美]道格拉斯·诺思:《经济史中的结构与变迁》,陈郁等译,上海三联书店出版社 1991 年版,第 25 页。
② 马伯煌:《中国经济政策思想史》,云南人民出版社 1993 年版,第 867-875 页。
③ 徐建生、徐卫国:《清末民初的经济政策研究》,广西师范大学出版社 2001 年版,第 187 页。
④ [美]小科布尔:《上海资本家与国民政府》,杨希孟等译,中国社会科学出版社 1988 年版,第 313 页。

1927 年前后,由于政府公债的不断发行,投机盛行,银行借贷的利率上升,从而出现公债发行的"挤出效应"。[①] 由于政府可以承受相当利率的借贷,而工商业者的承受能力却有一定的限度,因此,工商业者要么承受较高利率的贷款,要么被政府从借贷者的位置"挤"出去。永利公司的经理范旭东当时就指出:"市场利息因政府公债条例太滥之故,竟抬高至二分以上,市场的流动资金群趋于投机一途,民间生产事业之股票债券竟无人过问,谨厚之资产阶级则为公债利诱,动辄倾其家私,故公债残害我国实业,比任何暴力尤为凶猛。"[②]借贷利率的上升,必然导致企业利润率的下跌,商务印书馆利润率不过 7.5%,南洋兄弟烟草公司为 5%。[③] 工商业者深受其害,1927 年,华商纱厂联合会在其宣言中指出:"国内金融,贷款息重,厂商辛苦经营,谋偿银行钱庄欠款之子金,犹虞不足,日积月累,母子相乘,只有出于售厂之一法,长此不振,不出一年,现存各厂,势将无不憔悴以尽。"[④]

三、上海商业联合会为个别大资本家追求话语权创造了条件

上海资产阶级利用上海商业联合会与蒋介石打交道,在交往的过程中,一小批上海资本家因为为蒋介石政权效劳而受到蒋介石政权的赏识与任用而获得了一定的政治、经济话语权。但对于广大资本家来讲,他们得到的好处非常有限。

---

① 姜良芹:《南京国民政府内债问题研究(1927—1937):以内债政策及运作绩效为中心》,南京大学出版社 2003 年版,第 298-331 页。

② 杨桂和:《陈光甫与上海银行》,见中国人民政协会议全国委员会文史资料研究委员会:《文史资料选辑》第二十三辑,文史资料出版社 2000 年版。

③ 姜良芹:《南京国民政府内债问题研究(1927—1937):以内债政策及运作绩效为中心》,南京大学出版社 2003 年版,第 291 页。

④ 《主要工业界之哀鸣》,《国闻周报》1927 年第 4 卷第 19 期。

　　1927 年江浙资产阶级成立的上海商业联合会，在少数大资本家、大资产阶级的操纵下，几乎成为为蒋介石筹款的工具。像虞洽卿等少数领袖人物在为蒋介石政权筹集军饷的过程中真可谓不遗余力，而他们本身的实力又相当有限，他们只会"慷他人之慨"，把巨额的库券款项转嫁给其他资产阶级，从而保全自己与蒋介石政权的政治关系。虽然蒋介石对上海商业联合会的"市侩"本色心存不满，但对虞洽卿等领袖人物还是比较感激的。因此在上海商业联合会与蒋介石政权进行交易的过程中，虽然广大资产阶级没能捞到多少好处，但是少数资产阶级领袖人物却因此步入仕途，他们分别受到蒋介石政权的任用与笼络。其中，以虞洽卿最为引人注目。1927 年，他被国民党任命为上海总商会接收委员，接管上海总商会事务，同时又被任命为江苏兼上海财政委员会委员、二五库券保管委员会委员，后来又被任为"商整会"负责人等。

　　上层工商业者及其政治代表通过参政大大增加了自己在政权中的影响力，获取了相当的政治权力，江浙财团亦顺理成章地在南京政权占有一定的地位。大批江浙财团的上层人物在国民政府财政金融部门担任要职，加入或掌握了诸如财政部、中央银行、中央造币厂、财政委员会、经济委员会、公债基金保管委员会等关键部门。比较重要的任职有：钱新之任财政部部长[1]，穆藕初任工商次长[2]，李馥荪任公债保管会主任委员，王晓籁任全国卷烟税局局长，徐寄顷任中央造币厂厂长，赵晋卿任工商部商业司司长及实业部常任次长等。[3] 张公权由于对蒋介石大力进行财力支持，于 1928 年任中国银行总裁，1935

---

　　① 王少白：《钱新之与蒋介石的渊源》（1965 年 4 月 18 日访谈），上海市工商业联合会档案史料，卷宗号：181-58。
　　② 孙煜峰：《穆藕初当上工商部长轶闻》，上海市工商业联合会档案史料，卷宗号：181-2。
　　③ 上海市工商业联合会档案史料，卷宗号：181-31。

年任国民政府的铁道部部长，1945 年又任交通部部长，1947 年任中央银行总裁。虞洽卿任中央银行监事。陈光甫于 1947 年当上了国民政府的委员，徐静仁任财政部国民政府盐政处处长。[①] 陈光甫受国民党委托，于 1929 年出席万国商会，1933 年任全国经济委员会棉业统制委员会主任委员。[②]

但对于广大民族资本家来说，蒋介石政权不但对上海资产阶级摊派与勒索，而且不断加强对资产阶级的控制，从政治与经济两方面把资产阶级搞得"虚弱无力"。国民党政权拉拢一部分资产阶级领袖人物进入政府机构，通过资产阶级的头面人物从而达到控制上海地方势力、巩固政权的目的。国民党政权通过拉拢少数与相互牵制的办法，逐步缩小了资产阶级的政治和社会势力范围。[③] 国民党政权在成功控制资产阶级领袖人物以后，"资产阶级别无选择，只得让自己被吸附到国家机构中，随波逐流，任人摆布"[④]。资产阶级在 1927 年组织上海商业联合会试图加强在政治上的话语权，但是事实上却为蒋介石政权干预与控制资产阶级提供了更为有利的条件。国民党政权在重建中央权威以后，通过各种办法剥夺上海资产阶级自辛亥革命以来即享有的政治主动权。不仅如此，国民党还以此为契机，剥夺了上海资产阶级掌管社区的职能，行会的争端、经济统计资料的收集、慈善事业的开展，全部由国民党当局来处理。[⑤]

蒋介石在不断加强对资本家的勒索和控制使自己政权获得巩固

① 谟研：《"四·一二"反革命政变与资产阶级》，《历史研究》1977 年第 2 期。

② 袁熙鉴：《陈光甫的一生与上海银行》，见中国人民政协会议全国委员会文史资料研究委员会：《文史资料选辑》第八十八辑，文史资料出版社 2001 年版。

③ [美]费正清：《剑桥中华民国史》（二），章建刚等译，上海人民出版社 1992 年版，第 863 页。

④ [美]小科布尔：《上海资本家与国民政府》，杨希孟等译，中国社会科学出版社 1988 年版，第 313 页。

⑤ [美]费正清：《剑桥中华民国史》（二），章建刚等译，上海人民出版社 1992 年版，第 864 页。

的同时,他的一系列不得人心的做法也使国民党政权面临四面楚歌的局面,从而使本就不牢固的统治基础更加脆弱。蒋介石血腥地镇压了工人运动,必然激起工人对这个政权的仇视,也必然导致工人阶级对国民党政权合法性信仰的流失。对于上海资产阶级,蒋介石政权在得到资产阶级资助的同时,也失去了资产阶级的拥护。因为蒋介石不断勒索上海资产阶级势必招致他们的强烈不满,国民党政权也就失去了可靠的同盟,国民党看似成功的政治控制蕴含着极大的政治危机。资产阶级是现代化的新兴力量,是倾向稳定的社会力量,国民党的压制就意味着试图把他们排除在制度化的体系之外。① 所以,国民党政权一开始便未得到最广泛的支持,后来又招致同盟资产阶级的不满,它的失败命运早已注定。

① 涂华奇:《南京政府十年的政企关系考察》,《经济史》2001 年第 4 期。

参考文献

一、著作

[1] [法]白吉尔:《中国资产阶级的黄金时代》,张富强、许世芬译,上海人民出版社 1994 年版。

[2] [法]皮埃尔·布迪厄、华康德:《实践与反思——反思社会学导引》,李猛、李康译,邓正来校,中央编译出版社 2004 年版。

[3] [美]鲍威尔:《鲍威尔对华回忆录》,邢建榕、薛明扬、徐跃译,知识出版社 1994 年版。

[4] [美]陈锦江:《清末现代企业与官商关系》,王笛、张箭译,中国社会科学出版社 1997 年版。

[5] [美]道格拉斯·诺思(美):《经济史中的结构与变迁》,陈郁等译,上海三联书店出版社 1991 年版。

[6] [美]费正清:《剑桥中华民国史》(二),章建刚等译,上海人民出版社 1992 年版。

[7] [美]费正清:《剑桥中华民国史》(一),章建刚等译,上海人民出版社 1991 年版。

[8] [美]韩格理:《中国社会与经济》,张维安等译,台北联经出版公司 1990 版。

[9] [美]罗宾·洛克夫:《语言的战争》,刘丰海等译,新华出版社

2001 年版。

[10] [美]帕克斯·小科布尔:《江浙财阀与国民政府(1927—1937)》，蔡静仪译,李臻校,南开大学出版社 1987 年版。

[11] [美]裴宜理:《上海罢工——中国工人政治研究》,刘平译,江苏人民出版社 2001 年版。

[12] [美]塞缪尔·亨廷顿:《变革社会中的政治秩序》,李盛平等译,华夏出版社 1988 年版。

[13] [美]小科布尔:《上海资本家与国民政府》,杨希孟等译,中国社会科学出版 1988 年版。

[14] [日]根岸佶:《上海的行会》,日本评论社 1951 年版。

[15] [日]顾琳:《中国的经济革命:二十世纪的乡村工业》,王玉茹、张玮、李进霞译,江苏人民出版社 2009 年版。

[16] [日]小浜正子:《近代上海的公共性与国家》,葛涛译,上海古籍出版社 2003 年版。

[17] [英]诺曼·费尔克拉夫:《话语与社会变迁》,殷晓蓉译,华夏出版社 2003 年版。

[18] 《不列颠百科全书》,中国大百科全书出版社 1999 年版。

[19] 《纪念辛亥革命七十周年学术讨论会论文集》(上册),中华书局 1983 年版。

[20] 《民国丛书》,上海书店出版社 1990—1991 年影印本。

[21] 《上海地方史资料》(一),上海社会科学院出版社 1982 年版。

[22] 《上海新闻志》编纂委员会:《上海新闻志》,上海社会科学院出版社 2000 年版。

[23] 《四·一二反革命政变资料选编》,人民出版社 1987 年版。

[24] 《辛亥革命史丛刊》编辑组:《辛亥革命史丛刊》第 1 辑,中华书局 1980 年版。

[25] 《中共党史教学参考资料》,上海工农教师进修学校 1957 年。

[26]《中国现代史资料丛刊》,人民出版社 1983 年版。

[27]《中华文化通志》委员会:《中华文化通志》第 4 典《社会阶层制度志》,上海人民出版社 1998 年版。

[28] 巴图:《民国金融帝国》,群众出版社 2001 年版。

[29] 包亚明:《文化资本与社会炼金术》,包上海人民出版社 1997 年版。

[30] 陈训正:《国民革命军战史初稿》第 2 辑,国防部印制厂 1952 年重印。

[31] 陈真:《中国近代工业史资料》第一辑,生活·读书·新知三联书店 1957 年版。

[32] 大理市工商业联合会、大理白族自治州档案馆:《下关商会档案史料选编》,云南人民出版社 2001 年版。

[33] 戴鞍钢、黄苇:《中国地方志经济资料汇编》,汉语大词典出版社 1999 版。

[34] 丁日初:《近代中国的现代化与资本家阶级》,云南人民出版社 1994 年版。

[35] 范金民:《明清江南商业的发展》,南京大学出版社 1998 年版。

[36] 范金民等:《明清商事纠纷与商业诉讼》,南京大学出版社 2007 年版。

[37] 冯筱才:《1911～1927 年的中国商人与政治:文献批评与理论构建》,《浙江社会科学》2001 年第 6 期。

[38] 冯筱才:《北伐前后的商民运动(1924—1930)》,台湾商务印书局 2004 年版。

[39] 冯筱才:《名实·政治·人事——关于民初上海商人团体史研究的几点思考》,《近代史研究》2006 年第 4 期。

[40] 冯筱才:《在商言商:政治变局中的江浙商人》,上海社会科学院出版社 2004 年版。

[41] 天津社会科学院历史研究所:《城市史研究》第 22 辑,天津社会

科学院出版社 2004 年版。

[42] 洪葭管:《20 世纪的上海金融》,上海人民出版社 2004 年版。

[43] 洪葭管:《陈光甫与上海银行》,中国文史出版社 1981 年版。

[44] 华岗:《中国大革命史》,文史资料出版社 1982 年版。

[45] 黄国雄:《商学概论》,宇航出版社 1989 年版。

[46] 黄逸峰等:《旧中国的买办阶级》,上海人民出版社 1982 年版。

[47] 黄逸峰等:《旧中国民族资产阶级》,江苏古籍出版社 1990 年版。

[48] 姜良芹:《南京国民政府内债问题研究(1927—1937)——以内债政策及运行绩效为中心》,南京大学出版社 2003 年版。

[49] 焦润明等:《近代东北社会诸问题研究》,中国社会科学出版社 2004 年版。

[50] 金普森:《虞洽卿研究》,宁波出版社 1997 年版。

[51] 李占才、张凝:《著名实业家荣氏兄弟》,河南人民出版社 1993 年版。

[52] 李宗仁:《李宗仁回忆录》,华东师范大学 1995 年版。

[53] 林克:《上海研究论丛》第十一辑,上海社会科学院出版社 1997 年版。

[54] 刘惠吾:《上海近代史》(下),华东师范大学出版社 1987 年版。

[55] 刘明逵、唐玉良:《中国工人运动史》第四卷,广东人民出版社 1999 年版。

[56] 刘立凯、王真:《1919—1927 年的中国工人运动》,工人出版社 1957 年版。

[57] 刘明逵:《中国工人阶级历史状况》第一卷,中共中央党校出版社 1985 年版。

[58] 罗家伦:《革命文献》第 10 辑,1978 年影印本。

[59] 罗家伦:《革命文献》第 12 辑,1978 年影印本。

[60] 罗家伦:《革命文献》第 13 辑,1978 年影印本。

[61] 罗家伦:《革命文献》第 15 辑,1978 年影印本。

[62] 马伯煌:《中国经济政策思想史》,云南人民出版社 1993 年版。

[63] 马超俊:《中国劳工运动史》,商务印书馆 1942 年版。

[64] 马敏、朱英:《传统与近代的二重变奏——晚清苏州商会个案研究》,巴蜀书社 1993 年版。

[65] 马敏、祖苏:《苏州商会档案丛编》第 2 辑,华中师范大学出版社 2006 年版。

[66] 马敏:《官商之间:社会剧变中的近代绅商》,天津人民出版社 1995 年版。

[67] 马敏:《过渡形态:中国早期资产阶级构成之谜》,中国社会科学出版社 1994 年版。

[68] 马敏:《拓宽历史的视野:诠释与思考》,华中师范大学出版社 2006 年版。

[69] 米歇尔·福柯:《知识考古学》,谢强等译,生活·读书·新知三联书店 1998 年版,第 62 页。

[70] 米寅宾:《工运之回顾与前瞻》,南华图书局 1929 年版。

[71] 彭明:《中国现代史资料选辑》第二册,中国人民大学出版社 1988 年版。

[72] 彭学沛:《工人运动》,太平洋书店 1927 版。

[73] 彭泽益:《中国近代手工业史资料》第三卷,中华书局 1962 年版。

[74] 千家驹:《旧中国公债史资料》,中华书局 1984 年版。

[75] 曲彦斌:《行会史》,上海文艺出版社 1999 年版。

[76] 全国政协、广东省政协文史资料委员会:《国民革命军北伐亲历记》,中国文史出版社 1994 年版。

[77] 全国政协文史资料委员会:《文史资料精华丛书》《旧中国的工商金融》,安徽人民出版社 2000 年版。

[78] 上海档案馆:《上海市档案馆指南》,中国档案出版社 1999 年版。

[79] 上海社会科学院经济研究所:《上海永安公司的产生、发展和改造》上海人民出版社 1981 年版。

[80] 上海社会科学院经济研究所:《英美烟公司在华企业资料汇编》,中华书局 1983 年版。

[81] 上海社会科学院经济研究所经济史组:《荣家企业史料》(上),上海人民出版社 1962 年版。

[82] 上海市档案馆:《陈光甫日记》,上海书店出版社 2002 年版。

[83] 上海市档案馆:《工部局董事会会议录》,上海古籍出版社 2003 年版。

[84] 上海上海市政协文史资料委员会:《上海文史资料存稿汇编》(4),上海古籍出版社 2001 年版。

[85] 上海市档案馆:《一九二七年的上海商业联合会》,上海人民出版社 1983 年版。

[86] 上海市工商业联合会、复旦大学历史系:《上海总商会组织史资料汇编》,上海古籍出版社 2004 年版。

[87] 上海市工商业联合会:《上海总商会议事录》,上海古籍出版社 2006 年版。

[88] 绍兴县馆藏历史档案精品丛书编纂委员会:《绍兴县馆藏商会档案集锦》,中华书局 2004 年版。

[89] 沈以行、姜沛南、郑庆声:《上海工人运动史》,辽宁人民出版社 1991 年版。

[90] 石源华:《中华民国外交史》,上海人民出版社 1994 年版。

[91] 宋美云:《近代天津商会》,天津社会科学院出版社 2002 年版。

[92] 唐力行:《商人与中国近世社会》,商务印书馆,2003 年版。

[93] 唐培吉:《中国近现代对外关系史》,高等教育出版社 1994 年版。

[94] 天津市档案馆等:《天津商会档案汇编(1912—1928)》,天津人民出版社 1992 年版。

[95] 铁岩:《绝密档案——第一次国共合作内幕》,福建人民出版社 2002 年版。

[96] 万仁元、方庆秋:《中华民国史史料长编》,南京大学出版社 1993 年版。

[97] 王永玺:《中国工会史》,中共党史出版社 1992 年版。

[98] 隗瀛涛、周勇:《重庆开埠史》,重庆出版社 1983 年版。

[99] 魏宏运:《中国现代史资料选编》,黑龙江人民出版社 1981 年版。

[100] 无锡市工商业联合会等:《近代无锡商会资料选编》,2005 年印行。

[101] 吴承明:《帝国主义在旧中国的投资》,人民出版社 1955 年版。

[102] 吴汉民:《20 世纪上海文史资料文库》第 1 辑,上海书店出版社 1999 年版。

[103] 武汉师范学院、湖北省历史学会:《辛亥革命论文集》,湖北人民出版社 1981 年版。

[104] 厦门总商会、厦门市档案馆:《厦门商会档案史料选编》,鹭江出版社 1993 年版。

[105] 徐鼎新、钱小明:《上海总商会史(1902—1929)》,上海社会科学院出版社 1991 年版。

[106] 徐建生、徐卫国:《清末民初的经济政策研究》,广西师范大学出版社 2001 年版。

[107] 徐矛、顾关林、姜天鹰:《中国十银行家》,上海人民出版社 1997 年版。

[108] 严中平:《中国棉纺织史稿》,科学出版社 1963 年版。

[109] 严中平等:《中国近代经济史统计资料选辑》,科学出版社 1955 年版。

[110] 杨家骆:《民国名人图鉴》,辞典馆 1937 年版。

[111] 杨天石:《蒋氏秘档与蒋介石真相》,社会科学文献出版社 2002

年版。

[112] 应莉雅:《天津商会组织网络研究(1903—1928)》,厦门大学出版社 2006 年版。

[113] 虞宝棠:《国民政府与民国经济》,华东师范大学出版 1998 年版。

[114] 虞和平:《商会史话》,社会科学文献出版社 2000 年版。

[115] 虞和平:《商会与中国早期现代化》,上海人民出版社 1993 年版。

[116] 虞和平:《中国现代化历程》第二卷,江苏人民出版社 2002 年版。

[117] 张国焘:《我的回忆》,东方出版社 2004 年版。

[118] 张桓忠:《上海总商会研究(1902—1929)》,台北知书房 1996 年版。

[119] 章开沅、刘望龄、叶万忠:《苏州商会档案丛编》,华中师范大学出版社 1991 年版。

[120] 章开沅、罗福惠:《比较中的审视:中国早期现代化研究》,浙江人民出版社 1993 年版。

[121] 章开沅、严昌洪:《近代史学刊》第 3 辑,华中师范大学出版社 2006 年版。

[122] 章开沅:《近代史学刊》第 1 辑,华中师范大学出版社 2001 年版。

[123] 章开沅:《利益与回归:传统文化与近代化关系试析》,湖南人民出版社 1988 年版。

[124] 中共上海市委党史研究室:《中国共产党在上海(1921—1991)》,上海人民出版社 1991 年版。

[125] 中共中央党史资料征集委员会、中共中央党史研究室:《中共党史资料》,中共党史资料出版社 1986 年版。

[126] 中共中央党校党史教研室:《中国共产党史稿》,人民出版社 1981 年版。

[127] 中共中央马克思恩格斯列宁斯大林著作编译局:《列宁全集》第 26 卷,人民出版社 1998 年版。

[128] 中国第二历史档案馆:《中国国民党第一、二次全国代表大会会议史料》(上),江苏古籍出版社 1985 年版。

[129] 中国近代经济史丛书编委会:《中国近代经济史研究资料》(九),上海社会科学院出版社 1989 年版。

[130] 中国近代经济史丛书编委会:《中国近代经济史研究资料》(七),上海社会科学院出版社 1987 年版。

[131] 中国近代经济史丛书编委会:《中国近代经济史研究资料》,上海社会科学院出版社 1984 年版。

[132] 中国人民大学中国革命史教研室:《第一次国内革命战争时期的统一战线》,中国人民大学出版社 1956 年版。

[133] 中国人民银行上海市分行金融研究室:《金城银行史料》,上海人民出版社 1983 年版。

[134] 中国人民政协会议全国委员会文史资料研究委员会:《文史资料选辑》,文史资料出版社 2000—2001 年版。

[135] 中国社会科学院现代史研究室、中国革命博物馆党史研究室:《中国现代革命史资料丛刊》,人民出版社 1983 年版。

[136] 中华全国总工会中国职工运动史研究室:《中国工会历史文献》,工人出版社 1981 年版。

[137] 周子峰:《近代厦门城市发展史研究(1990—1937)》,厦门大学出版社 2005 年版。

[138] 朱邦兴、胡林阁、徐声:《上海产业与上海职工》,上海人民出版社 1984 年版。

[139] 朱东芹:《冲突与融合:菲华商联总会与战后菲华社会的发展》,厦门大学出版社 2005 年版。

[140] 朱华等:《上海一百年》,上海人民出版社 1999 年版。

[141] 朱英、郑成林:《商会与近代中国》,华中师范大学出版社 2005 年版。

[142] 朱英:《晚清经济政策与改革措施》,华中师范大学出版社 1996
　　年版。

[143] 朱英:《辛亥革命时期新式商人社团研究》,中国人民大学出版
　　社 1991 年版。

[144] 朱英:《中国近代同业公会与当代行业协会》,中国人民大学出
　　版社 2004 年版。

[145] 朱英:《中国早期资产阶级概论》,河南大学出版社 1992 年版。

[146] 朱英:《转型时期的社会与国家——以近代中国商会为主体的
　　历史透视》,华中师范大学出版社 1997 年版。

[147] 朱镇华:《中国金融旧事》,中国国际广播出版社 1991 年版。

[148] Bernhardt K, Huang P C C, *Civil Law in Qing and Republic
China*, Stanford University Press,1994.

[149] Cassels A, *Ideology and International Relations in the Mo-
dem World*,London and New York:Routledge, 1996.

[150] Elvin M,Skinner G W. *The Chinese City Between Two Worlds*,
Stanford University Press.

[151] Kroger M L, *Ideology and Power in the age of Lenin in Ru-
ins*, Martin's Press, 1991.

[152] Larrain J, *Ideology and Cultural Identity: Modernity the
Third World Presence*,Polity Press,1994.

二、论文

[1] [美]苏珊·曼·琼斯:《宁波帮和上海的金融势力》,陈曾年、乐
　　嘉书译,《经济学术资料》1983 年第 10 期。

[2] 白华山:《杜月笙与上海市民地方协会》,《上海师范大学学报(哲
　　学社会科学版)》2003 年第 2 期。

[3] 白华山:《工商界·市政府·市党部——上海地方治理中三者关系的综合考察(1927—1937)》,复旦大学博士论文,2003 年。

[4] 蔡勤禹:《抗战时期国民政府对工商业团体的管制》,《河北师范大学学报(哲学社会科学版)》1998 年 3 期。

[5] 蔡少卿:《澳洲鸟修威雪梨中华商会研究(1902—1943)》,《江苏社会科学》2005 年第 4 期。

[6] 蔡晓荣:《论清末商会对华洋商事纠纷的司法参预》,《学术探索》2006 年第 1 期。

[7] 蔡晓荣:《晚清华洋商事纠纷之研究》,苏州大学博士论文,2005 年。

[8] 常健:《清末民初商会裁判制度:法律形成与特点解析》,《华东政法大学学报》2008 年第 5 期。

[9] 陈景熙:《官方、商会、金融行会与地方货币控制权——以 1925 年"废两改元"前后的汕头为例》,汕头大学硕士论文,2002 年。

[10] 陈来幸:《通过中华总商会网络论日本大正时期的阪神华侨与中日关系》,《华侨华人历史研究》2000 年第 4 期。

[11] 陈忠平:《长江下游商会与辛亥革命关系初探》,第三届中国商业史国际研讨会论文,2000 年。

[12] 迟慧:《民国前期天津商会与北京政府税收政策的抗争》,天津师范大学硕士论文,2011 年。

[13] 崔恒展、党明德:《济南商会的历史演进及其启示》,《济南大学学报(社会科学版)》2005 年第 6 期。

[14] 崔跃峰:《1949～1958 年北京市同业公会组织的演变》,《北京社会科学》2005 年第 1 期。

[15] 邓晶:《近代汉口总商会研究(1916—1931)》,华中师范大学硕士论文,2012 年。

[16] 丁隆昌:《提倡国货运动的武汉商会》,《武汉文史资料》1994 年第 2 期。

[17] 丁日初:《辛亥革命前上海资本家的政治活动》,《近代史研究》1982 年第 2 期。

[18] 冯果:《自治:商会法律制度的灵魂》,《国家检察官学院学报》2008 年第 3 期。

[19] 冯天瑜,周积明,王永年:《辛亥革命前的武汉民族资产阶级》,《江汉论坛》1981 年第 3 期。

[20] 冯小红:《试论高阳商会与高阳织布业》,《社会科学论坛》2001 年第 6 期。

[21] 冯筱才:《近世中国商会的常态与变态:以 1920 年代的杭州总商会为例》,《浙江社会科学》2003 年第 5 期。

[22] 冯筱才:《劳资冲突与"四一二"前后江浙地区的党商关系》,《史林》2005 年第 1 期。

[23] 冯筱才:《名实·政治·人事——关于民初上海商人团体史研究的几点思考》,《近代史研究》2006 年第 4 期。

[24] 冯筱才:《中国商会史研究之回顾与反思》,《历史研究》2001 年第 5 期。

[25] 冯筱才:《最近商会史研究之刍见》,《华中师范大学学报(人文社会科学版)》2006 年第 5 期。

[26] 付海晏:《民初商会舆论的表达与实践——立足于商事裁判权的历史研究》,《开放时代》2002 年第 5 期。

[27] 付海晏:《民初苏州商事公断处研究》,《近代史学刊》2001 年第 1 期。

[28] 付海晏:《无锡商会与 1929 年国民救国会被捣毁风潮》,《华中师范大学学报(人文社会科学版)》2006 年第 5 期。

[29] 葛宝森:《保定商会研究(1907—1945)》,河北大学博士论文,2011 年。

[30] 郭太风:《虞洽卿与商会的变异(1924—1930)》,《档案与史学》

1996 年第 5 期。

[31] 韩晓莉:《新旧之间:近代山西的商会与行会》,《山西大学学报》
2005 年第 1 期。

[32] 郝娇娇:《1945—1949 年保定商会研究》,河北师范大学硕士论
文,2014 年。

[33] 贺跃夫:《晚清广州的社团及其近代变迁》,《近代史研究》1998
年第 2 期。

[34] 贺跃夫:《晚清绅商群体的社会构成辨析》,《中山大学学报(人
文社会科学版)》1994 年第 4 期。

[35] 洪振强:《清末民初(1902—1927)商会网络结构探析》,《华中师
范大学学报(人文社会科学版)》2002 年第 4 期。

[36] 侯宣杰:《清末商会与城市粮食管理——以天津商会为个案研
究》,《华南农业大学学报(社会科学版)》2006 年第 1 期。

[37] 胡光明、宋美云,任云兰:《首届商会与近代中国国际学术讨论
会综述》,《历史研究》1998 年第 6 期。

[38] 胡光明:《论北洋时期天津商会的发展与演变》,《近代史研究》
1989 年第 5 期。

[39] 胡光明:《论国民党政权覆亡前的天津商会与工业会》,《天津社
会科学》1999 年第 1 期。

[40] 胡光明:《论早期天津商会的性质与作用》,《近代史研究》1986
年第 4 期。

[41] 黄福才、李永乐:《论清末商会与行会并存的原因》,《中国社会
经济史研究》1999 年第 3 期。

[42] 黄韬:《保定商会与保定区域市场研究(1907—1927)》,河北大
学硕士论文,2016 年。

[43] 黄挺:《1933—1934 年金融危机中的汕头市商会》,《汕头大学学
报(人文社会科学版)》2002 年第 3 期。

[44] 黄逸峰：《五卅运动中的大资产阶级》，《历史研究》1965 年第
3 期。

[45] 贾中福：《1923 年中国商标法交涉过程中的中外商会》，《中国社
会科学院研究生院学报》2005 年第 4 期。

[46] 蒋霞：《近代广西商会述论》，广西师范大学硕士论文，2000 年。

[47] 金子肇：《上海资产阶级与上海商业联合会：围绕四一二政变》，
《史学研究》，1986 年第 168 号。

[48] 李柏槐：《民国时期成都工商同业公会研究》，四川大学博士论
文，2005 年。

[49] 李达嘉：《从革命到反革命：上海商人的政治抉择》，《近代史研
究所集刊》1994 年第 27 期。

[50] 李达嘉：《商人与政治：以上海为中心的探讨（1895—1914）》，台
湾大学博士论文，1994 年。

[51] 李达嘉：《上海商人的政治意识和政治参与（1905—1911）》，《近
代史研究所集刊》1993 年第 22 期。

[52] 李达嘉：《袁世凯政府与商人》，《近代史研究所集刊》1997 年第
32 期。

[53] 李殿元：《论"商团事件"中的范石生》，《民国档案》，1992 年第
3 期。

[54] 李文奎：《中国共产党对工商联政策的回顾与思考》，华中师范
大硕士论文学，2002 年。

[55] 李向东：《论民国初年国家与社会的互动关系——以 1923 年财
政部私印印花税票案为中心》，《山东大学学报（哲学社会科学
版）》2011 年第 3 期。

[56] 李向东：《民初报业：国家与社会互动的大渠道——以 1923 年财
政部私印印花税票案为例》，《南阳师范学院学报（社会科学版）》
2015 年第 1 期。

[57] 李永:《中国近代商会史研究综述》,《滇西科技师范学院学报》
2015 年第 3 期。

[58] 李勇军:《南京国民政府后期上海市商会研究(1945—1949)》,
华中师范大学博士论文,2007 年。

[59] 梁洪生:《吴城商镇及其早期商会》,《中国经济史研究》1995 年
第 1 期。

[60] 廖建夏:《商会与近代梧州的市场发育》,《经济与社会发展》
2004 年第 11 期。

[61] 廖建夏:《新桂系与广西商会关系述论》,《经济与社会发展》
2006 第 6 期。

[62] 刘芳:《近二十年来中国商会研究综述》,《历史教学问题》2006
年第 4 期。

[63] 刘宏:《新加坡中华总商会与亚洲华商网络的制度化》,《历史研
究》2000 年第 1 期。

[64] 刘家峰:《朱英著〈转型时期的社会与国家——以近代中国商会
为主体的历史透视〉》,《历史研究》1998 年第 5 期。

[65] 刘菊香:《广西商会在抗日战争中的作用》,《广西社会科学》
2003 年第 2 期。

[66] 刘娟:《近代北京的商会》,《北京社会科学》1997 年第 3 期。

[67] 刘增合:《论清末工商产业行政整合的初始努力——以商部之
前的商务局为例》,《中国社会经济史研究》1998 年第 3 期。

[68] 罗荣渠:《建立马克思主义的现代化理论的初步探索》,《中国社
会科学》1988 年第 1 期。

[69] 罗荣渠:《现代化理论与历史研究》,《历史研究》1986 年第 3 期。

[70] 罗杨焱:《大理下关商会的组织变迁和金融职能研究(1937～
1949)》,云南大学硕士论文,2019 年。

[71] 马德坤:《民国济南工商业组织的经济职能及评价》,《云南民族

大学学报(哲学社会科学版)》2013年第3期。

[72] 马德坤:《民国时期济南同业公会研究》,山东大学博士论文, 2012年。

[73] 马敏、付海晏:《近20年来的中国商会史研究(1990—2009)》, 《近代史研究》2010年第2期。

[74] 马敏、朱英:《〈苏州商会档案丛编〉第一辑简介》,《近代史研究》 1984年第4期。

[75] 马敏、朱英:《浅谈晚清苏州商会与行会的区别及其联系》,《中 国经济史研究》1988年第3期。

[76] 马敏:《名不副实的主干载体——中国早期资产阶级在近代化 中的角色》,《华中师范大学学报(哲社版)》1988年第6期。

[77] 马敏:《清末苏州商会组织系统试论》,《江海学刊》1988年第 6期。

[78] 马敏:《商会史研究与新史学的范式转换》,《华中师范大学学报 (人文社会科学版)》2003年第5期。

[79] 马敏:《商事裁判与商会——论晚清苏州商事纠纷的调处》,《历 史研究》1996年第1期。

[80] 马敏:《试论晚清绅商与商会的关系》,《天津社会科学》1999年 第5期。

[81] 马敏:《辛亥革命时期的苏州绅商》,华中师范大学硕士论文, 1984年。

[82] 马敏:《早期资本家阶级与近代中国社会结构的演化》,《天津社 会科学》1999年第3期。

[83] 闵杰:《近代中国市民社会研究10年回顾》,《史林》2005年第 1期。

[84] 谟研:《"四·一二"反革命叛变与资产阶级》,《历史研究》1977 年第2期。

[85] 莫世祥:《孙中山和资产阶级在一九二三年》,《近代史研究》1987 年第 1 期。

[86] 穆烜:《"四·一二"前后的上海商业联合会——中国资产阶级的一页史料》,《学术月刊》1964 年第 4 期。

[87] 牛大勇、陈长伟:《北伐时期列强对华政策研究评介》,《历史研究》2005 年第 3 期。

[88] 彭邦富:《北洋时期商会历史作用之考察》,《民国档案》1992 年第 4 期。

[89] 彭南生、李玲丽:《略论大革命时期的湖北商民协会》,《江汉大学学报(人文科学版)》2006 年第 3 期。

[90] 彭南生:《20 世纪 20 年代的上海南京路商界联合会》,《近代史研究》2009 年第 3 期。

[91] 彭南生:《近代中国行会到同业公会的制度变迁历程及其方式》,《华中师范大学学报(人文社会科学版)》2004 年第 3 期。

[92] 彭南生:《五卅运动中的上海马路商界联合会》,《安徽史学》2008 年第 3 期。

[93] 彭泽益:《民国时期北京的手工业和工商同业公会》,《中国经济史研究》1990 年第 1 期。

[94] 皮明庥:《武昌首义中的武汉商会和商团》。《历史研究》1982 年第 1 期。

[95] 乔兆红:《1920 年代的商民协会与商民运动》,中山大学博士论文,2003 年。

[96] 乔兆红:《大革命初期的商民协会与商民运动》,《文史哲》2005 年第 6 期。

[97] 乔兆红:《中国商民运动的阶段性分析》,《学术研究》2007 年第 1 期。

[98] 秦其文、陈旭、杨长珍:《近代工商社团的经济管理功能及其现

实意义》,《阿坝师范高等专科学校学报》2010 年第 1 期。

[99] 邱捷:《广州商团与商团事变——从商人团体角度的再探讨》,
《历史研究》2002 年第 2 期。

[100] 邱捷:《辛亥革命时期的粤商自治会》,《近代史研究》1982 年第
3 期。

[101] 邱澎生:《禁止把持与保护专利:试析清末商事立法中的苏州
金箔业讼案》,《中外法学》2000 年第 3 期。

[102] 邱澎生:《商人团体与社会变迁:清代苏州的会馆公所与商
会》,台湾大学博士论文,1995 年。

[103] 饶东辉:《南京国民政府劳动立法研究》,华中师范大学博士论
文,1997 年。

[104] 任云兰:《论华北灾荒期间天津商会的赈济活动(1903～
1936)——兼论近代慈善救济事业中国家与社会的关系》,《史
学月刊》2006 年第 4 期。

[105] 任云兰:《天津市独立工业团体的兴起及其对商会的影响
(1946～1950)》《天津社会科学》1999 年第 1 期。

[106] 任云兰:《新旧交替时期(1945—1949 年)的天津工商界述论》,
《历史档案》2004 年第 3 期。

[107] 桑兵:《论清末城镇社会结构的变化与商民罢市》,《近代史研
究》1990 年第 5 期。

[108] 沈渭滨、杨立强:《上海商团与辛亥革命》,《历史研究》1980 年
第 3 期。

[109] 沈祖炜:《清末商部、农工商部活动述评》,《中国社会经济史研
究》1983 年第 2 期。

[110] 盛宁:《民间商会参与地方治理存在的问题与解决对策研究》,
湘潭大学硕士论文,2012 年。

[111] 史建云:《简述商会与农村经济之关系——读〈天津商会档案

汇编〉札记》,《中国经济史研究》2001 年第 4 期。

[112] 宋美云、宋立曼:《近代天津商会与国内其他商会网络机制的构建》,《中国社会经济史研究》2001 年第 3 期。

[113] 宋美云:《20 世纪初天津商会对外交往与城市经济的发展》,《南开经济研究》2000 年第 3 期。

[114] 宋美云:《沦陷时期的天津商会》,《历史档案》2001 年第 3 期。

[115] 宋美云:《中国近代社会经济的中介组织——天津商会(1912—1927)》,《天津社会科学》1999 年第 1 期。

[116] 孙炳芳、张学军:《直隶商会与近代棉业的发展(1903—1937)》,《河北学刊》2008 年第 4 期。

[117] 谭玉秀、范立君:《改革开放以来国内商会研究的多元化取向》,《河北经贸大学学报(综合版)》2011 年第 3 期。

[118] 汤可可、蒋伟新:《近代无锡商团的性质及社会功能》,《江南大学学报(人文社会科学版)》2005 年第 3 期。

[119] 汤可可、蒋伟新:《推挽结构:近代地方商会与政府的关系——以无锡为例》,《近代史学刊》2001 年。

[120] 汤可可、蒋伟新:《无锡商会与近代工商企业家的成长》,《江海学刊》1999 年第 2 期。

[121] 陶水木、郎丽华:《略论民国后期杭州商会的商事公断》,《商业经济与管理》2003 年第 11 期。

[122] 涂华奇:《南京政府十年的政企关系考察》,《经济史》2001 年第 4 期。

[123] 屠雪华:《略论清末的苏州商务总会》,《近代史研究》1992 年第 4 期。

[124] 王勺:《民国贵阳商会沿革与同业公会之组织》,《贵州文史丛刊》1998 年第 1 期。

[125] 王笛:《试论清末商会的设立与官商关系》,《史学月刊》1987 年第 4 期。

[126] 王笛:《晚清长江上游地区公共领域的发展》,《历史研究》1996 年第 1 期。

[127] 王建:《近代贵州商会研究》,云南大学博士论文,2018 年。

[128] 王晶:《上海银行公会研究(1927—1937)》,复旦大学博士论文,2003 年。

[129] 王兰:《中国传统商会纠纷解决机制之功能分析——以调解为视角》,《仲裁研究》2007 年第 2 期。

[130] 王乃千:《近代保定市同业公会研究(1931—1949)》,河北大学硕士论文,2017 年。

[131] 王奇生:《工人、资本家与国民党——20 世纪 30 年代一例劳资纠纷的个案分析》,《历史研究》2001 年第 5 期。

[132] 王日根:《近代工商性会馆的作用及其与商会的关系》,《厦门大学学报(哲社科)》1997 年第 4 期。

[133] 王翔:《从云锦公所到铁机公会——近代苏州丝织业同业组织的嬗变》,《近代史研究》2001 年第 3 期。

[134] 王翔:《近代中国手工业行会的演变》,《历史研究》1998 年第 4 期。

[135] 王音:《近代济南商会初探:1902—1927》,山东大学硕士论文,2002 年。

[136] 王永进:《商会研究范式的回顾与反思》,《兰州学刊》2006 年第 11 期。

[137] 王永南:《绍兴县粮食商业同业公会研究——以请免粮食业营业税运动为中心(1946—1949)》,浙江大学硕士论文,2014 年。

[138] 王仲:《民国时期商会自身的现代化(1927—1937)——以苏州商会为例》,《苏州大学学报》2006 第 1 期。

[139] 王仲:《强势国家与民间社团之命运——以民国苏州商会为例(1927—1937)》,苏州大学博士论文,2004 年。

[140] 魏文享、杨天树:《国家介入与商会的"社会主义改造"——以武汉市工商联为例(1949—1956)》,《华中师范大学学报(人文社会科学版)》2005 年第 5 期。

[141] 魏文享:《近代工商同业公会研究之现状与展望》,《近代史研究》2003 年第 2 期。

[142] 魏文享:《商人团体与抗战时期国统区的经济统制》,《中国经济史研究》2006 年第 1 期。

[143] 魏文享:《试论民国时期苏州丝绸业同业公会》,《华中师范大学学报(人文社会科学版)》2000 年第 5 期。

[144] 温小鸿:《"商团事变"前后广东商人的心理变化》,《学术研究》1988 年第 6 期。

[145] 吴慧:《会馆、公所、行会:清代商人组织演变述要》,《中国经济史研究》1999 年第 3 期。

[146] 吴伦霓霞、莫世祥:《粤港商人与民初革命运动》,《近代史研究》1993 年第 5 期。

[147] 吴乾兑:《上海光复和沪军都督府》,《历史研究》1981 年第 5 期。

[148] 吴义雄:《广州外侨总商会与鸦片战争前夕的中英关系》,《近代史研究》2004 年第 2 期。

[149] 席萍安:《清末四川商会与四川民族工商业》,《四川师范大学学报(社会科学版)》1999 年第 1 期。

[150] 谢维:《中国近代史研究三十年——过去的经验与未来的可能走向》,《近代史研究》2010 年第 2 期。

[151] 邢建榕:《〈陈光甫日记〉及其史料价值》,《档案与史学》2001 年第 4 期。

[152] 行龙:《山西商会与地方社会》,《华中师范大学学报(人文社会

科学版）》2005 年第 5 期。

[153] 徐鼎新:《从绅商时代走向企业家时代——近代化进程中的上海总商会》,《近代史研究》1991 年第 4 期。

[154] 徐鼎新:《关于近代上海商会兴衰的几点思考》,《上海社会科学院学术季刊》1999 年第 1 期。

[155] 徐鼎新:《旧中国商会溯源》,《中国社会经济史研究》1983 年第 1 期。

[156] 徐鼎新:《增进中国商会史研究的两岸"对话"——回应陈三井先生对〈上海总商会史〉的评论》,《近代史研究》2000 年第 5 期。

[157] 徐鼎新:《中国商会研究综述——回应陈三井先生对〈上海总商会史〉的评论》,《历史研究》1986 年 6 期。

[158] 徐建卫:《中国商会组织与政府关系的历史变迁和时代新议程探究》,《甘肃理论学刊》2018 年第 6 期。

[159] 徐思彦:《20 世纪 20 年代的劳资纠纷问题初探》,《历史研究》1992 年第 5 期。

[160] 许冠亭:《20 世纪 30 年代上海市商会的慈善救济活动》,《苏州大学学报（哲学社会科学版）》2008 年第 4 期。

[161] 许铁:《明清商人会馆的经济学分析》,辽宁大学博士论文,2012 年。

[162] 严建苗,刘伟峰:《近代中国商会的制度分析》,《商业研究》2002 年第 8 期。

[163] 杨宁:《20 世纪 30 年代汉口商会特点论析》,《华中科技大学学报（社会科学版）》2004 年第 1 期。

[164] 姚会元:《上海近代商会在稳定金融中的作用》,《学术月刊》2000 年第 5 期。

[165] 应莉雅:《近十年来国内商会史研究的突破和反思》,《中国社会经济史研究》2004 年第 3 期。

[166] 俞可平:《马克思的市民社会理论及其历史地位》,《中国社会科学》1993 年第 4 期。

[167] 虞和平、贾中福:《中国商会代表团参加太平洋商务会议述论》,《史学月刊》2004 年第 7 期。

[168] 虞和平:《访日归来谈商会史研究》,《近代史研究》1997 年第 6 期。

[169] 虞和平:《近八年之商会史研究》,《中国社会经济史研究》1995 年第 4 期。

[170] 虞和平:《近代商会的法人社团性质》,《历史研究》1990 年第 5 期。

[171] 虞和平:《清末民初商会的商事仲裁制度建设》,《学术月刊》2004 年第 4 期。

[172] 虞和平:《商会与中国资产阶级的"自为"化问题》,《近代史研究》1991 年第 3 期。

[173] 虞和平:《西方影响与中国资产阶级组织形态的近代化》,《中国经济史研究》1992 年第 2 期。

[174] 虞和平:《鸦片战争后通商口岸行会的近代化》,《历史研究》1991 年第 6 期。

[175] 虞和平:《中华全国商会上海商业联合会的成立与中国资产阶级完整形态的形成》,《历史档案》1986 年第 4 期。

[176] 袁丁:《清政府与泰国中华总商会》,《东南亚》2000 年第 2 期。

[177] 袁丁:《清政府与泰国中华总商会》,《东南亚》2000 年第 2 期。

[178] 袁晓霞:《近代苏中地区商会研究》,扬州大学硕士论文,2005 年。

[179] 曾昭君:《"关系丛"的双重作用——以坚固商业联合会为例》,沈阳师范大学硕士论文,2014 年。

[180] 张东刚:《商会与近代中国的制度安排与变迁》,《南开经济研究》2000 年第 1 期。

[181] 张芳霖：《民国时期南昌商会组织的分化与重组——南昌商社档案研究》，《历史档案》2004 年第 4 期。

[182] 张芳霖：《清末江西创办商务总会考述》，《江西社会科学》2005 年第 3 期

[183] 张芳霖：《中国近代商人、商会组织研究的问题意识与阶段性特点》，《江西社会科学》2004 年第 7 期。

[184] 张静：《卢沟桥事变后北平市商会的社会活动》，《抗日战争研究》2009 年第 2 期。

[185] 张琴：《清末商会与商人心理的现代化》，《江海学刊》1996 年第 3 期。

[186] 张生：《上海南京路商界联合会简论（1919—1949）》，《社会科学》2008 年第 2 期.

[187] 张淑生：《政治漩涡中的北京总商会研究（1916—1938）》，南京师范大学博士论文，2016 年。

[188] 张秀莉、张帆：《中国银行与南京国民政府的早期关系》，《史学月刊》2001 年第 3 期。

[189] 张亦工、徐思彦：《20 世纪初期资本家阶级政治文化与政治行为初探》，《近代史研究》1992 年第 2 期。

[190] 张亦工：《商民协会初探》，《历史研究》1992 年第 3 期。

[191] 张正明：《晋商会馆、公所与近代山西商会》，《晋阳学刊》2005 年第 3 期。

[192] 张志东：《近代中国商会与政府关系的研究：角度、模式与问题的再探讨》，《天津社会科学》1998 年第 6 期。

[193] 张志东：《中国学者关于近代中国市民社会问题的研究：现状与思考》，《近代史研究》1998 年第 2 期。

[194] 章开沅：《关于改进研究中国资产阶级方法的若干意见》，《历史研究》1983 年第 5 期。

[195] 章开沅:《近代中国商会与市民社会研究的力作——评朱英著〈转型时期的社会与国家〉》,《华中师范大学学报(人文社会科学版)》1999 年第 1 期。

[196] 章开沅:《就辛亥革命性质问题答台北学者》,《近代史研究》1983 年第 1 期。

[197] 章开沅:《商会档案的原生态与商会史研究的发展》,《学术月刊》2006 年第 6 期。

[198] 章开沅:《辛亥革命史研究如何深入》,《近代史研究》1984 年第 5 期。

[199] 章开沅:《辛亥革命史研究中的一个问题》,《历史研究》1981 年第 4 期。

[200] 章开沅:《辛亥革命与江浙资产阶级》,《历史研究》1981 年第 5 期。

[201] 赵洪宝:《清末民初商会对政府制订工商政策的影响》,《学术界》1994 年第 2 期。

[202] 赵洪宝:《清末商会兴商学活动述论》,《历史档案》1997 年第 1 期。

[203] 赵洪宝:《清末铜元危机与天津商会的对策》,《近代史研究》1995 年第 4 期。

[204] 赵炎才:《中国近代商会伦理道德思想管窥——以天津商会和苏州商会为中心》,《江汉大学学报(人文科学版)》2004 年第 2 期。

[205] 赵祐志:《日据时期台湾商工会的发展(1895—1937)》,台湾师范大学硕士论文,1995 年。

[206] 郑成林:《近代中国商事仲裁制度演变的历史轨迹》,《中州学刊》2002 年第 6 期。

[207] 郑成林:《抗战后中华民国商会联合会简论》,《华中师范大学学报(人文社会科学版)》2006 年第 5 期。

[208] 郑成林:《抗战前商会对日本在华北走私的反应与对策》,《华

中师范大学学报(人文社会科学版)》2005 年第 5 期。

[209] 郑成林:《清末民初商事仲裁制度的演进及其社会功能》,《天津社会科学》2003 年第 2 期。

[210] 郑卫荣:《近 60 年来绅商研究的回顾与评析》,《社会科学动态》2020 年第 11 期。

[211] 周石峰:《民众民族主义的双重面相与历史难境——以天津商人与抵制日货为例》,《江苏社会科学》2008 年第 2 期。

[212] 朱华、冯绍霆:《崛起中的银行家阶层——上海银行公会早期活动初探》,《档案与史学》1999 年第 6 期。

[213] 朱兰兰:《商会档案文献视域中的中国近代商会文化研究》,《档案学通讯》2008 年第 3 期。

[214] 朱英:《从清末商会的诞生看资产阶级的初步形成》,《江汉论坛》1987 年第 8 期。

[215] 朱英:《关于近代中国商会领导群体几个问题的再探讨》,《江汉论坛》2006 第 8 期。

[216] 朱英:《关于晚清市民社会研究的思考》,《历史研究》1996 年第 4 期。

[217] 朱英:《国民党推行商民运动的方略》,《江汉论坛》2004 年第 7 期。

[218] 朱英:《国民党与商民运动的兴起》,《华中师范大学学报(人文社会科学版)》2005 年第 6 期。

[219] 朱英:《近代中国的"社会与国家":研究回顾与思考》,《江苏社会科学》2006 年第 4 期。

[220] 朱英:《近代中国商会选举制度之再考察——以清末民初的上海商会为例》,《中国社会科学》2007 年第 1 期。

[221] 朱英:《论晚清的商务局、农工商局》,《近代史研究》1994 年第 4 期。

[222] 朱英:《民国时期天津商会选举的两次风波》,《浙江学刊》2007

年第 4 期。

[223] 朱英:《清末商会"官督商办"的性质与特点》,《历史研究》1987
年第 6 期。

[224] 朱英:《清末商会研究述评》,《史学月刊》1984 年第 2 期。

[225] 朱英:《清末商会与抵制美货运动》,《华中师范大学学报(哲社
版)》1985 年第 6 期。

[226] 朱英:《清末商会与辛亥革命》,《华中师范大学学报(哲社版)》
1988 年第 5 期。

[227] 朱英:《清末苏州商会的历史特点》,《历史研究》1990 年第 1 期。

[228] 朱英:《清末苏州商会调解商事纠纷述论》,《华中师范大学学
报(哲社版)》1993 年第 1 期;

[229] 朱英:《商民运动与中国近代史研究》,《天津社会科学》2005 年
第 4 期。

[230] 朱英:《网络结构:探讨中国经济史的新视野——第三届中国
商业史国际学术讨论会述评》,《历史研究》2000 年第 5 期。

[231] 朱英:《五四时期无锡商会选举风波》,《江苏社会科学》2007 年
第 1 期。

[232] 朱英:《辛亥革命时期的苏州商团》,《近代史研究》1986 年第
5 期。

[233] 朱英:《辛亥革命时期的孙中山与资产阶级》,《近代史研究》
1987 年第 3 期。

[234] 朱英:《再论国民党对商会的整顿改组》,《华中师范大学学报
(人文社会科学版)》2003 年第 5 期。

[235] 朱英:《张謇与民初的〈商会法〉之争》,《近代史研究》1998 年
第 1 期。

[236] 朱英:《中国商会史研究如何取得新突破》,《浙江学刊》2005 年
第 6 期。

［237］朱英：《中国商会走向国际舞台的新步幅——中国商会加入国际商会的历程及影响》，《近代史学刊》2001 年第 1 期。

［238］朱英：《中国行会史研究的回顾与展望》，《历史研究》2003 年第 2 期。

［239］朱英：《重评五四运动期间上海总商会"佳电"风波》，《历史研究》2001 年第 4 期。

［240］左海军：《对近年来沦陷时期河北商会研究的回顾与反思》，《中华历史与传统文化研究论丛》2017 年第 1 期。

［241］Chen Z, "The Origins of Chinese Chambers of Commerce in the Lower Yangzi Region", *Modern China*, 2001(2).

［242］Lowy M, "Twelve on the Crisis of "Really Existing Socialism", *Monthly Review*, 1991(34).

三、档案

［1］上海市档案馆馆藏上海商业储蓄银行档案，卷宗号：Q275-1-2563。

［2］上海市档案馆馆藏上海商业联合会档案，卷宗号：Q80，共 49 卷。

［3］上海市档案馆馆藏上海银行公会档案，卷宗号：S173。

［4］上海市工商业联合会档案史料，卷宗号：169-189 卷。